POR ESCRITO

DE LA PALABRA A LA COMPOSICIÓN

POR ESCRITO

DE LA PALABRA A LA COMPOSICIÓN

SECOND EDITION

Jorge Febles
University of North Florida

Carolyn Harris
Western Michigan University

Prentice Hall
Upper Saddle River   London   Singapore   Toronto
Tokyo   Sydney   Hong Kong   Mexico City

Acquisitions Editor: *Donna Binkowski*
Sponsoring Editor: *María F. García*
Editorial Assistant: *Gayle Unhjem*
Senior Marketing Manager: *Denise Miller*
Marketing Coordinator: *Bill Bliss*
Senior Managing Editor for Development & Production: *Mary Rottino*
Associate Managing Editor, Production: *Janice Stangel*
Production Supervision: *Nancy Stevenson*
Composition/Full-Service Project Management: *Michael Ryder, Macmillan Publishing Solutions*
Senior Operations Supervisor: *Brian Mackey*
Operations Specialist: *Cathleen Petersen*
Interior Design: *Macmillan Publishing Solutions*
Cover Art Director: *Jayne Conte*
Publisher: *Phil Miller*
Cover Image: *Getty Images/Glowimages*
Printer/Binder: *Hamilton Printing*
Cover Printer: *Coral Graphics*
Manager, Rights and Permissions: *Zina Arabia*
Manager, Visual Research: *Beth Brenzel*
Manager, Cover Visual Research & Permissions: *Karen Sanatar*
Image Permission Coordinator: *Vickie Menanteaux*

This book was set in 11/12.5 Palatino.

Library of Congress Cataloging-in-Publication Data

Febles, Jorge M., 1947–
  Por escrito : de la palabra a la composición / Jorge Febles ; Carolyn Harris.—2nd ed.
    p. cm.
  Includes bibliographical references and index.
  ISBN 978-0-205-64698-2 (alk. paper)
  1. Spanish language—Composition and exercises. 2. Spanish language—Grammar. I. Harris, Carolyn. II. Title.
  PC4420.H37 2009
  808'.04618—dc22

                                                                2009007231

16 2022

Prentice Hall
is an imprint of

www.pearsonhighered.com

ISBN 10:   0-205-64698-0
ISBN 13: 978-0-205-64698-2

CONTENTS

Apéndices

PREFACE

The second edition of *Por escrito: De la palabra a la composición* retains all the fundamental strengths of the first edition while adding several innovations intended to enhance the textbook's versatility.

ENHANCEMENTS IN THIS EDITION:

- **Si yo fuera hispanoparlante. . . .** This recurring section addresses common language mistakes among native and heritage speakers of Spanish. Its intention is twofold: (1) to help native and heritage speakers of the language to recognize and amend errors to which they are prone; (2) to familiarize English speakers with these mistakes so as to make them reflect on their own linguistic foibles and seek to express themselves more precisely in Spanish orally as well as in writing.
- **Para pensar críticamente.** This segment, comprising three exercises, includes explanations on the essence of critical thinking. Presented as complementary approaches to expository writing, they address contemporary concerns regarding the assessment of critical thinking skills.
- **Chateemos.** This component introduces readers to Eugenio Diestro and Gloria Siniestra, individuals who espouse contradictory viewpoints about practically everything. We have created "Chateemos" so that students may participate quasi-extemporaneously in the discussion via e-mail, if the instructor so desires, or as a brief in-class activity that demands critical thinking.
- **Explanations of proper dictionary usage.** We have added segments on how to use bilingual and monolingual dictionaries. The accompanying exercises allow students to practice using their dictionaries appropriately.
- **Functional and traditional grammar terminology.** Throughout the book we use the descriptive terms *palabra-acción, palabra-concepto, palabra modificadora, palabra-enlace, palabra indicadora, palabra sustituidora, palabra-pregunta,* and *palabra-exclamación* along with traditional terms such as verb, adjective, adverb, preposition, and so forth.
- **Enhanced rubrics for evaluation of student writing.** We have revised and expanded the rubrics provided for evaluation of various writing tasks.

HIGHLIGHTS OF *POR ESCRITO*

- **An approach to writing that focuses initially on the simplest structures.** This method is based on our belief that students need to express themselves with confidence in short and unsophisticated structures before attempting to write lengthy compositions on complex subjects. Many of the difficulties encountered by composition students are the direct result of trying to do too much too fast with too little. It is important that students gain control of basic sentence structure before they attempt to create complicated texts.
- **Composition exercises based on three fundamental types of writing: description, narration, and exposition.** By spending considerable time on

description and narration—the two most common ways of expressing one's ideas—students work initially with structures they perceive as both natural and practical. In this manner, they develop a communicative framework that allows them to move more easily into expository writing, given the confidence they acquire incrementally in their language skills.

- **A step-by-step writing process evolving from original models written specifically for the students' level.** The samples provided—although correct and certainly more refined than what the average student should be able to produce—are nonetheless accessible and may be imitated during the writing process. Students are asked to base their compositions on original sentences submitted to the instructor for correction prior to the rough draft and final version.

- **A variety of exercises to enhance writing and communicative skills.** *Por escrito* is transitional in nature; in other words, it is intended to facilitate progress from the intermediate to third-year level curriculum. The range of exercises is intended to develop an awareness of those basic structures necessary to write coherently in Spanish. Specifically designed for groups of two or more students, most of these activities encourage collaboration, ease class tension, and promote the ability to communicate orally. The book is structured somewhat like a workbook, so that many of the exercises may be completed in it if the student so desires.

- **A function-oriented grammatical nomenclature.** As previously indicated, in the second edition of *Por escrito*, standard terms coexist with function-based nomenclature in order to simplify explanations and to obviate possible confusion for students and instructors alike. Most textbooks take for granted that students are cognizant not only of traditional grammatical terminology but also of the function represented by each particular concept. We provide function-oriented phrases that alert students to the significance of particular parts of speech and to the role they play within the sentence so as to minimize translation errors based on the assumption that any part of speech may become another one merely by changing an ending.

- **A system of *Alertas* whose purpose is to explain succinctly and through examples problematic grammar and vocabulary topics.** Most of the *Alertas* topics reflect common difficulties caused by interference from English. They are meant to facilitate the correction process for students as well as instructors, since the *Alertas* may be used as points of reference not only to create the compositions but also to make emendations. An index of *Alertas* allows for ready consultation.

ORGANIZATION

The second edition of *Por escrito* is divided into a brief and rather simple preliminary chapter and five longer chapters organized in progressive fashion. Students must first consider words as individual units and the role they play within sentences. This initial step leads to the formation of simple sentences upon which the first writing exercises depend. Subsequent steps include the introduction of complex sentences, followed by increasingly sophisticated composition activities. These center on three paradigms: **description** (preliminary chapter and chapter 1), **narration** (chapters 2 and 3), and **exposition**, both of an argumentative and of an analytical nature (chapters 4 and 5). Each chapter contains brief descriptions of the writing structures presented, composition activities of a diverse nature, communicative strategies, instructions for long compositions based on models that also serve as readings to be discussed in class, and grammar explanations and exercises. These are some of *Por Escrito's* salient characteristics:

- **Stage-by-stage explanations of the type of composition studied.** Each chapter focuses on a precise writing paradigm, which is methodically presented in segments that lead to a final composition exercise.
- **Grammar explications and activities.** Chapters center on specific grammar areas, particularly on control of fundamental verbal forms. Traditional exercises are combined with communicative grammar and writing activities. In order to effect these collaborative endeavors, students may divide in pairs or learning groups.
- *Cuaderno* **entries that correspond to the type of composition studied.** Each chapter requires that students complete two *cuaderno* entries according to specific instructions. These entries are evaluated according to a system of rubrics provided in appendix 3. The entries require that students begin to think about the composition form being discussed.
- *Estrategias de la comunicación escrita.* This segment of the text identifies particular communicative writing strategies emanating from common difficulties. They give students tools to address these problems and produce more-authentic texts. Exercises follow each strategy in order to promote understanding.
- *Chateemos.* This component of the book focuses on extemporaneous critical writing to be performed in class or submitted to the instructor electronically.
- **Instructions for three-step process in the writing of compositions.** *Por escrito* is based on the premise that more is not necessarily better. Rather than writing an extensive number of lengthy essays, students are asked to create compositions methodically according to the following steps:

    a. A list of twenty to twenty-five sentences that constitute the corpus of the composition and that are the product of freewheeling brainstorming.
    b. A first draft in which the sentences corrected by the instructor are organized into a coherent whole.
    c. A final draft that should contain very few grammatical or syntactical errors so that it may be evaluated according to content and structure.

    To undertake more efficiently the writing process, students should study carefully the models provided for each step.

WRITING IN *POR ESCRITO*

The step-by-step writing method suggested in *Por escrito* is designed to facilitate as well as to clarify the correcting process. Students learn to edit their own work in order to produce nearly perfect texts. As a result, they develop an awareness of what is required to write effectively in Spanish. The following approaches to the evaluation of *Cuaderno* entries and compositions proved effective when the book was tested in the language classroom.

- **Grading of *Cuaderno* entries.** Although instructors may grade *cuaderno* entries in accordance with personal criteria, we have employed successfully the rubric system depicted in appendix 3. Because *cuaderno* entries are perceived as less-formal writing exercises based on relatively simple models, they are evaluated on a ten-point scale defined by specific guidelines. Instructors correct grammar and syntactical mistakes as they see fit, referring students to appropriate *Alertas* when necessary. The zero-to-ten grade conferred, however, represents the global impression created by the text. It bears noting additionally that *cuaderno* entries serve as exercises that help prepare students to write longer compositions. Therefore, they should be weighted accordingly in creating a grading system for any given class.
- **Evaluation of the three steps of composition writing.** Again, instructors evaluate such steps guided by personal norms. In testing *Por escrito*, however, we developed the following method. The twenty to twenty-five sentences that constitute a brainstorming outline for the composition are corrected individually so that students acquire early an awareness of the mistakes they are apt to make and repeat. In our system, these sentences are graded on a 100-point scale (each sentence is worth either four or five points depending on the number). This initial component entails 30 percent of the overall grade for the composition.

The first draft of the composition, whose corpus consists of the twenty to twenty-five corrected sentences, is evaluated on the basis of organization, structure, syntax, and grammatical precision. The instructor makes all necessary emendations and structural suggestions before returning this draft to students. This segment of the composition represents 40 percent of the total grade.

The final draft incorporates all appropriate corrections and suggestions. It is then assessed on the basis of its structure, its effectiveness as a communicative artifact, and the critical thinking it evinces.

ACKNOWLEDGMENTS

We would like to thank the following colleagues at Western Michigan University who tested the book in their third-year composition classes and who provided so many helpful suggestions afterward: Gary Bigelow, Robert Felkel, Michael Millar, Patricia Montilla, Holly Nibert, Pablo Pastrana-Pérez, Mariola Pérez de la Cruz, María Rama, and Mercedes Tasende. We are particularly grateful to our colleague Irma López, who believed in the project from its inception and supported it fervently. Professor John Benson, former Chair of the Department of Spanish at Western Michigan University, always supplied helpful (if slightly ironic) commentary. To him we owe several quirky moments in *Por escrito*. Nuria Ibáñez Quintana (University of North Florida) and Jessica Lynam (Christopher Newport University) also contributed useful ideas for the second edition of *Por escrito*.

In addition, we are especially thankful to Bob Hemmer, Donna Binkowski, and María F. García, all from Pearson/Prentice Hall. Cara Warne, formerly from Pearson/Prentice Hall, expressed interest in the project from the very first. Her enthusiasm certainly encouraged us to carry it to fruition. Once Bob came into the picture, he provided the guidance based upon experience and profound language knowledge that we needed in order to complete *Por escrito*. Donna Binkowski and María F. García made simple as well as pleasant the preparation of this second edition and allowed us to add new segments that, we believe, make *Por escrito* a better book. We would also like to thank the superb Pearson/Prentice Hall production team who were instrumental in turning our manuscript into the book you have in your hands.

Finally, we wish to thank the following reviewers for their thoughtful comments and suggestions. Their criticism and positive comments proved invaluable in crafting this second edition of *Por escrito*.

William Douglas Barnette, *Ball State University*
Robert Bayliss, *University of Kansas*
Karen W. Burdette, *Tennessee Technological University*
Pedro F. Campa, *University of Tennessee at Chattanooga*
Marilyn Manley, *Rowan University*
Dagoberto Orrantia, *John Jay College*

Jorge Febles
Carolyn Harris

La descripción a base de oraciones simples

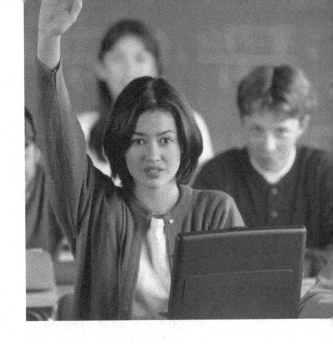

TEMAS

- La oración y sus partes: la palabra
- Si yo fuera hispanoparlante . . . (1): la ortografía
- El diccionario: ¿amigo o enemigo? (1)
- La oración simple y su estructura
- La concordancia (1)
  Primera entrada del cuaderno
- La concordancia (2)
- La descripción (1)
- El presente de indicativo

- La descripción (2)
- El reflexivo con el presente de indicativo
- Estrategias de la comunicación escrita (1)
  La facilidad excesiva y los sustituidores innecesarios
  Segunda entrada del cuaderno
- La descripción (3)
  Instrucciones para la pre-composición descriptiva
- Chateemos

1

LA ORACIÓN Y SUS PARTES: LA PALABRA

Una oración es un grupo de palabras que se reúnen para expresar una idea. A veces si una palabra expresa acción, ella sola puede constituir una oración. Por eso, decimos que **la palabra** es la unidad comunicativa esencial. Se define como la representación gráfica, es decir visible, de un conjunto de sonidos que expresa una idea. Al hablar o al escribir, utilizamos una serie de palabras para comunicar nuestras ideas. Tanto en español como en inglés, las palabras poseen características visibles invariables, es decir, se escriben de una sola manera. A esa identidad individual se llama **ortografía** (*spelling*). Si las palabras simples se escriben mal, eso causa una mala impresión en el lector. Además, a veces un error de ortografía puede cambiar completamente el significado de la palabra. Piense, por ejemplo, en la diferencia entre **revelar** (*to reveal*) y **rebelar** (*to rebel*), o **a** (*to, at*) y **ha** (*has*).

En español las palabras se escriben esencialmente como se pronuncian. Recordar esto nos ayuda a escribir correctamente la mayor parte de ellas. Es muy importante tener presente que los alumnos angloparlantes suelen cometer errores de ortografía causados por la interferencia visual del inglés. Es decir, a veces escriben en español ciertas palabras del mismo modo en que las han visto escritas en inglés sin pensar en las diferencias de sonido que esto significa. Por ejemplo, es fácil pensar que una palabra como *telephone* se escribe en forma casi idéntica en español, lo cual lleva a los estudiantes a crear vocablos como *teléphono, sin reflexionar en que no existe la combinación **ph** en español. En efecto, la **p** nunca puede pronunciarse como **f** en español. Por eso, como sabemos, cada vez que en inglés empleemos la combinación **ph**, habrá que escribir **f** en español. He aquí algunos ejemplos: **teléfono** (*telephone*), **fonética** (*phonetics*), **filosofía** (*philosophy*), **filantropía** (*philanthropy*), **farmacia** (*pharmacy*).

A continuación se encuentra una lista de sonidos que con frecuencia producen errores ortográficos debidos a la influencia del inglés. Es importante anotar que, como en toda regla, siempre hay excepciones:

Ortografía inglesa	Ejemplos del inglés	Ejemplos del español
ct → cc	reaction, introduction	reacción, introducción
ph → f	pharmacy, philosophy	farmacia, filosofía
nn → n	annual, tennis	anual, tenis
cc → c	accumulate, accent	acumular, acento
tion → ción	action, intention	acción, intención
ff → f	affirmative, offend	afirmativo, ofender
gg → g	aggressive, agglomeration	agresivo, aglomeración
tt → t	attention, attack	atención, ataque
ss → s	essential, possess	esencial, poseer
pp → p	apparently, opportunity	aparentemente, oportunidad
mm → nm	immediate, immortal	inmediato, inmortal

Recuerde que para deletrear (*to spell*) correctamente en español es imprescindible usar el diccionario no sólo en caso de dudas serias sino hasta para buscar ciertas palabras elementales. La costumbre de acudir al diccionario para revisar la ortografía de las palabras nos ayudará a fijar en nuestra mente tanto su significado como sus características **físicas**.

Traduzca al español las palabras que se ofrecen a continuación. Tenga cuidado de (*Make certain*) que estén bien deletreadas.

Palabra en inglés	Traducción al español
1. *reduction*	reducción
2. *efficient*	eficiente
3. *tradition*	tradición
4. *apparent*	aparente
5. *photocopy*	fotocopía
6. *imminent*	inminente
7. *occult*	oculto
8. *announce*	anunciar
9. *assume*	asumir o presumir
10. *attribute*	atributo / atributuir
11. *oppose*	oposar oponerse
12. *photograph*	fotografía
13. *office*	oficina
14. *aggressor*	agresor
15. *immune*	inmune
16. *assign*	asignar

ALERTA 1

Las palabras que terminan en **-ón** (acción, emoción, lección, dimensión, reflexión, ratón) **no llevan acento** cuando son plurales: acciones, emociones, lecciones, dimensiones, reflexiones, ratones. (Para más explicación relacionada con el uso de los acentos en español, vea el segundo apéndice, "La acentuación en español".)

SI YO FUERA HISPANOPARLANTE . . . (1): LA ORTOGRAFÍA

Yo hablo español desde la niñez. ¿Y tú?

Como es de suponer, los hispanoparlantes también sufren con la ortografía una vez que empiezan a estudiar su idioma como lengua escrita. Muchos de los errores tienen que ver con la manera en que se deletrean palabras largas, nuevas y difíciles (**coadyuvar**, **heterodoxia**, **arterioesclerosis** y otras así, por ejemplo). Pero hay también errores compartidos que los maestros y maestras de colegio e instituto se esfuerzan por eliminar. Lo triste es que en la mayor parte de las ocasiones sólo la lectura, la repetición y la memoria, sobre todo la memoria, resuelven los problemas de este tipo. A continuación describimos algunos dolores de cabeza típicos.

- **Ay, la terrible "h"**

  En español, ya lo sabemos, la "h" no suena. Sin embargo, se conserva como letra esencial. Por eso, no es raro que los hispanoparlantes que empiezan a estudiar su idioma se confundan al deletrear palabras que empiezan con "h" o llevan "h" o que impongan arbitrariamente una "h" donde no procede debido a la hipercorrección. Abajo hay dos ejemplos:

  a. *"Ya conocen ha Elena pero no an conocido a Ilda". Versión correcta: "Ya conocen a Elena pero no han conocido a Hilda".
  b. *"Federico he Ilario aseguran que sus hovejas no comen albaca". Versión correcta: "Federico e Hilario aseguran que sus ovejas no comen albahaca". ¿Y qué debe hacer el hispanoparlante para evitar este tipo de error? Pues usar el diccionario en caso de dudas. Si uno sabe pronunciar una palabra, aprender a deletrearla correctamente lleva sólo unos segundos.

- **"S", "c" o "z"**

  Los hispanoamericanos en particular "sesean", es decir, pronuncian la "z" + vocal o las combinaciones "ci, ce" como si se tratara de "s" + vocal. Lógicamente, esto produce errores de ortografía que sólo se eliminan memorizando las palabras:

  a. *"El siervo amaestrado se mete en la cosina a comer sanahorias". Versión correcta: "El ciervo amaestrado se mete en la cocina a comer zanahorias".
  b. *"La sarsaparrilla es de la familia de las liliáseas". Versión correcta: "La zarzaparrilla es de la familia de las liliáceas".

  La cura para este tipo de error es la misma del primer caso: acudir al diccionario sin fiarse demasiado del oído.

- **Ante la "b" y la "p" se escribe "m"**

  Esta es una regla básica de la ortografía española. Por ejemplo, no se escribe *"enbuste" sino "embuste"; no se escribe *"tenporal" sino "temporal".

- **Una sola "r" después de las consonantes "l" y "n" o ante vocal al inicio de una palabra, y "rr" entre vocales**

  Esta es otra regla práctica. La "r" suena fuerte (es vibrante múltiple) después de las consonantes "l" y "n" ("enredo", "alrededor") y suave (vibrante simple) entre vocales ("cereza", "caramelo"). Suena fuerte (vibrante múltiple) también cuando da comienzo a una palabra ("rosa", "reparación"). Hay que escribir "rr" entre vocales para indicar el sonido de vibrante múltiple ("herrero", "berro").

- **¿"J" o "g" y por qué?**

  Otro problema ortográfico convencional se relaciona con la "g" y la "j" en las combinaciones "ge, gi, je, ji". Muchas palabras en español se escriben con "ge, gi" debido a su procedencia del latín a pesar de que el sonido es "je, ji". De nuevo, lo único que se puede hacer en estos casos es memorizar las palabras después de comprobar la ortografía en el diccionario. Noten como la primera sílaba de esta serie de palabras suena de la misma manera: "gente, jefe, gimnasia, jurado".

- ¿"'V' de vaca o 'b' de burro"?

    En español no se distingue entre el sonido de la "v" y el de la "b". Como consecuencia, la única manera de deletrear bien las palabras que los incluyen es consultando el diccionario cuando hay dudas. Reparen en este grupo de palabras que se escriben con "b" o "v" sin que el sonido varíe: "boda, voy, beber, vivir, bravo, vibrante".

- ¿"Y" o "ll"?

    Estos son también dos sonidos semejantes que provocan confusión. Con frecuencia, por ejemplo, uno ve errores como éstos: *"cabayo" en lugar de "caballo"; *"callo" en lugar de "cayo" (*key*); *"estreya" en lugar de "estrella"; etc.

Decían los viejos maestros, "La letra con sangre entra". . . y como hemos comprobado, se referían particularmente a la ortografía. Para los hispanoparlantes, deletrear bien exige paciencia, cuidado y, más que nada, el saber que hay que usar el diccionario en caso de dudas.

Ejercicio 2

Corrija los errores de ortografía evidentes en cada oración. Use el diccionario en caso de dudas.

1. Los ginetes cavalgan demaciado trápido.

    Los ginetes cabalgan demasiado rápido

2. El sorsal es el abe canora que le gusta más ha mi primo Jorge.

    El sorzal es el abe canora que le gusta más a mi primo Jorge

3. Los pixos quieren robarse las varras de oro para enrriqueserse sin trabajar.

    Los pillos quieren robarse las barras de oro para enriquecerse sin trabajar

4. En el soolójico les dan mansanas a las girafas, pero no las dejan comer abeyanas.

    En el zoológico les dan mazanas a las girafas pero no los dejan comer avellanas

5. Los enbutidos y las empanadas, en canbio, asen daño porque contienen mucha graza.

    Los embutidos y las empanadas, en cambio, asen daño porque contienen mucha grasa

En español, como en inglés, hay diferentes **tipos de palabras** que se emplean para formar **oraciones** (*sentences*). En la gramática tradicional, las palabras llevan nombres muchas veces abstractos que no comunican claramente su función. Hablamos de verbos, adjetivos, nombres o sustantivos, adverbios, etc. A efectos de facilitar la comprensión del uso de estas palabras, seguiremos un esquema descriptivo basado en el papel que tienen en la oración.

Tipo de palabra o función	Nombre tradicional	Ejemplos
La palabra-concepto: representa una persona, lugar, cosa o idea.	El sustantivo	árbol, mesa, estudiante, virtud, Colombia, parque, confianza, abstracta, amiga, interés, casa, defecto, amor, libro, bailar
La palabra-acción: expresa la acción que realiza una persona, animal o cosa.	El verbo	correr, escribir, bailar, estudiar, dormir, soñar, cantar, leer, ir, vivir
La palabra modificadora que califica o define: amplía o define el significado de otra palabra.	El adjetivo El artículo definido o indefinido	hermoso, elegante, dormida, inteligente, mucho, feo, barato, gordo, azul, esta, aquella, tuyo, el, unos, los, un
La palabra modificadora que indica tiempo, modo o cantidad: amplía o define el significado de otra palabra modificadora o de la palabra-acción.	El adverbio	fácilmente, muy, poco, bien mucho, despacio, lentamente, luego, aquí, mañana, ayer
La palabra-enlace: une otras palabras o partes de la oración.	La conjunción El verbo nexo *ser*	y, pero, sino, o, ni, cuando, para que, antes de que, después de que, ser
La palabra indicadora: indica dirección, posición, posesión, tiempo, etc.	La preposición	en, para, por, de, con, sin, después de, detrás de, sobre, a, hasta, delante de, enfrente de, con respecto a
La palabra sustituidora: reemplaza a otra palabra para evitar la repetición.	El pronombre	yo, tú, nosotros, ellas, lo, la, les, mí, ustedes, éste, aquéllos, que, quien, los cuales, cuyas, el que, se
La palabra-pregunta/la palabra-exclamación: palabras que se usan para hacer preguntas o para expresar admiración.	Adjetivos y pronombres **interrogativos (¿. . .?)** Adjetivos y pronombres exclamativos (¡. . .!)	qué, cuál, quién, cómo, cuánto, dónde, adónde, por qué, para qué

Ejercicio 3

a. A continuación se encuentra una lista de palabras. Identifique qué tipo de palabra es cada una. Tenga presente que algunas de ellas pueden representar más de un tipo.

Palabra	Tipo de palabra	Nombre de la palabra
1. escogemos	_____	el verbo
2. vosotros	_____	el pronombre
3. abrigo	_____	el sustantivo
4. dónde	_____	Adjetivo y pronombre interrogativo

5. bien _____ *el adjetivo o adverbio*

6. aquélla _____ *el adjetivo el pronombre*

7. un _____ *el articulo*

8. alegría _____ *el sustantivo*

9. bolso _____ *el sustantivo*

10. hermosas _____ *el adjetivo*

11. leer _____ *el verbo*

12. estos _____ *el pronombre*

13. y _____ *la conjunción*

b. Examine con cuidado las oraciones a continuación. Luego identifique el tipo a que pertenece la palabra indicada.

Oraciones   **Tipo de palabra**

1. Los profesores escriben en la **pizarra**.   *el sustantivo*

2. Elsa **sabe** la respuesta.   *el verbo*

3. **El** cine es grande.   *el articulo*

4. ¿Quién **tiene** dinero?   *el verbo*

5. Mis amigos salen **para** Chicago mañana.   *la preposición*

6. **Nosotros** estudiamos demasiado.   *el pronombre*

7. No creo a Pedro **sino** a Marcela.   *la conjunción*

8. La bolsa **roja** es de la profesora.   *el adjetivo*

9. **Arturo** siempre llega tarde.   *el sustantivo*

10. Mi novio habla **mucho**.   *el adverbio*

EL DICCIONARIO: ¿AMIGO O ENEMIGO? (1)

A efectos de esta clase, debemos tener presente que hay dos tipos de diccionario: el bilingüe, o sea, el diccionario inglés-español, y el monolingüe, es decir, el diccionario escrito exclusivamente en español. Los dos son muy útiles y deben consultarse en caso de dudas relacionadas con la ortografía, el vocabulario y el género y la naturaleza de las palabras. Sin embargo, es importante tener muy presente en todo momento las limitaciones del diccionario. En efecto, a veces, el confiar demasiado en él crea serios problemas comunicativos. Pensemos primero en las limitaciones y el uso correcto del diccionario bilingüe, ya que es el que se va a emplear con más frecuencia en este curso.

Para usar correctamente el diccionario bilingüe, es muy importante estar consciente de que las palabras tienen funciones diferentes y que el buscar simplemente la traducción de una en particular no significa que pueda usarse como queremos. Veamos un ejemplo muy sencillo. Si uno busca la expresión "baseball" en el diccionario bilingüe, encontrará que la traducción al español es "béisbol".

Por lo tanto, si quiero decir "The boys play baseball" el diccionario me ayuda a crear la siguiente oración: "Los niños juegan al béisbol". Ahora bien, supongamos que quiero expresar la siguiente idea: "The boy throws the baseball against the wall." En este caso, el diccionario bien puede traicionarnos y hacernos escribir algo como *"El niño tira el béisbol contra la pared". Esa oración no tiene sentido en español debido a que el vocablo "béisbol" se usa sólo para referirse al deporte en sí, o sea es el nombre del deporte y nada más. En español "a baseball" se dice "una pelota de béisbol". Por consiguiente, la traducción correcta de la oración sería "El niño tira la pelota de béisbol contra la pared".

Otro ejemplo característico podría ser éste. Alguien quiere escribir en español la siguiente oración: "The employees handle all problems with ease." Entonces, buscan la palabra "handle" en el diccionario bilingüe y encuentran como primera acepción "mango". Sin reparar en la "n" que significa "noun", o sea "nombre, sustantivo", la persona escribe incorrectamente: *"Los empleados mangan todos los problemas con facilidad". El problema es que la palabra no es una palabra-acción, o sea un verbo. Por lo tanto, la oración no tiene sentido. "Mango" en esa primera acepción significa "handle" como en "broom handle, umbrella handle, shovel handle", etc.

El diccionario bilingüe, entonces, es un buen amigo que a veces nos traiciona. Por eso hay que usarlo con cuidado. Para utilizarlo bien, lo más importante es consultar las páginas donde se incluyen las abreviaturas que aclaran cómo se describen las palabras que se definen en él. Ahí uno verá abreviaturas como "v" (verbo), "vt" (verbo transitivo), "vi" (verbo intransitivo), "n" (nombre), "adj" (adjetivo), "adv" (adverbio), "m" (masculino), "f" (femenino), "prep" (preposición) y demás. Si nos familiarizamos con estas abreviaturas, sabemos de inmediato qué tipo de palabra es la que encontramos y cómo se usa.

Ahora comencemos a familiarizarnos con nuestro diccionario.

EJERCICIO 4

a. Busque las siguientes palabras en el diccionario e indique su función y su género si lo tienen. Recuerde que la mayor parte de las palabras modificadoras (adjetivos) que califican o definen tienen formas masculinas y femeninas. En esos casos, identifique ambas:

MODELOS: apropiado   ***R.:*** Masculino y femenino; adjetivo. *Suitable, appropriate*

          y   ***R.:*** Conjunción. *And*

1. artista

   masculino y feminino; sustantivo : artist

2. muy

   adverbio: very, quite

3. pero

   conjunción. but

4. golondrina

   feminina, sustantivo. swallow

5. urbano

adjetivo. urban, city

6. detrás

adverbio. behind

7. pepino

masculino, sustantivo. cucumber

8. quién

palabra interogativa ~~pron~~ pronombre. who

9. erigir

verbo. to build, erect

10. encantador

masculino adjetivo. Charming, delightful

b. En parejas o en grupos, busquen las siguientes palabras en sus diccionarios. Luego utilícenlas en oraciones completas:

1. desempaquetar

desempaqueto mis ropas cuando llego a mi casa

2. sorbo

tomo un sorbo de mi cerveza

3. sagaz

El hombre sagaz siempre gana los juegos

4. estupefacto

La madre estupefaca dijó "no es posible" a su fiesta sopresa

5. chabola

Él vive en la chabola detrás su casa

6. joyería

Necesito comprar una joya hermosa a la joyería para mi novia.

7. sesentón

Vi un hombre que fue sesentón en el edificio

8. llamarada

flash, flushed in the face

Consiguive la llamarada el lunes pasado

9. jamás

Yo no jamás tratado de esa comida

10. zas

Estuve durmiendo y de repente ¡zas! mi libro cayó en mi cara

LA ORACIÓN SIMPLE Y SU ESTRUCTURA

La **oración simple** consiste en una serie de palabras organizadas de acuerdo con la fórmula básica de **sujeto** (actor) + **predicado** (o sea, lo que se dice del sujeto en una oración). El predicado siempre contiene una palabra-acción o el verbo-enlace **ser**. Es importante reconocer la estructura de la oración simple para poderla reproducir más adelante.

La oración simple se compone de palabras que representan **elementos básicos** y **elementos secundarios**. Los elementos básicos comunican la esencia del mensaje (la idea); los elementos secundarios aclaran, especifican o amplían el mensaje. Por ejemplo, cuando digo "Elena baila" expreso una idea. Esa idea puede ampliarse, especificarse o aclararse a base de elementos secundarios. Note estos casos: "Elena baila mucho"; "Elena baila mucho con Carlos"; "Elena baila mucho con Carlos todos los sábados"; "Mi hermana Elena baila mucho con Carlos todos los sábados". La idea esencial de las tres oraciones es "Elena baila", pero cada elemento añade aspectos importantes al significado. Observe que, por lo general, los elementos básicos son el sujeto y la palabra-acción (el verbo). Hay palabras-acción, sin embargo, que no tienen sentido a menos que las acompañe una palabra-concepto (sustantivo) o una palabra modificadora (adjetivo). Las más comunes son **ser** y **estar**.

En los siguientes modelos, las oraciones se han dividido en elementos esenciales que aparecen en la primera línea, y elementos secundarios que aparecen en la segunda.

MODELOS:

Tu amiga Olga a veces estudia historia en la biblioteca.

Olga		estudia				
Tu	amiga	a veces	historia	en	la	biblioteca

Ese joven alto no es estudiante de español.

joven		es		estudiante	
Ese	alto	no		de	español

La hija de los González está bastante enferma.

hija				está	enferma
La	de	los	González	bastante	

EJERCICIO 5

a. Examine cuidadosamente las siguientes oraciones simples e identifique los elementos básicos y los secundarios:

1. La pobre Mariola siempre rompe su computadora.

   Elementos básicos

   _____

   _____

Elementos secundarios

_____

_____

2. Las dos novelas de esa escritora argentina son muy interesantes.

   Elementos básicos

   _____

   _____

   Elementos secundarios

   _____

   _____

3. El hermanito de Felipe está cansado de correr.

   Elementos básicos

   _____

   _____

   Elementos secundarios

   _____

   _____

4. Los perros de tu vecino ladran constantemente.

   Elementos básicos

   _____

   _____

   Elementos secundarios

   _____

   _____

5. Muchos hombres son poco valientes.

   Elementos básicos

   _____

   _____

   Elementos secundarios

   _____

   _____

6. Los padres de Federico no están contentos con él.

   Elementos básicos

   _____

   _____

Elementos secundarios

_____

_____

ALERTA 2

To be at a place se dice "estar **en** un lugar". **Ejemplos:** Estamos en casa; Felipe está en el cine; Mis padres están en el centro comercial; Lucila y su novio están en la playa; El libro está en el librero.

---

b. Escriba dos oraciones simples con cualquier palabra-acción (verbo), otras dos con **ser** y otras dos con **estar**. Subraye (_underline_) los elementos esenciales de cada oración.

1. _____

2. _____

3. _____

4. _____

5. _____

6. _____

c. En este capítulo vamos a trabajar con la descripción. Para prepararse para describir, haga el siguiente ejercicio. Examine cada dibujo, y después escriba cinco oraciones simples sobre cada uno de los dibujos. Revise con cuidado el modelo a continuación.

MODELO:

1. El león come ciervos.
2. El león es fuerte.
3. El león tiene dientes grandes.
4. El león se llama Simbad.
5. El león está molesto.

1. _____   1. _____

2. _____   2. _____

3. _____   3. _____

4. _____   4. _____

5. _____   5. _____

LA CONCORDANCIA (1)

Se llama **concordancia** (*agreement*) a la relación inalterable que existe entre ciertas partes de la oración. Por ejemplo, una **palabra modificadora (adjetivo)** tiene que concordar con la **palabra-concepto (sustantivo)** que amplía, define o describe. Del mismo modo, una **palabra-acción (verbo)** tiene que concordar con la **palabra-concepto (sustantivo), la palabra sustituidora (pronombre)** o **la palabra-pregunta (el pronombre interrogativo)** con que se relaciona. Ejemplos: El libro **rojo**; Las mesas **grandes**; La mujer **canta**; Los niños **corren**; ¿Quiénes **tienen** miedo? Los errores de concordancia representan incorrecciones muy elementales al hablar y al escribir. Además, a veces pueden afectar la comunicación. Las siguientes oraciones son muy confusas debido a errores de concordancia: *"La cura es bueno" (*the priest*: el cura; *the cure*: la cura); *"El capital de Perú es enorme" (*the capital*: la capital; *capital in a monetary sense*: el capital). Por eso, hay que tratar de evitar este tipo de error en todo momento. Para poder hacerlo, es importante repasar los conceptos de género y número en la relación **palabra-concepto (sustantivo)/palabras modificadoras (adjetivos)**. Más adelante se examinará la concordancia entre las palabras-acción (verbos) y el sujeto.

ALERTA 3
El plural de los demostrativos **este, ese, éste, ése** termina en **-os**. **Ejemplos:** este libro → estos libros; ese cuaderno → esos cuadernos; Éste sabe mucho → Éstos saben mucho; Ése escribe mal → Ésos escriben mal.

- El género de las **palabras-concepto (sustantivos)**:

1. Las **palabras-concepto (sustantivos)** son masculinas o femeninas.

   Ejemplos:

árbol (masc.)	casa (fem.)	hombre (masc.)	niña (fem.)	virtud (fem.)

Recuerde que todo diccionario siempre va a identificar una **palabra-concepto (sustantivo)** como masculina o femenina. Basta con revisar la entrada correspondiente (la definición) y observar si incluye las letras **m** o **f** o las abreviaturas **masc.** o **fem**.

2. Muchas palabras que terminan en **-a** son femeninas, mientras que las que terminan en **-o** suelen ser masculinas. Como por lo regular las **palabras-concepto (sustantivos)** van acompañadas de la **palabra modificadora llamada artículo definido** (el, la, los, las), incluimos esta partícula con los ejemplos a continuación.

   Ejemplos:

la cama	el libro	el lobo	la luna	el sobretodo	la ventana

   ¡Ojo!

   La mano es palabra femenina.

3. Muchas palabras masculinas terminadas en **-o** que se refieren a animales o a personas tienen una forma femenina correspondiente terminada en **-a**:

   Ejemplos:

   el hermano → la hermana   el oso → la osa

   el loco → la loca   el perro → la perra

   el maestro → la maestra   el tío → la tía

   Algunas excepciones comunes:

   el caballo → la yegua   el toro → la vaca

   el gallo → la gallina   el yerno → la nuera

   el marido → la mujer

ALERTA 4

Las palabras femeninas que comienzan con **a** o **ha** acentuadas llevan el artículo masculino en su forma singular. **Ejemplos:** el agua fría; el hacha afilada. La forma plural lleva el artículo femenino: las aguas frías; las hachas afiladas.

---

4. Es importante recordar que, como hemos observado arriba, toda norma tiene sus excepciones. Así, hay palabras terminadas en **-o** que son femeninas

y otras terminadas en **-a** que son masculinas. A continuación se identifican algunas irregularidades notables.

- Muchas palabras que terminan en **-ma** son masculinas:

EJEMPLOS:

el clima	el poema	el problema	el programa	el tema

ALGUNAS EXCEPCIONES COMUNES:

la cama	la rama	la dama	la trama

- Las palabras que terminan en **-pa** y **-ta** lo mismo pueden ser masculinas que femeninas. Por eso hay que tener cuidado especial con ellas y aprenderlas de memoria o consultar frecuentemente el diccionario:

el cometa (*comet*)	la cometa (*kite*)	la corneta	el mapa
la ropa	el Papa (*Pope*)	la papa (*potato* en Hispanoamérica)	el planeta

- Algunas palabras-concepto de uso común poseen género invariable:

la persona (ej.: Juan es una buena persona.)

la víctima (ej.: Raúl es víctima de sus errores.)

el individuo (ej.: Elena es un individuo intransigente.)

- La terminación de ciertas palabras-concepto, en particular de muchas relativas a las profesiones, no varía a pesar de que se aplique a un hombre o a una mujer. En estos casos, el artículo precisa el género:

el amante/la amante	el estudiante/la estudiante
el artista/la artista	el modelo/la modelo
el atleta/la atleta	el soldado/la soldado
el ayudante/la ayudante	el aprendiz/la aprendiz

- Las palabras-concepto que terminan en **-tud**, **-umbre**, **-dad**, **-tad**, **-ción** y **-sión** son femeninas:

la acción	la amistad	la bondad	la costumbre
la libertad	la muchedumbre	la pretensión	la virtud

- Los ríos, mares y montañas por lo general son masculinos. También lo son los días de la semana:

los Andes	el Everest	los lunes	el Mediterráneo
el Océano Pacífico	el Tajo	el viernes	el Misisipí

- Algunas palabras-concepto (sustantivos) tienen diferente significado en masculino o femenino:

el capital (cantidad de dinero)   la capital (ciudad)

el cura (sacerdote = *priest*)   la cura (remedio)

el orden (estructura armoniosa)   la orden (mandato)

el guía (persona que dirige u orienta)   la guía (libro telefónico; persona que dirige u orienta, si se trata de una mujer)

 Hay muchas palabras-concepto (sustantivos) que no se ajustan a estas normas. Recuerde: en caso de duda, debe consultar el diccionario.

ALERTA 5

Recuerde las siguientes contracciones: **a + el = al**; **de + el = del**. **Ejemplos:** Vamos al teatro; Salgo del cine. ¡Ojo! Si se usa la palabra sustituidora (pronombre) **él**, entonces no hay contracción. **Ejemplos:** La camisa de él; A él le gusta el helado más que a mí.

- El número de las **palabras-concepto (sustantivos)**:

1. Por lo general, el plural de las palabras-concepto (sustantivos) se forma añadiendo una **-s** a las que terminan en vocal y una **-es** a las que terminan en consonante:

   EJEMPLOS:

   el aparato → los aparatos   el motor → los motores

   el bebé → los bebés   el papel → los papeles

   la canción → las canciones   la silla → las sillas

   la maldad → las maldades

2. Para formar el plural de las palabras que terminan en **-z**, hay que reemplazar esta letra por **c** y añadir **-es**:

   EJEMPLOS:

   el lápiz → los lápices   la raíz → las raíces   el matiz → los matices

3. Las palabras que terminan en **-s** no cambian al formarse el plural, a menos que se trate de una sílaba acentuada.

   EJEMPLOS:

   el lunes → los lunes   el mes → los meses

   la diéresis → las diéresis   el portugués → los portugueses

   la tesis → las tesis

EJERCICIO 6

a. De acuerdo con lo explicado, indique por medio del uso de los artículos **el** o **la** si las palabras a continuación son masculinas o femeninas.

Art.	Palabra-concepto (sustantivo)	Art.	Palabra-concepto (sustantivo)
_la_	1. rana	_la_	10. ropa
_el_	2. cuaderno	_el_	11. verdad
_la_	3. abogada	_la el_	12. llama
el las	4. Amazonas	_el/la el_	13. orden (estructura)
_la el_	5. mano	_los_	14. miércoles
_el_	6. sistema	_la_	15. muchedumbre
_la_	7. actitud	_el_	16. césped
_el_	8. avión	_el_	17. planeta
_el_	9. mapa	_el_	18. Papa

b. Cambie del singular al plural y viceversa:

Artículos y palabras-concepto	Cambios
1. el río	_los ríos_
2. los lápices	_el lápiz_
3. la hipótesis	_las hipótesis_
4. el árbol	_los arboles_
5. la butaca	_las butacas_
6. los autobuses	_el autobús_
7. los holandeses	_el holandeses_
8. la virtud	_las virtudes_
9. el paraguas	_los paraguases_
10. la vitrina	_las vitrinas_
11. las caridades	_la caridad_

ALERTA 6

La construcción con **gustar** responde a la siguiente fórmula: **(me, te, le, nos, os, les) + gusta, gustan + palabra-concepto (sustantivo)**. **Ejemplos:** Me gustan los caramelos; Nos gusta bailar; Les gusta la playa. La construcción enfática o aclaratoria con **gustar** responde a esta otra fórmula: **a mí me (a ti te; a él/ella/usted/[nombre] le; a nosotros nos; a vosotros os; a ellos/ellas/ustedes/[nombre] les) + gusta, gustan + palabra concepto**. **Ejemplos:** A Elena y a Jaime les gusta estudiar; A vosotros os gusta el fútbol; ¿A ti te gustan los mariscos?

c. Lea la siguiente lista. Después, en parejas, pregúntele a su compañero o compañera si le gustan o no cinco de esas actividades, comidas, pasatiempos y animales. Escriba las respuestas para luego informar a toda la clase.

MODELO:

Pregunta:	*¿Te gustan los exámenes?*
Respuesta del compañero/a:	*Sí, me gustan mucho los exámenes.*
Informe a la clase:	*A [nombre] le gustan mucho los exámenes.*

esquiar	las aceitunas	la ópera	las anchoas
dormir mucho	el fútbol americano	bailar salsa	los calamares
las serpientes	hablar por teléfono	las películas románticas	la música country

Informe

Nombre del entrevistado o la entrevistada: Brianna + Michael

S 1. Le gusta la música country

M 2. No Le gusta el fútbol americano

S 3. no Le gustan las serpientes

B 4. no Le gustan los calamares

5. _____

Primera entrada del cuaderno

Durante el semestre usted irá creando un cuaderno de impresiones e ideas basado en instrucciones muy precisas. Estas son las instrucciones para la primera entrada: Escriba una descripción de 100 a 150 palabras en el presente sobre uno de los temas a continuación. Utilice oraciones simples.

1. El hombre o la mujer ideal.
2. Razones por las que yo soy el hombre o la mujer ideal.

El hombre ideal

El hombre ideal es alto y fuerte. Tiene el pelo negro. Sus ojos son castaños. Es muy bien parecido. Es muy simpático. Sonríe constantemente. Es inteligente. Estudia mucho. Quiere ser médico o ingeniero. También es muy trabajador y generoso.

Además, el hombre ideal cocina bien. Lava los platos con alegría y mucho cuidado. Pasa la aspiradora con frecuencia por toda la casa. Le gusta especialmente limpiar los baños. Repara los aparatos domésticos, el coche, los muebles y otras cosas.

El hombre ideal me quiere mucho. Siempre está contento. Es muy cariñoso. Me trae rosas una vez por semana.

¡Lamentablemente, el hombre ideal no existe! Es sólo un sueño.

(108 palabras)

LA CONCORDANCIA (2)

- El número y el género de las **palabras modificadoras (adjetivos)** en su relación con las palabras-concepto (sustantivos):

Todos los adjetivos tienen número y se indica de la misma manera que con las palabras-concepto (sustantivos). La mayor parte de ellos también tienen género que se señala como en las palabras-concepto (sustantivos). De acuerdo con lo que se ha explicado, los adjetivos siempre concuerdan con las palabras-concepto (sustantivos). Por eso es esencial entender sus características.

Hay adjetivos que tienen dos formas, una masculina y otra femenina; otros adjetivos no cambian:

1. Los adjetivos que terminan en **-o** tienen una forma femenina con **-a**:

EJEMPLOS:

la casa **roja**	los chicos **locos**	la mano **fina**
el perro **tonto**	las mujeres **altas y delgadas**	los libros **confusos**

2. Los adjetivos que terminan en **-e**, **-z** o **-l** no sufren cambio al pasar al femenino:

EJEMPLOS:

la camisa **verde**	la viuda **feliz**	la joven **elegante**
la pared **azul**	la tarea **fácil**	la palabra **veraz**

¡Ojo!

El adjetivo **cortés** no cambia al pasar al femenino: la señora **cortés**.

3. Los adjetivos que terminan en **-ón**, **-án**, **-or** (sobre todo **-dor**) así como la mayor parte de los gentilicios (los que indican nacionalidad, origen, etc.) tienen una forma femenina con **-a**. Repare en que el acento desaparece en el caso de aquellos que terminan en **-ón**, **-án** o **-és**.

EJEMPLOS:

la chica **encantadora**	el hombre **comilón**
los estudiantes **holandeses**	los jóvenes **trabajadores**
la empresa **constructora**	las gatas **lloronas**
la niña **haragana** (*lazy*)	la mujer **española**

¡Ojo!

Hay gentilicios que tienen una forma constante a pesar del género, como **azteca**, **israelita**, **marroquí**, **iraquí**, **canadiense** y otros:

- el chico israelita/la chica israelita
- los senadores estadounidenses/las senadoras estadounidenses
- el templo maya/la pirámide maya
- el presidente paquistaní/la presidenta paquistaní

4. Las palabras modificadoras demostrativas (adjetivos demostrativos) **este**, **ese** y **aquel** (*this, that, that farther away*) tienen las siguientes formas femeninas y plurales: **esta**, **estos**, **estas**; **esa**, **esos**, **esas**; **aquella**, **aquellos**, **aquellas**. Normalmente preceden a la palabra-concepto (sustantivo).

EJEMPLOS:

esta profesora	aquellos montes	ese examen	estas personas
aquel sábado	esas ventanas	estos días	aquellas raíces

ALERTA 7

La forma demostrativa **esto** puede funcionar sólo como palabra sustituidora (pronombre). **Nunca, nunca, nunca** puede operar como palabra modificadora (adjetivo) masculina. En otras palabras, no se puede escribir ***esto libro**. Lo correcto es **este libro**.

5. Las palabras modificadoras (adjetivos) posesivas son de dos tipos: las cortas (**mi, tu, su, nuestro, vuestro, su**), que vienen antes de las palabras-concepto (sustantivos), y las largas (**mío, tuyo, suyo, nuestro, vuestro, suyo**), que se colocan después de las palabras-concepto (sustantivos). Los posesivos cortos

todos tienen forma plural, pero sólo dos (nuestro, vuestro) tienen forma femenina con **-a**; los posesivos largos todos tienen número y género.

EJEMPLOS:

mis zapatos	nuestra hermana	tu nariz	vuestros amigos
la prima suya	los parientes míos	la casa vuestra	los uniformes suyos

---

ALERTA 8

En contraste con el inglés, el posesivo siempre concuerda en número con la palabra-concepto (sustantivo) y, en el caso de las formas largas y de las cortas **nuestro** y **vuestro**, también en género.

Ejemplos: *his shirts* → sus camisas, las camisas suyas; *their car* → su coche, el coche suyo.

EJERCICIO 7

a. Escoja la palabra modificadora (adjetivo) que mejor se adapta a las palabras-concepto (sustantivos) a continuación:

rabioso	alta	grande	oscura
burlona	trabajador	escandalosa	veloz

Palabras-concepto (sustantivos)	Modificadores	Palabras-concepto (sustantivos)	Modificadores
el edificio	_____	la comediante	_____
la yegua	_____	el perro	_____
el mecánico	_____	la montaña	_____
la noche	_____	la situación	_____

b. En parejas busquen en su diccionario algunas palabras-concepto (sustantivos) que ustedes no conozcan. Luego, empléenlas en combinación con las palabras modificadoras que se ofrecen a continuación, realizando todos los cambios que sean necesarios.

EJEMPLO: inteligente   *R.: la criatura inteligente*

astuto	lento	árabe	digno	diminuto
duro	gris	perspicaz	pegajoso	confuso

1. _____
2. _____
3. _____
4. _____
5. _____

6. _____

7. _____

8. _____

9. _____

10. _____

c. Traduzca del inglés teniendo en consideración que *of mine, of yours, of his, of hers, of ours, of theirs* exigen el uso de las formas largas de la palabra modificadora (adjetivo) posesiva:

Inglés	Español
your (familiar singular) brown shoes	tus zapatos ~~marrones~~ morenos
this excellent university	esta universidad excelente
their beautiful daughter	su hija hermosa *it can happen*
some Mexican friends of ours	algunos amigos mexicanos de nuestros
your (familiar plural) professor (feminine) of German	vuestra profesora del alemán
this shirt of mine	esta camisa de mía
my favorite programs	mis programas favoritos
his pink pen	su bolígrafo rosado
that brother of hers	ese hermano de suyo
those (distant) threatening clouds	aquellas nubes amenezantes

d. Lea con cuidado la siguiente descripción. Después, cambie al plural de acuerdo con las instrucciones.

> Mi prima Elena es alta y rubia. Tiene los ojos azules. Es inteligente y atractiva. Es joven. Es estudiante de ingeniería. Trabaja en el centro. Es mi mejor amiga.

Cambie a Elena por Ana y Luisa, haciendo todos los cambios que sean necesarios:

_____

_____

_____

_____

e. Escriba una mini-descripción de siete oraciones simples semejante a la de "Mi prima Elena", sobre "Mi amiga/o"; "Mi sobrina/o".

_____

_____

_____

_____

_____

f. En parejas examinen los dos dibujos. Seleccionen uno y luego inventen cinco preguntas para hacerle a la persona del dibujo. Usen **tú**. Después, imaginen las respuestas de la persona y escríbanlas en primera persona (**yo**). Finalmente, reporten a la clase las cinco respuestas en tercera persona, es decir, usen **él** o **ella**. Recuerden que no se debe repetir innecesariamente la palabra sustituidora en su función de sujeto (**yo**, **tú**, **él**, **ella**, etc.).

Nombre: Juanito Regalado
Profesión: plomero
Edad: cuarenta y tres años
Estado civil: casado

Nombre: Petra Ballesteros
Profesión: golfista
Edad: veinte y cinco años
Estado civil: soltera

Preguntas:

1. _____

2. _____

3. _____

4. _____

5. _____

Respuestas:

1. _____

2. _____

3. _____

4. _____

5. _____

Informe:

_____

_____

_____

_____

_____

6. Los únicos **números cardinales** que concuerdan con la palabra-concepto (sustantivo) son **uno** (**un, una**) y todas **las formas compuestas de ciento** (**doscientos, doscientas; trescientos, trescientas; quinientos, quinientas,** etc.). Del mismo modo que en inglés, en español se dice **un millón,** pero en contraste con el inglés, esta palabra tiene plural en español (**dos millones, tres millones,** etc.).

 Aunque en inglés se dice *one thousand,* en español se emplea **mil** (nunca se dice **un mil*).

EJEMPLOS:

cuatro casas	veinticinco (veinte y cinco) mujeres
noventa y dos libros	cien pasteles
una niña	cuarenta y un barcos
ciento setenta y una pastillas	cuatrocientas diez personas
setecientos soldados	el año mil seiscientos treinta
un millón de pesos	ocho millones de habitantes

ALERTA 9
En contraste con el inglés, al contar a partir de cien, no se usa **y** entre **ciento** y el número siguiente. **Ejemplos:** ciento cinco estudiantes; trescientos un pollos.

7. Los **números ordinales** (**primero, segundo, tercero,** etc.) por lo general sólo se emplean hasta el diez (**décimo**) y suelen escribirse antes de la palabra-concepto (sustantivo). También concuerdan con ésta, ya que tienen tanto género como número. Es importante recordar además que **primero** y **tercero** se convierten en **primer** y **tercer** frente a una palabra-concepto (sustantivo) masculina singular.

EJEMPLOS:

el quinto pino	la novena entrada (*inning*)
la primera dama	la sexta fotografía
el tercer piso	la séptima estudiante

EJERCICIO 8

a. Escriba los números en español:

Número	Número escrito	Palabra-concepto (sustantivo)
1. 142	_Ciento cuarenta y dos_	bolívares fuertes
2. la 3ra	_La tercera_	canción
3. 71	_setenta y un_	empleados
4. 525	_quiniciento veinticinco_	euros
5. 100	_cien_	mesas
6. 15	_quince_	días
7. 1.000	_mil_	promesas
8. 26	_veintiseis_	años
9. el 8vo	_octav_	piso
10. 5.000.000	_cinco millones_	de habitantes

b. Escriba las fechas en español. Recuerde que el primer número corresponde al día, el segundo al mes y el tercero al año.

> **EJEMPLO:** 14/2/2007   **R.:** _el catorce de febrero de dos mil siete_

1. 4/07/1776   _____

2. 12/10/1492   _____

3. 1/01/2000   _____

4. 7/12/1941   _____

5. 2/05/1808   _____

6. 23/04/1616   _____

7. 18/07/1936   _____

8. 30/06/1520   _____

- Colocación de las **palabras modificadoras (adjetivos):**

  Hay dos tipos de esta clase de palabras modificadoras: aquellas palabras que forman una unidad con la palabra-concepto (sustantivo), es decir, que la limitan o definen, y aquellas que la describen, distinguen o analizan. Las primeras se colocan antes de la palabra-concepto (sustantivo); las segundas, después.

  1. Algunos modificadores normalmente **preceden** a la palabra-concepto (sustantivo). Los más frecuentes son **el artículo definido (el, la, los, las),** **el artículo indefinido (un, una, unos, unas), los demostrativos (este, ese, aquel** y sus variantes), **los posesivos cortos (mi, tu, su, nuestro, vuestro, su** y sus variantes), **los numerales, los cuantitativos (mucho, poco, varios,** etc.) y **los indefinidos (algún, ningún y sus variantes).**

EJEMPLOS:

las mujeres	este ordenador
cuatro pupitres	mucha gente
algunas alumnas	mis piernas
ningún empleado	pocas cosas

2. La mayor parte de las palabras modificadoras **preceden** o **siguen** a la palabra-concepto (sustantivo) de acuerdo con la intención del hablante. Es decir, si uno quiere indicar que la palabra modificadora indica una cualidad invariable o asociada de manera directa con la palabra-concepto (sustantivo), ésta se coloca delante; si uno quiere describir, distinguir o analizar la palabra-concepto (sustantivo), ésta se coloca detrás.

EJEMPLOS:

las mujeres inteligentes (distingue el tipo de mujeres de que se trata)
el famoso actor Denzel Washington ("famoso" se asocia necesariamente con Matt Damon)
la toalla roja y blanca (los colores describen la toalla)
los verdes pinos y la blanca nieve del norte de Michigan (los pinos del norte de Michigan son naturalmente verdes y la nieve es blanca)

ALERTA 10

Se usa **y** para enlazar dos palabras modificadoras (adjetivos) descriptivas—o sea, las que siguen la palabra-concepto (sustantivo). **Ejemplos:** la calle larga y angosta; las jóvenes educadas, inteligentes y hacendosas.

3. Las siguientes palabras modificadoras se apocopan, o sea, se acortan cuando se encuentran frente a una palabra-concepto (sustantivo) masculina: **alguno, ninguno, bueno, malo, primero, tercero, santo. Grande** se acorta lo mismo frente a una palabra masculina que femenina.

EJEMPLOS:

algún coche	ningún tonto
un buen cirujano	San Mateo (pero, Santa Rita)
el primer capítulo	el tercer lugar
el gran hombre/la gran mujer	el mal jugador

¡Ojo!

Se emplea **Santo** ante **To-** y **Do-**: Santo Domingo; Santo Toribio.

ALERTA 11

Nunca, nunca, nunca se dice ***un otro** sino **otro** (otro hombre, otra mujer). Nunca se dice ***un cierto** sino **cierto** (cierto hombre, cierta mujer).

EJERCICIO 9

a. Coloquen las palabras modificadoras donde resulten más apropiadas y háganlas concordar con la palabra-concepto (sustantivo):

Modificadores	Modificadores que preceden	Modificadores	Palabras-concepto que siguen
1. mucho, loco	_____	gente	_____
2. poderoso, el, grande	_____	coches	_____
3. ninguno, feroz	_____	tigre	_____
4. lejano, feliz, aquel	_____	tiempos	_____
5. el, conocido	_____	cantante Madonna	_____
6. útil, mi	_____	diccionarios	_____
7. el, santo, bueno	_____	Francisco de Asís	_____
8. nuestro, uno	_____	primas	_____
9. maloliente, grasoso, el	_____	comida	_____
10. primer, este	_____	semana	_____

b. Lea cuidadosamente la descripción de "El palacio".

El palacio es enorme. Tiene diez y seis habitaciones. Tiene seis cuartos de baño. Hay veinte ventanas grandes y cuatro ventanas pequeñas. La puerta de entrada es negra. La puerta de atrás es verde. Tiene seis pisos. El suelo es de mármol. Hay alfombra en la sala. La cocina es grande. Hay un refrigerador, tres estufas y dos hornos. En el comedor hay una mesa larga y treinta sillas. Todas las paredes son amarillas. El palacio es hermoso.

Ahora describa su casa o el apartamento o habitación en que vive de acuerdo con el modelo. Escriba diez oraciones:

_____

_____

_____

_____

_____

_____

_____

_____

_____

- Los **adverbios** son palabras modificadoras que complementan un adjetivo, un verbo u otro adverbio. **Nunca hay concordancia entre el adverbio y la palabra que modifica.**

  1. Muchos adverbios se forman por medio de la terminación **-mente** que se añade a la forma femenina de los adjetivos que terminan en **-o**. Si los adjetivos acaban en **-e** o en consonante, se añade **-mente** sin realizar cambio alguno.

     EJEMPLOS:

     rápido → rápidamente   claro → claramente
     fácil → fácilmente   alegre → alegremente
     sagaz → sagazmente   elocuente → elocuentemente

  2. Si se usan en serie dos o más adverbios terminados en **-mente**, se elimina la terminación del primero o los primeros. Se respeta el cambio al femenino (**-a**) en el caso de los adverbios que acaban en **-o**:

     EJEMPLOS:

     La abogada habla lúcida, inspirada e inteligentemente.
     Los niños saltan la cuerda diestra, ágil y alegremente.

  3. Algunos adverbios comunes son **bien, mal, despacio, luego, aquí, allí, allá, mucho, poco, tarde, temprano, demasiado, mañana, ayer, muy, bastante.**

     EJEMPLOS:

Mi hija habla mucho.	¿Vienes luego?
¿Quién corre despacio?	Está muy contenta.
Escribe bastante bien.	Camina demasiado lentamente.

  4. Muchas frases adverbiales formadas con la preposición **con + palabra-concepto (sustantivo)** son de uso frecuente en español. Muchas veces se usan para reemplazar a las palabras modificadoras con **-mente**.

EJEMPLOS:

Leo con frecuencia.	El orador se expresa con entusiasmo.
Los amigos se tratan con afecto.	No hablas con precisión.

5. Según se observa, los adverbios se colocan por lo regular después de la palabra-acción (verbo) y antes de la palabra modificadora (adjetivo u otro adverbio).

EJEMPLOS:

Escribo muy cuidadosamente.	Mis padres llegan mañana.
Lucila y yo estamos bastante tristes.	Elena come mucho.

EJERCICIO 10

a. Coloque las palabras modificadoras entre paréntesis donde convengan para que cumplan una función adverbial. Observe que a veces es necesario usar la terminación **-mente** para convertir en adverbio la palabra modificadora (adjetivo) facilitada.

1. La casa de los Pérez es grande. (bastante)

   La casa de los Pérez es bastante grande

2. Los hombres lloran. (dramático)

   Los hombres lloran dramáticamente

3. Mi esposo y yo vamos al cine. (frecuente)

   Mi esposo y yo vamos al cine frecuentemente

4. Mi tío conduce rápidamente. (muy, siempre)

   Mi tío siempre conduce muy rápidamente

5. Carolina y Eduardo salen para España por la noche. (mañana)

   Carolina y Eduardo salen mañana para España por la noche

6. Me siento bien. (espléndido)

   Me siento espléndidamente bien

7. La doctora los examina. (cuidadoso)

   La doctora los examina cuidadosamente o con cuidado

8. El licenciado nos escucha. (paciente)

   El licenciado nos escucha pacientemente o con paciencia

b. En parejas, utilicen sus diccionarios para buscar adjetivos nuevos y luego crear adverbios que sirvan para modificar las palabras-acción (verbos) que se les ofrecen.

bailar	escribir	golpear	pensar	beber
roncar	entrar	andar	hacer ejercicios	cantar

1. _____   6. _____

2. _____   7. _____

3. _____   8. _____

4. _____   9. _____

5. _____   10. _____

LA DESCRIPCIÓN (1)

Una de las fórmulas comunicativas más empleadas lo mismo por escrito que verbalmente es la descripción. Ésta consiste simplemente en **pintar** por medio de palabras una persona, animal, lugar, cosa o idea de la manera más clara posible. Las descripciones son todo lo sencillas o complicadas que quiera la persona que se expresa. Por ejemplo, alguien puede responder a la pregunta "¿Cómo es tu gata?" mediante una serie de frases sencillas: "Mi gata es negra y blanca. Tiene la cabeza grande. Tiene dientes afilados. Es muy gorda y juguetona". De la misma manera, si alguien nos pregunta "¿Qué es el amor?", tal vez optemos por contestar describiendo de manera filosófica esta idea: "El amor es una sensación indefinida e indefinible. Surge de una impresión física inicial que, pronto, se amplía mediante una compenetración emocional y hasta intelectual". Sea la estructura elemental o complicada, es siempre importante que el individuo seleccione aquellos elementos que revelan la esencia de lo que pretende describir de acuerdo con sus objetivos personales.

En principio, todo se puede describir en base a una serie de oraciones simples semejantes a las que hemos venido considerando. Si se nos pide, por ejemplo, que describamos a una persona, pongamos por caso a mi tía Sagrario, lo primero que conviene hacer es escribir una serie de oraciones elementales que se concentran en aspectos físicos y emocionales significativos. El orden en este primer momento no tendría importancia.

Veinte oraciones sobre mi tía Sagrario

---

1. Mi tía Sagrario no tiene hijos.

2. Tiene treinta y nueve años.

3. Es arquitecta.

4. Tiene los ojos verdes y grandes.

5. Es cariñosa y generosa con sus sobrinos.

6. Canta por la nariz con voz chillona.

7. Es soltera.

8. Le gusta la música country.

9. Tiene cinco gatos, un perro y una serpiente.

10. Es un poco loca.

11. Mide un metro sesenta y cuatro.

12. Es trigueña de pelo corto.

13. Se viste escandalosamente.

14. Es una mujer de aspecto interesante.

15. Es muy alegre y cómica.

16. Siempre usa minifalda.

17. Sus colores favoritos son el naranja y el morado.

18. Es delgada.

19. Tiene un traje de vaquera para bailar.

20. Toca bien el acordeón.

EJERCICIO **11**

Escriba diez oraciones como las anteriores sobre un pariente suyo que sea algo raro:

1. _____

2. _____

3. _____

4. _____

5. _____

6. _____

7. _____

8. _____

9. _____

10. _____

EL PRESENTE DE INDICATIVO

La forma más común de la palabra-acción (verbo) es el **presente de indicativo**, que se usa fundamentalmente para expresar lo que hacemos en determinado momento, lo que hacemos de rutina o lo que vamos a hacer en un futuro

inmediato. Primero, repasemos las formas del presente de indicativo de las palabras-acción (verbos) que siguen un esquema regular. Recuerden que en español
hay tres conjugaciones (o terminaciones) básicas: **-ar, -er, -ir**.

Bailar (formación: bail + terminación)

(yo) bail**o**	(nosotros, nosotras) bail**amos**
(tú) bail**as**	(vosotros, vosotras) bail**áis**
(él, ella, usted) bail**a**	(ellos, ellas, ustedes) bail**an**

Beber (formación: beb + terminación)

(yo) beb**o**	(nosotros, nosotras) beb**emos**
(tú) beb**es**	(vosotros, vosotras) beb**éis**
(él, ella, usted) beb**e**	(ellos, ellas, ustedes) beb**en**

Escribir (formación: escrib + terminación)

(yo) escrib**o**	(nosotros, nosotras) escrib**imos**
(tú) escrib**es**	(vosotros, vosotras) escrib**ís**
(él, ella, usted) escrib**e**	(ellos, ellas, ustedes) escrib**en**

EJERCICIO 12

a. Complete los espacios en blanco con la forma correcta del presente de
indicativo:

1. El toro _____ (saltar) la barrera.

2. Vosotros _____ (saber) demasiado.

3. Los parientes de Arturo _____ (vivir) en Londres.

4. (Yo) _____ (tomar) leche con la comida.

5. Tú _____ (aprender) mis debilidades.

6. Tomás y yo _____ (abrir) los regalos de navidad.

7. Mercedes _____ (sacar) el dinero del bolso.

8. Los médicos _____ (meter) la pata a menudo.

9. Nosotras _____ (comprar) pan para hacer bocadillos.

10. (Yo) no _____ (leer) las explicaciones.

11. (Tú) _____ (montar) en bicicleta para hacer ejercicios.

12. Vosotros no _____ (prestar) atención.

13. La arquitecta _____ (diseñar) el edificio.

14. Los hermanos González _____ (escribir) vulgaridades en la pizarra.

15. Luisa Fernanda y yo no _____ (entender) bien al profesor de alemán.

16. ¿Es verdad que tu prima Matilde ya no _____ (salir) con Paco Juárez?

17. ¿A qué hora _____ (cenar) vosotros?

ALERTA 12

En la mayor parte de los casos, no es necesario utilizar la **palabra sustituidora o pronombre** (**yo, tú, él, ella**, etc.) ante la **palabra-acción (verbo) conjugada**, ya que ésta de por sí identifica a la persona que habla. **Ejemplos:** Comemos mucho; Estudio todos los días.

---

b. Escriba oraciones simples con los elementos que se le facilitan. Haga todos los cambios necesarios, escriba los números y cree adverbios cuando sea conveniente:

1. mi / tíos / vender / su / casa / por / 289.000 / dólar

   _____

2. (nosotros) / buscar / uno / hombres / fuerte / para / el / mudanza

   _____

3. (tú) / nunca / leer / muy / cuidadoso / el / instrucciones

   _____

4. este / blusa / tan / elegante / valer / sólo / 121 / peso

   _____

5. (vosotros) / estudiar / mucho / para / el / exámenes / final

   _____

6. yo / meter / el / cuadernos / en / mi / mochila / rojo

   _____

Hay irregularidades que urge tener en cuenta para conjugar correctamente las palabras-acción (verbos) en el presente de indicativo:

1. Los verbos en que **e** se convierte en **ie**:

cerrar	perder	sentir
cierro	pierdo	siento
cierras	pierdes	sientes
cierra	pierde	siente
cerramos	perdemos	sentimos
cerráis	perdéis	sentís
cierran	pierden	sienten

Algunas palabras-acción (verbos) de este tipo son comenzar, despertar, divertir, empezar, entender, mentir, preferir, querer, sentar, atender.

2. Los verbos en que **o** se convierte en **ue**:

mostrar	volver	dormir
muestro	vuelvo	duermo
muestras	vuelves	duermes
muestra	vuelve	duerme
mostramos	volvemos	dormimos
mostráis	volvéis	dormís
muestran	vuelven	duermen

Algunas palabras-acción (verbos) de este tipo son: acostar, costar, contar, encontrar, morir, revolver, poder, recordar, soñar, volar, rogar.

3. Los verbos en que **e** se convierte en **i** (este cambio sólo lo sufren ciertas palabras-acción que terminan en **-ir**):

pedir	
pido	pedimos
pides	pedís
pide	piden

Algunas palabras-acción (verbos) de este tipo son corregir, elegir, repetir, seguir, servir, vestir.

ALERTA 13

Atender significa *to take care of*. **Asistir a** quiere decir *to attend an event, an institution*, etc. **Ejemplos:** El vendedor atiende a los clientes; La médica atiende al paciente; Luis asiste a la Universidad de Chile; Nosotros asistimos a clase.

---

4. **Jugar** se conjuga de este modo: juego, juegas, juega, jugamos, jugáis, juegan.

5. Algunas palabras-acción (verbos) sólo cambian en la primera persona del singular (**yo**). Varias de uso común son:

hacer = ha**go**	poner = pon**go**	salir = sal**go**
valer = val**go**	traer = tra**igo**	caer = ca**igo**
conocer = cono**zco**	caber = **quepo**	conducir = condu**zco**
ver = **veo**	saber = **sé**	dar = **doy**

6. Las palabras-acción (verbos) que terminan en **-ger**, **-gir**, **-cer** (menos **hacer**), **-cir** y **-guir** cambian sólo en la primera persona del singular (**yo**) de acuerdo con el patrón descrito a continuación.

coger	co**j**o (coges, coge, cogemos, cogéis, cogen)
exigir	exi**j**o (exiges, exige, exigimos, exigís, exigen)
vencer	ven**z**o (vences, vence, vencemos, vencéis, vencen)
zurcir	zur**z**o (zurces, zurce, zurcimos, zurcís, zurcen)
seguir	si**g**o (sigues, sigue, seguimos, seguís, siguen)

7. Algunas palabras-acción (verbos) de naturaleza irregular y uso muy común son las siguientes:

oír	oi**go**, oyes, oye, oímos, oís, oyen
decir	di**go**, dices, dice, decimos, decís, dicen
tener	ten**go**, **ti**enes, **ti**ene, tenemos, tenéis, **ti**enen
venir	ven**go**, v**i**enes, v**i**ene, venimos, venís, v**i**enen
ir	**voy, vas, va, vamos, vais, van**
ser	**soy, eres, es, somos, sois, son**
estar	**estoy, estás, está, estamos, estáis, están**
haber	**he, has, ha, hemos, habéis, han**
oler	**hue**lo, **hue**les, **hue**le, olemos, oléis, **hue**len
destruir	destru**y**o, destru**y**es, destru**y**e, destruímos, destruís, destru**y**en

EJERCICIO 13

a. Complete los espacios en blanco con la forma correcta del presente de indicativo:

1. La fiesta _____ (empezar) a las nueve.

2. (Yo) _____ (poner) la televisión para ver el noticiero.

3. ¿_____ (conocer) vosotros a la ingeniera Estela Ramírez?

4. Esos perros _____ (ladrar) constantemente.

5. Pedro, ¿cómo _____ (seguir) de salud tu mamá?

6. Los niños le _____ (pedir) caramelos a su padre.

7. (Yo) ya no _____ (caber) en estos pantalones.

8. ¿_____ (jugar) (tú) bien al baloncesto?

9. Hilda y yo _____ (ser) muy parecidos.

10. Esa aerolínea _____ (perder) constantemente el equipaje de los pasajeros.

11. La abuela de estos amigos tuyos _____ (ir) a la iglesia a menudo.

12. (Yo) no _oigo_ (oír) absolutamente nada.

13. ¿Qué _piensas_ (pensar) (tú) de la candidata a la presidencia?

14. Los alumnos de segundo grado _contas_ (contar) hasta mil.

15. Vosotros _decís_ (decir) muchas mentiras.

16. Alicia _devuelve_ (devolver) los libros a la biblioteca.

17. Aquí algo _____ (oler) mal.

18. Yo no _____ (convencer) a mis hermanos.

19. ¿Cuánto dinero _____ (tener) (tú) en el bolsillo?

ALERTA 14

Parientes significa *relatives* (tíos, primos, abuelos, etc.); **padres** quiere decir *parents* (padre y madre). **Ejemplos:** Mis padres tienen muchos parientes; Su padre se llama Arturo y su madre se llama Clara; ¿Visitas mucho a tus parientes de Chicago?

---

b. Escriba oraciones breves con los elementos que se le facilitan. Haga todos los cambios necesarios, escriba los números y cree adverbios cuando sea conveniente:

1. el / camioneta / negro / de / el / sobrino / suyo / costar / 13.600 / euro

   _____

2. (yo) / zurcir / mi / calcetines / viejo / con / mucho / delicadeza

   _____

3. tu / parientes / volar / a / París / el / semana / próximo / ¿verdad?

   _____

4. ese / enfermeras / amistoso / atender / a / el / pacientes / con / grande / amabilidad

   _____

5. el / hijos / de / Laura y Paco / querer / pasar / el / vacaciones / en / el / playa

   _____

ALERTA 15

There is, there are se dice **hay**. **Ejemplos:** No hay tiempo; Hay cinco libros en la mesa.

LA DESCRIPCIÓN (2)

Según se observa en el siguiente modelo, las oraciones sobre la tía Sagrario se combinan fácilmente para crear una descripción elemental pero bastante completa de ella. Note que se incluye la oración final a manera de conclusión lógica:

Mi tía Sagrario

Mi tía Sagrario es arquitecta. Tiene treinta y nueve años. Mide un metro sesenta y cuatro. Es delgada. Es trigueña de pelo corto. Tiene los ojos verdes y grandes. Es una mujer de aspecto interesante.

Mi tía Sagrario es un poco loca. Tiene cinco gatos, un perro y una serpiente. Se viste escandalosamente. Siempre usa minifalda. Sus colores favoritos son el naranja y el morado. Le gusta la música country. Tiene un traje de vaquera para bailar. Toca muy bien el acordeón. Canta por la nariz con voz chillona. Es muy alegre y cómica.

Mi tía Sagrario es soltera. No tiene hijos. Es cariñosa y generosa con sus sobrinos. Yo la aprecio mucho. *(Total: 110 palabras)*

EJERCICIO 14

Cree una mini-descripción organizando las oraciones que usted escribió sobre un pariente algo raro para completar el ejercicio 9 de la página 27. Añada una breve frase conclusiva.

_____

_____

_____

_____

_____

_____

_____

_____

_____

_____

EL REFLEXIVO CON EL PRESENTE DE INDICATIVO

En español existen **palabras-acción (verbos)** que adquieren valor reflexivo con las **palabras sustituidoras (pronombres)** me, te, se, nos, os, se.

Normal	Reflexivo
Elena baña a su hijo.	Elena se baña.
Lavo el coche.	Me lavo las manos.
Los niños visten la gata.	Los niños se visten.

1. **El reflexivo** hace recaer la acción en el sujeto de la oración. Por ejemplo, cuando digo "La madre peina a su hijo", es evidente que la madre realiza la acción de **peinar** sobre su hijo, es decir, en beneficio de él. Una vez que la acción se vuelve reflexiva ("La madre se peina"), la madre ejecuta la acción y es afectada por la acción. Es importante notar que la palabra sustituidora reflexiva se añade a la palabra-acción (verbo) y concuerda (*agrees*) con el sujeto: yo → me; tú → te; él (ella, usted) → se; nosotros → nos; vosotros → os; ellos (ellas, ustedes) → se.

Sujeto	Se	Verbo
	←	
Luisa	se	peina
	←	

Ejemplos:

Mis primos se acuestan a las once.

¿Te cepillas los dientes por la mañana?

Nosotros nos sentamos en la séptima fila.

ALERTA 16

Los reflexivos **me**, **te**, **se**, **nos**, **os**, **se** siguen al **infinitivo** (forma **-ar/-er/-ir**), el **gerundio** (forma **-ando/-iendo**) o el **mandato afirmativo** (sus formas se presentan en el capítulo 6) y forman una sola palabra con ellos: Voy a sentarme en el sofá (**o** Me voy a sentar en el sofá); Está comiéndose una manzana (**o** Se está comiendo una manzana); Vístanse para salir.

2. En español, existe un tipo de construcción falsamente reflexiva porque el sujeto o actor no realiza la acción sobre sí mismo, sino que influye sobre otro u otros que son los que verdaderamente ejecutan la acción. A continuación se incluyen ejemplos muy característicos.

EJEMPLOS:

Me corto el pelo en esa peluquería. (*I get my hair cut at that barbershop.* Hay que observar que el sujeto **yo** en realidad no se corta su propio pelo. Lo hace el peluquero de la peluquería en cuestión. Pero el peluquero ejecuta la acción a petición del cliente, que es el que paga.)

La madre de Tito quiere **hacerse** un vestido nuevo. (*Tito's mother wants to have a new dress made for herself.* De nuevo, la madre no va a hacer el vestido ella misma, sino que lo piensa mandar a hacer a otra persona.)

3. Algunas palabras-acción (verbos) en español se usan exclusivamente en su forma reflexiva. **Arrepentirse, quejarse, atreverse, suicidarse, enorgulle- cerse** y **jactarse** son buenos ejemplos. \ *complain*
boast

EJEMPLOS:

Dicen los sociólogos que mucha gente **se suicida** a finales de enero.

Esos jugadores de golf **se jactan** de no perder nunca.

Me arrepiento de mis pecados.

EJERCICIO 15

a. Traduzca la expresión indicada:

1. Los niños (*sit*) _Se sientan_ a la mesa.

2. (*I have fun*) _Me divierto_ mucho en la clase de español.

3. Mis abuelos (*wake up*) _Se despiertan_ temprano.

4. (*We complain*) _Nos quejamos_ de los problemas de estacionamiento.

5. Vosotros (*boast*) _os jactáis_ de vuestra inteligencia.

6. (*You get bored* [informal]) _te aburres_ fácilmente.

7. Eliana (*combs her hair*) _Se peina_ con mucho cuidado.

b. Cree construcciones reflexivas con las palabras-acción (verbos) que aparecen en las oraciones a continuación y los sujetos de cada oración.

MODELOS: La madre peina al niño.   **R.:** *La madre se peina.*

Meten el gato en la casa.   **R.:** *Se meten en la casa.*

Miro el libro.   **R.:** *Me miro.*

1. Te saco una muela.

_____

2. José Miguel y Javier lavan el coche.

_____

3. El barbero pela al cliente.

_____

4. Le planchas los pantalones a tu compañera.

_____

5. Vosotros entretenéis a la gente.

_____

6. Le quito el abrigo a mi novia.

_____

7. El enfermero afeita al enfermo.

_____

8. Le pongo la ropa a la bebé.

_____

9. Mi padre baña el perro.

_____

10. Levantas a tu hija a las ocho.

_____

11. Nosotros escondemos el retrato debajo de la cama.

_____

12. Mis padres acuestan a mi hermanito.

_____

ESTRATEGIAS DE LA COMUNICACIÓN ESCRITA (1)

La facilidad excesiva y los sustituidores innecesarios

1. Uno de los errores más frecuentes del escritor principiante es la repetición innecesaria de palabras-acción (verbos) y expresiones muy comunes. Este proceder no sólo sugiere pobreza de estilo sino que también hace monótono el texto. Algunas palabras de este tipo son **ser, estar, poder, tener, vivir, hay** y modificadores como **mucho, muy, bueno, malo,** etc.

2. Otro defecto frecuente que conviene evitar por todos los medios es la repetición innecesaria de los sustituidores **yo, tú, él, ella, usted, nosotros/as, vosotros/as, ellos/as** y **ustedes** en su función de sujeto o de complemento de la oración. Es importante recordar que en español las palabras-acción (verbos) indican persona a base de su terminación (**-o, -as, -a, -amos,** etc.). Por consiguiente, los sustituidores se emplean solamente para aclarar o añadir énfasis.

EJEMPLOS:

—¿Quién sabe más, él o ella? —**Ella** sabe más. (Para aclarar)

Yo juego al baloncesto mejor que nadie. (Énfasis)

A **ustedes** les encanta el pollo frito, ¿verdad? (Para aclarar)

EJERCICIO 16

A continuación se incluye una breve descripción compuesta de oraciones simples en las que la autora se repite demasiado. En parejas o en grupos, lean con cuidado la descripción y cuando lo crean conveniente realicen cambios estructurales o de vocabulario para evitar las repeticiones. También eliminen los sustituidores innecesarios. Recuerden: sólo se deben escribir oraciones simples. Copien la nueva versión del texto en el espacio que se provee.

Mi hermana Gema

Yo tengo una hermana mayor. Ella se llama Gema. Nosotras nos llevamos muy bien. Ella es mi mejor amiga.

Mi hermana Gema tiene veinte y dos años. Ella es alta y delgada. Ella mide un metro ochenta. Ella tiene el pelo negro. Ella tiene los ojos castaños. Ella siempre tiene una sonrisa.

Ahora Gema no vive en casa. Ella vive en Lima. Ella estudia odontología en la Universidad de San Marcos. A ella le gusta mucho su carrera.

Gema se divierte mucho. A ella le gusta mucho bailar. También a ella le gusta jugar al volibol. Además, a ella le gusta nadar. También le gusta mucho ir al cine. A ella le gusta salir con sus amigos.

Mi hermana es una mujer muy interesante. Ella es muy simpática. Gema es muy cariñosa con todo el mundo, especialmente conmigo. Yo la adoro.

Segunda entrada del cuaderno

Escriba la segunda entrada del cuaderno. Debe consistir en 100 a 150 palabras en el presente sobre uno de los temas a continuación:

1. Descripción de un animal
2. Descripción de un objeto

Escriba la descripción a base exclusivamente de oraciones simples. Tenga mucho cuidado con la concordancia.

Mi perro Jersey

Tengo un perro muy hermoso y simpático. Se llama Jersey. Tiene nueve años. Es un fox terrier blanco y café. Es amistoso. Los niños juegan mucho con él. Siempre juega con mi sobrinito Armando. Armando tira una pelota. Jersey la recoge. Después, le lleva la pelota a Armando. Juegan así largo tiempo.

Mi perro come mucho. Además duerme demasiado. Por eso está un poco gordo. Su comida de perros favorita es Purina. También le gusta comer otras cosas. Le encantan el pollo, el pavo, la carne de res y el puerco. No le gusta nada el pescado. Tampoco le gusta la mantequilla de maní.

En conclusión, Jersey es un buen perro. Yo lo quiero mucho.

(115 palabras)

LA DESCRIPCIÓN (3)

Algunas de las descripciones más comunes tienen que ver con un lugar específico. Este tipo de escrito exige aun mayor precisión que las descripciones de personas, animales o cosas, pues muchas veces el lector a quien se dirige el texto no conoce el sitio en cuestión. Por eso, hay que seleccionar con cuidado los detalles que queremos utilizar para **pintar un cuadro** claro y lo suficientemente completo del lugar que intentamos describir.

Esto es lo que se pretende hacer abajo con las veinte oraciones sobre la ciudad mexicana de Querétaro.

Ejercicio 17

a. A continuación se encuentran veinte oraciones que, juntas, podrían constituir una descripción. Léalas con cuidado para poder organizarlas lógicamente después.

Veinte oraciones sobre la ciudad de Querétaro

---

1. Hay muchos árboles.
2. Tiene dos universidades: la Universidad Autónoma de Querétaro y el Instituto Tecnológico.
3. La gente es muy amable y cortés.
4. Está en el centro de México.
5. Hay muchas iglesias por toda la ciudad.
6. Tiene una buena biblioteca pública.
7. Hay centros comerciales con tiendas de todo tipo.
8. Es una ciudad limpia.
9. Tiene bastante industria.
10. Es una ciudad agradable y acogedora.
11. Tiene hermosos parques y plazas.
12. Hay mucho tráfico.
13. En Querétaro viven personas de diversos estratos sociales.
14. La ciudad de Querétaro no se parece mucho a otras ciudades del centro de México.
15. Hay varios cines.
16. Tiene bares y discotecas para los jóvenes.
17. Hay una plaza de toros.
18. No hay edificios muy altos.
19. Tiene buenos servicios públicos.
20. Tiene aproximadamente quinientos mil habitantes.

---

b. Ahora, procure organizar las oraciones lógicamente en el espacio provisto del mismo modo que se hizo en el ejemplo de la tía Sagrario:

_____

_____

_____

_____

_____

_____

_____

_____

_____

_____

_____

_____

_____

_____

_____

_____

_____

_____

_____

Instrucciones para la pre-composición descriptiva

Primer paso *(first step)*:

1. Escriba **veinte oraciones descriptivas simples** sobre una persona, animal o cosa.
2. Recuerde que las oraciones **deben ser muy sencillas**, semejantes a las veinte oraciones sobre la tía Sagrario que aparecen en la página 31. No hay que organizar las oraciones lógicamente en este momento.

Segundo paso:

1. El profesor revisa y luego le devuelve las veinte oraciones simples.
2. Una vez que el profesor le devuelva las veinte oraciones simples, organícelas para formar una descripción coherente de aproximadamente 100 a 125 palabras. Utilice como modelo la descripción de la tía Sagrario que aparece en la página 37. Es importante que la composición tenga una estructura lógica, con introducción y conclusión que consistan en una sola oración.
3. Después de hacer todas las correcciones, entregue la versión final **mecanografiada** *(typed)* a **doble espacio**. Utilice una fuente *(font)* de **doce puntos o más**.

CHATEEMOS

Hoy en día el correo o mensaje electrónico, o sea el email, ha reemplazado a la carta como método de comunicación escrita de tipo personal y hasta profesional. En contraste con la carta, el correo electrónico es más informal. Por lo tanto, uno no lo lee ni lo escribe con tanto cuidado. Sin embargo, es siempre un documento que se puede imprimir y leer después con más detenimiento. Por eso, es muy importante tener presente a quién le escribimos cuando mandamos un email (un "emilio", como suelen decir muchos). Obviamente, les escribimos de manera distinta a nuestros parientes y amigos que a nuestros jefes, profesores o compañeros de trabajo.

En este curso usted tendrá la oportunidad de practicar la escritura electrónica de tipo informal. Su profesor o profesora le pedirá que exprese sus comentarios a través de correos electrónicos o como tarea convencional. A continuación, aparece la primera controversia entre dos cibernautas: la radicalísima Gloria Siniestra y el ultra conservador Eugenio Diestro. Al final del intercambio de emails, conteste la pregunta: ¿Y tú qué opinas? Escriba un mensaje que niegue o apoye o que asuma una posición diferente a la de ambos personajes.

Chat Edit View Actions Help

Eugenio Diestro Gloria: Acabo de leer la descripción de la tía Sagrario. ¡Qué mujer más estúpida! Tiene treinta y nueve años. En fin, es una vieja revieja. ¿Cómo puede usar mini-falda? Mi mamá es sólo cuatro años mayor que esa Sagrario. No se viste de esa manera inmoral. Mi mamá es una mujer decente, educada y sencilla. Tampoco baila como una loca. Mucho menos canta canciones tontas. Mi mamá es una mujer fina. Se preocupa por la opinión de los demás. Sabe su papel en la sociedad.

Y tú, ¿qué piensas de la vieja Sagrario?

Gloria Siniestra: Ay, Eugenio, ¡tienes tantos prejuicios! En mi opinión, la tía Sagrario es una mujer extraordinaria. Tiene sólo treinta y nueve años. No es ninguna vieja. Todo lo contrario: está en la flor de la edad. Si le gusta ponerse minifalda, pues adelante. Yo la admiro. Una mujer tiene el derecho de vestirse según sus gustos. ¿Y qué tiene que ver tu mamá con la tía Sagrario? Todos somos diferentes.

Eugenio Diestro: Pues mira, mi mamá representa a la mujer ideal. Trabaja en casa, se ocupa de sus hijos y de su marido, cocina requetesabroso. Nada, es excepcional.

Gloria Siniestra: A decir verdad, de acuerdo con tu descripción prefiero a la tía Sagrario. Parece menos aburrida. Es inteligente. Claro, le gusta la música country. Eso es un pecado para mí. Pero ninguna mujer es perfecta.

A ver si el cerebro te funciona mejor la próxima vez.

Hasta entonces.

Y tú, ¿qué opinas?

Hands Free   Talk

B *I* U Arial   10

T

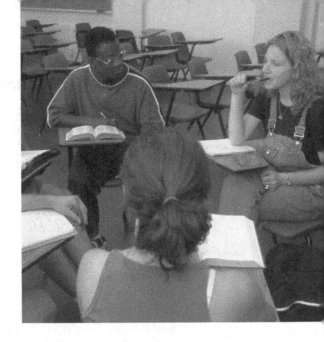

CAPÍTULO 1

La descripción a base de oraciones complejas

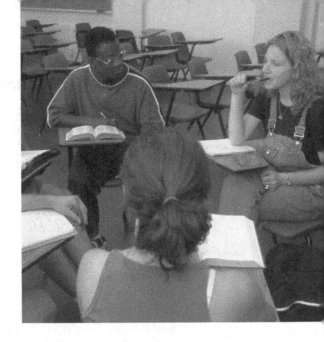

TEMAS

- Introducción a la oración compleja
- Si yo fuera hispanoparlante . . .
- El diccionario: ¿amigo o enemigo? (2)
- La descripción con oraciones complejas (1)
- El complemento directo
- Los relacionantes **que** y **quien**

  Tercera entrada del cuaderno
- **Ser** y **estar**

  La función predicativa

  La función auxiliar

La función atributiva

Cuarta entrada del cuaderno

- La **se** impersonal
- La descripción con oraciones complejas (2)
- Estrategias de la comunicación escrita (2)

  Variedad al enlazar oraciones, y el abuso de gustar

  Instrucciones para la composición descriptiva.
- Chateemos

INTRODUCCIÓN A LA ORACIÓN COMPLEJA

Hasta ahora nos hemos concentrado en la **oración simple**, es decir, el orden más elemental en que se organizan las palabras para comunicar ideas. Recordemos que esta estructura básica consiste en la fórmula **sujeto** (actor) **+ predicado** (lo que se dice del sujeto). Este sistema es funcional y en base a él pueden expresarse prácticamente todas las ideas. No obstante, para evitar la repetición innecesaria, la monotonía y el carácter excesivamente elemental de las oraciones, se crean con frecuencia estructuras más complicadas. Estas son las **oraciones complejas**, que hasta cierto punto consisten en una ampliación de oraciones simples, o incluso en una combinación de oraciones simples. Las oraciones complejas se forman a base de elementos como **palabras-enlace**, o sea **conjunciones** (**y**, **pero**, **cuando**, **o**, **ni**, etc.), y **palabras sustituidoras relacionantes**, es decir, los **pronombres relativos** (**que**, **quien**, **el cual**, etc.).

Hay oraciones complejas relativamente fáciles que consisten en la unión de dos oraciones simples por medio de una palabra-enlace (conjunción). Éstas se llaman **oraciones compuestas**.

EJEMPLOS:

    a. Raúl prepara la cena, **y** tú friegas los platos.
    b. Mario tiene veinte dólares, **pero** no es suficiente para comprar las entradas.
    c. **O** me quieres **o** me muero.
    d. **Ni** me llama **ni** me escribe.

Otras oraciones complejas exigen un mayor dominio de las estructuras del idioma. Se forman valiéndose de ciertas palabras sustituidoras (pronombres) y palabras-enlace (conjunciones). Así surgen las **oraciones** llamadas **subordinadas**.

EJEMPLOS:

    a. El hombre **que** baila es mi primo.
    b. Pienso **que** Mirta no sabe nada.
    c. **Si** tengo tiempo, voy al cine.
    d. Vemos a nuestros padres **cuando** queremos.

ALERTA 17
Pero significa *but*. Siempre añade otra idea. **Ejemplos:** No aprende mucho, pero siempre entrega la tarea; La comida es mala pero abundante. **Sino** más o menos equivale a *but rather* y se usa inmediatamente delante de una palabra-concepto (sustantivo) o una palabra modificadora (adjetivo). **Ejemplos:** No me llamo Juan sino Antonio; Marta no es mi hermana sino mi prima. **Sino que** presenta otra idea expresada mediante una palabra-acción (verbo). **Ejemplos:** No me corto el pelo, sino que me lo dejo crecer; No gastan el dinero, sino que lo ahorran.

En este capítulo, vamos a presentar el modo de crear oraciones complejas como una manera de comunicarse en forma más eficiente y normal.

A continuación se ofrecen ejemplos de dos oraciones complejas. La primera es **compuesta**, y la segunda es **subordinada**:

1. Raúl prepara la cena, y tú friegas los platos.

Raúl	prepara		
		la	cena

y

tú	friegas		
		los	platos

ALERTA 18

Las palabras-enlace (conjunciones) **y** y **o** se convierten en **e** y **u** ante las palabras que empiezan con **i**, **hi** y **o**, **ho** respectivamente. **Ejemplos:** padre **e** hijo; Tomás **e** Irma; león **u** oso; mujer **u** hombre.

---

2. El hombre que baila mejor es mi primo.

hombre	es	primo
El		mi

que

(El hombre)	baila	
		mejor

EJERCICIO 1

a. Examine cuidadosamente las siguientes oraciones complejas. Luego identifique los elementos básicos, los elementos secundarios y la palabra que relaciona (palabra-enlace/conjunción) o subordina (palabra sustituidora/pronombre) las dos oraciones:

1. El perro tiene hambre, y el gato tiene sed.

Elementos básicos

_____

_____

Elementos secundarios

_____

_____

Palabra que relaciona o subordina: [   ]

Elementos básicos

_____

_____

Elementos secundarios

_____

_____

2. Los jóvenes que se preocupan por su salud nunca fuman ni beben.

Elementos básicos

_____

_____

Elementos secundarios

_____

_____

Palabra que relaciona o subordina: ☐

Elementos básicos

_____

_____

Elementos secundarios

_____

_____

3. La pediatra no sabe todavía si mi hijo está enfermo de la garganta.

Elementos básicos

_____

_____

Elementos secundarios

_____

_____

Palabra que relaciona o subordina: ☐

Elementos básicos

_____

_____

Elementos secundarios

_____

_____

4. Luis tiene veinte dólares, pero Elena tiene sólo cuatro.

   Elementos básicos

   _____

   _____

   Elementos secundarios

   _____

   _____

   Palabra que relaciona o subordina: ☐

   Elementos básicos

   _____

   _____

   Elementos secundarios

   _____

   _____

5. La novela que leen los alumnos de la clase de literatura rusa es demasiado larga y aburrida.

   Elementos básicos

   _____

   _____

   Elementos secundarios

   _____

   _____

   Palabra que relaciona o subordina: ☐

   Elementos básicos

   _____

   _____

   Elementos secundarios

   _____

   _____

b. En parejas, escriban dos oraciones para cada tipo de las oraciones ilustradas; o sea, escriban dos oraciones compuestas (con **y**, **o**, **pero**, etc.) y dos subordinadas (con **que**).

1. _____

2. _____

3. _____

4. _____

SI YO FUERA HISPANOPARLANTE . . .

Yo hablo español desde la niñez. ¿Y tú?

En el capítulo preliminar, vimos que muchos hispanoparlantes cometen errores básicos de ortografía debido sobre todo a problemas relacionados con la fonética, o sea con los sonidos del idioma. Pero hay también otros problemas comunes que afean el idioma. Por ejemplo, reparen en los pleonasmos (o sea, el uso de expresiones que repiten una misma idea) que aparecen a continuación.

- **No se dice "más mejor" ni "más peor":** Las palabras "mejor" y "peor" son aumentativas. Por eso, no se necesita usar "más" frente a ellas. Si uno necesita indicar cantidad, entonces se dice **"mucho mejor"** y **"mucho peor".**
- **No se dice "entrar adentro" ni tampoco "salir afuera":** Las palabras-acción (verbos) "entrar" y "salir" ya indican de por sí que uno se mueve hacia adentro o hacia afuera. Basta entonces con decir "entrar" y salir".
- **No se dice "subir arriba" ni "bajar abajo":** Se trata de un ejemplo casi idéntico al anterior. "Subir" y "bajar" ya comunican la totalidad de la idea.
- **No se dice "hijo varón" ni "hija mujer":** Las palabras "hijo" e "hija" ya indican género.
- **No se dice "un par de gemelos" ni "un par de mellizos" sino "gemelos" o "mellizos":** Los "gemelos" ("mellizos"), evidentemente, son dos.
- **No se dice "preguntar una pregunta" ni "dibujar un dibujo":** Las palabras "preguntar" y "dibujar" ya encierran toda la idea. Claro, también se puede decir "hacer una pregunta" y "hacer un dibujo".
- **No se dice "carie dental":** Las "caries" sólo afectan los dientes.

EJERCICIO 2

a. De acuerdo con el vocabulario presentado anteriormente, complete las oraciones a continuación con la expresión correcta:

1. Rosario y Paco esperan una _____ Piensan ponerle María de los Ángeles.

2. ¡Chicos, tienen que _____ de inmediato porque va a empezar a llover!

3. ¿Le _____ preguntas a la profesora todos los días?

4. "Yo juego mal al badminton. ¿Y tú? ¿Juegas bien?" "No, estoy seguro de que juego _____ que tú".

5. Paco, ¿no ves que el perro quiere _____? Anda ladra que te ladra desde hace media hora.

b. En parejas, enmienden los defectos que aparecen en el párrafo a continuación:

Lucilita y Panchito están en el patio dibujando dibujos para entretenerse. De repente, Lucilita grita, "¡Ay! me duele mucho la boca". Panchito entra para adentro de la casa y llama a su mamá. Como la señora está en el segundo piso, baja para abajo rápidamente. Luego sale para afuera y le dice a su hija, "Abre la boca, Lucilita!". La niña abre la boca. Su mamá mira con cuidado y concluye, "¡Ajá! Tienes una carie dental. Vamos corriendo al dentista". Lucilita le dice, "No, mamá, no es necesario. Ya estoy más mejor".

Lucilita y Panchito están en el patio dibujando dibujos para entretenerse De repente, Lucilita grita "¡Ay! me _____

_____

_____

_____

_____

_____

_____

_____

_____

_____

EL DICCIONARIO: ¿AMIGO O ENEMIGO? (2)

Para redactar (*to write*) correctamente en español, es necesario saber manejar el diccionario monolingüe, es decir, el diccionario orientado específicamente a los hispanohablantes. Hay muchos diccionarios monolingües, y casi todos son aceptables. Uno de los más económicos y accesibles es el *Pequeño Larousse Ilustrado*.

- El primer paso indispensable para manejar correctamente cualquier diccionario es **aprender el orden alfabético español**. La ñ es una consonante independiente que sigue a la *n*. Antes la *ch* y la *ll* también eran consonantes independientes que, en el orden alfabético, seguían a la *c* y a la *l* respectivamente. Sin embargo, en 1994 la Real Academia de la Lengua Española determinó que la *ch* y la *ll* ya no iban a ser consonantes independientes. Por lo tanto, si antes de 1994 la palabra **acezo** iba seguida de **aciago, ga**, a partir de entonces va seguida de **achabanamiento**, ya que la **h** precede a la **i** en el alfabeto. Igualmente, los diccionarios antiguos incluían apartados (*sections*) dedicados a palabras que empezaban con **ch** (chamaco, chino, choza, etc.) y **ll** (llano, lleno, lluvia, etc.). Ya no lo hacen, pues esas palabras se incluyen en los apartados dedicados a la **c** y a la **l** respectivamente.
- La sección fundamental del diccionario consiste en la reunión alfabética de las palabras de un idioma con sus correspondientes definiciones. Esta sección está precedida invariablemente por una lista de abreviaturas. Algunas no tienen mayor importancia. Otras son fundamentales para determinar el uso correcto de las palabras. Como se observó en el capítulo preliminar, aquellas en que debemos reparar son las de índole gramatical como adj. (adjetivo), adv. (adverbio), conj. (conjunción), v. i. (verbo intransitivo), etc. y las que precisan el uso moderno de determinada expresión, como amer. (americanismo), barb. (barbarismo), etc.
- Cada palabra que se incluye en un diccionario constituye una **entrada**. Las explicaciones de cada entrada se llaman **artículos**. Mientras mejor sea el diccionario, más información se incluye en cada artículo. Las abreviaturas se usan para economizar espacio sin eliminar información. Todo esto hace que el diccionario a veces parezca exasperante, pero una vez que se aprende a manejar debidamente, se convierte en una gran ayuda tanto al escribir como al leer.

Examinemos la palabra-acción (verbo) **medir**. Esta es la manera en que dicha entrada figura en un buen diccionario como el *Pequeño Larousse Ilustrado*:

medir v. t. (lat. *metiri*). Determinar una cantidad comparándola con la unidad: *medir trigo*. // Examinar si tienen los versos la medida correspondiente. // *Fig.* Proporcionar y comparar una cosa con otra: *medir la fuerza*. // *Fig.* Moderar: *medir sus palabras*. // —V. i. Tener determinada longitud, extensión, volumen: *mide dos metros*. // —V. r. Moderarse en una cosa. // *amer.* Probarse, ponerse una prenda para ver si queda bien. // —Irreg. Se conjuga como *pedir*.

La explicación comienza con una abreviatura, v. t., que significa "verbo transitivo", o sea, una palabra-acción que puede llevar complemento directo. Es decir, lo primero que vamos a ver es el uso de **medir** como verbo transitivo. Acto seguido y entre paréntesis se incluye otra abreviatura, lat., que significa latín. En dicho paréntesis se explica, entonces, que la palabra **medir** procede de la voz latina *metiri*. A veces la etimología (o sea el origen) de una palabra aclara su uso en español. Inmediatamente después se incluye la primera definición y se da un ejemplo de cómo puede usarse el vocablo cuando tiene valor transitivo. Posteriormente se ofrecen significados secundarios de la palabra, e incluso se resumen valores figurados (*Fig.*) de la misma. **Medir** también puede emplearse como verbo intransitivo, es decir, como palabra-acción que no lleva complemento directo. Es eso lo que se aclara a partir de la abreviatura v. i. También se utiliza como reflexivo (v. r.). Luego se utiliza la abreviatura *amer.*, que significa "americanismo", para explicar que en algunas partes de Hispanoamérica esta palabra-acción se usa de manera reflexiva como sinónimo de "probarse algo" (*to try something on*). Por último se indica que **medir** es una palabra-acción irregular que se conjuga como **pedir**.

Como se puede observar, toda la información que se incluye en el artículo sobre **medir** es fundamental para usar correctamente esta palabra-acción (verbo) tan común. Por eso, cuando se busca una expresión en el diccionario, hay que hacerlo con cuidado y atención.

A continuación, obsérvese como el diccionario ha servido para utilizar correctamente en oraciones originales ciertas palabras que comienzan con **a**, **b** y **c**:

- **Actual:** adj. Presente, contemporáneo: las costumbres actuales.

  Oración: La crisis actual en el Oriente Medio es alarmante.

- **Bigote:** m. Pelo que cubre el labio superior: quemarse los bigotes.

  Oración: Mi padre no tiene bigote.

- **Cortar:** v. t. (lat. *cortare*). Dividir con un instrumento cortante: *cortar pan*.

  Oración: Mi padre corta la tabla con el serrucho.

EJERCICIO 3

a. En parejas o en grupos, lean con cuidado la entrada para **medir**. Después escriban oraciones que respondan a las definiciones precedidas por las abreviaturas a continuación.

1. V. t.:

   _____

2. V. t., *Fig.* (1):

   _____

3. V. t., *Fig* (2):

   _____

4. V. i.:

   _____

5. V. r.:

   _____

6. V. r., *Amer.*:

   _____

b. Lean las definiciones del diccionario que se les ofrecen para las palabras que se anotan abajo. Luego escriban oraciones con cada vocablo.

1. **envolver** v. t. (lat. *involvere*). Cubrir exactamente una cosa con otra: *el chocolate suele envolverse en papel de estaño.*

    _____

2. **magnífico, ca** adj. (lat. *magnificus*). Muy hermoso: *palacio magnífico.*

    _____

3. **terrorismo** m. Conjunto de actos de violencia cometidos por grupos revolucionarios.

    _____

4. **¡chao!** interjec. *Arg. Fam.* ¡Chau!, ¡adiós!

    _____

5. **arrepentirse** v. r. Pesarle a uno de haber hecho alguna cosa: *hacer arrepentirse a uno de sus pecados.* // —Irreg. Se conjuga como *sentir.*

    _____

6. **poco** adv. c. En corta cantidad: *comer muy poco por las noches.* Indica también corta duración: *poco ha de tardar.*

    _____

LA DESCRIPCIÓN CON ORACIONES COMPLEJAS (1)

En este capítulo, se le va a pedir que haga una descripción con oraciones complejas. Eso no significa que deba ser muy complicado el asunto de la descripción o el vocabulario a utilizar. Por el contrario, puede pensarse que este tipo de descripción se realiza a base de la unión de dos oraciones simples con el objeto de evitar la redundancia y variar la estructura. Para prepararse, complete el siguiente ejercicio.

EJERCICIO 4

Examine cada dibujo y después escriba cinco oraciones complejas sobre cada uno de los dibujos. Revise con cuidado el modelo a continuación.

MODELO:

1. El chivo es blanco y tiene cuernos grandes.
2. Se llama Macaleto, pero no sabe su nombre.
3. Es un poco tonto, aunque también es muy cariñoso.
4. Come hierba, pero prefiere el pan.
5. Piensa que es perro, y duerme debajo de mi cama.

1. _____
2. _____
3. _____
4. _____
5. _____

1. El coche es rojo con el interior negro
2. Nesecita mucho dinero para comprarla pero él no tiene el asiento
3. Sólo personas famosas pueden poseerlo porque comod- no hay mucho
4. Me entristece que estas celebridades no en el
5. Al final, este coche vive en el garaje lo conducen mundo y nunca va a ver la luz ro

EL COMPLEMENTO DIRECTO

Se llama **complemento directo** a la palabra o frase en la que recae (o sobre la que se aplica) la acción del verbo o palabra-acción. Veamos dos ejemplos. Cuando uno escribe "Luisa come la manzana", Luisa es el sujeto, o actor, que ejecuta la acción de **comer** sobre el complemento directo, que es **la manzana**. Si uno dice "Nosotros conocemos a Fernando", Fernando es el complemento directo, o sea, la persona conocida. Como se observará, es muy fácil determinar cuál es el complemento, ya que éste se identifica por medio de las preguntas **"¿qué?"** o **"¿a quién(es)?"** Ejemplos: ¿Qué come Luisa? (La manzana); ¿A quién conocemos? (A Fernando).

ALERTA 19

La **a personal** es la palabra indicadora que denota el complemento directo de persona. **Ejemplos:** Veo a Gustavo; Escucho a la muchacha; Respeto a mis padres.

El complemento directo puede aparecer como palabra sustituidora complementaria (pronombre de complemento) que por lo regular precede inmediatamente a la palabra-acción (verbo). Sus formas son las siguientes: **me**, **te**, **lo** (**le** en España, sólo cuando se trata de persona), **la**, **nos**, **os**, **los** (**les**), **las**.

EJEMPLOS:

   a. Pedro me ve. (*Pedro sees me.*)
   b. Os llamo por teléfono. (*I'll phone you.*)
   c. Nos mira demasiado. (*He looks at us too much.*)
   d. Te quiero mucho. (*I love you a lot.*)
   e. La admiro por su sabiduría. (*I admire her for her wisdom.*)
   f. Los seleccionamos para el equipo. (*We choose them for the team.*)

ALERTA 20

Nunca, **nunca**, **nunca** puede usarse **lo** como sujeto de oración u objeto de preposición. **Ejemplos:** *It is true* → Es verdad; *It is impossible* → Es imposible; *Elena thinks about it* → Elena piensa en ello; *We are tired of it* → Estamos cansados de ello.

- A continuación se especifican ciertos detalles a tener en cuenta para usar correctamente este tipo de palabras sustituidoras complementarias (pronombres de complemento directo).

     Cuando el complemento directo consiste en una palabra-concepto o sustantivo (persona, lugar, cosa, animal, idea abstracta) puede ser reemplazado por las **palabras sustituidoras complementarias (pronombres de complemento) de tercera persona (pronombres): lo (le), la, los, las.**

EJEMPLOS:

   a. Lisandro conoce a **María**. → Lisandro **la** conoce.
   b. Nunca como **dulces**. → Nunca **los** como.
   c. Muy poca gente ayuda a **los pobres**. → Muy poca gente **los** ayuda.
   d. Venden muy barato **las tierras**. → **Las** venden muy barato.
   e. Tiene **el dinero**. → **Lo** tiene.

- A veces se usa una palabra sustituidora complementaria (pronombre de complemento) con la estructura que consiste en palabra-acción (verbo) conjugada más **gerundio** (forma **-ando/-iendo**) o **infinitivo** (forma **-ar/-er/-ir**). En estos casos, hay dos posibilidades: (1) la palabra sustituidora complementaria (pronombre de complemento) se coloca **después del gerundio o el infinitivo** y forma parte de ellos; (2) la palabra sustituidora complementaria (pronombre de complemento) **precede** de manera normal a la palabra-acción (verbo) conjugada. Observe los siguientes ejemplos:

  EJEMPLOS:
     a. Voy a tomar **la sopa**. → **La** voy a tomar. → Voy a tomar**la**.
     b. **Nos** están mirando. → Están mirándo**nos**.
     c. Piensan devolver **el regalo**. → **Lo** piensan devolver. → Piensan devolver**lo**.

- La palabra sustituidora complementaria (pronombre de complemento) se coloca siempre después del **imperativo afirmativo** (*affirmative command*), con el cual forma una unidad. Se la coloca antes del **imperativo negativo** (*negative command*). El imperativo se explica en el capítulo 5.

Oración imperativa	Afirmativo	Negativo
Haga **la cena**.	Hága**la**.	No **la** haga.
Completen **los ejercicios**.	Complét**enlos**.	No **los** completen.
Bebe **el vaso de leche**.	Bébe**lo**.	No **lo** bebas.
Apagad **los teléfonos móviles**.	Apagad**los**.	No **los** apaguéis.

EJERCICIO 5

a. Traduzca al español utilizando siempre la palabra sustituidora complementaria (el pronombre de complemento):

1. *I see him and he sees me.*

   Lo veo y me ve

2. *Oscar knows them (**f.**).*

   Oscar las conoce

3. *I call you (**informal singular**) frequently on the telephone.*

   Te llamo con frecuencia por tléfono

4. *Our boss hates us.*

   Nuestro jefe nos odia

5. *The police fines you (**informal plural**) for speeding.*

   El policía os multa por exceso de velocidad

6. *I love her a lot.*

   La amo mucho

7. *Your friend takes you (**m. formal plural**) to the ball game.*

El amigo ~~no se~~ los lleva a _____

8. *The map of Bolivia? They look at it every day.*

¿El mapa de Bolivia? ~~Ello~~ Lo miran cada día

b. Reemplace el complemento directo indicado con la palabra sustituidora (pronombre de complemento) correcta:

MODELO: Joaquín compra **el pan**.   *R.: Joaquín lo compra.*

1. La presidenta saluda a **la gente**.

   _____

2. No miramos **el programa**.

   _____

3. Nadie contesta **el teléfono**.

   _____

4. Veo **a Ángeles y a Irma** a menudo.

   _____

5. Nunca sabemos **las respuestas**.

   _____

6. El niño siempre rompe **sus juguetes**.

   _____

7. Lola piensa dejar **a su novio**.

   _____

8. Su novio dice que se niega a perder **a Lola**.

   _____

9. Los piratas entierran **el tesoro**.

   _____

10. A veces memorizamos **palabras difíciles**.

    _____

c. Conteste afirmativa o negativamente según las indicaciones, valiéndose de la palabra sustituidora (pronombre de complemento) apropiada:

MODELOS: ¿Conoces a su esposa? (no)   *R.: No, no la conozco.*

   ¿Escriben ustedes las composiciones? (sí)   *R.: Sí, las escribimos.*

1. ¿Perdéis mucho tiempo? (no)

   _____

2. ¿Cierra la puerta la profesora? (sí)

_____

3. ¿Traes las herramientas? (sí)

_____

4. ¿Piden dinero prestado tus parientes? (sí)

_____

5. ¿Oyes música clásica? (no)

_____

6. ¿Seguís las noticias? (sí)

_____

7. ¿Los mapaches destruyen el techo? (sí)

_____

8. ¿Rosario tiene las llaves? (no)

_____

9. ¿Rompen los platos los gatos? (sí)

_____

10. ¿Conoces a Shakira? (no)

_____

ALERTA 21

Nunca, nunca, nunca se dice **todo de* o **todos de* sino **todo** o **todos**. **Todo** es palabra modificadora (adjetivo) que concuerda con la palabra-concepto (sustantivo). **Ejemplos:** todo el tiempo; toda la gente; todos los estudiantes; todas las dificultades.

LOS RELACIONANTES QUE Y QUIEN

Se llama **relacionante** a una palabra sustituidora (pronombre) que reemplaza a una palabra-concepto (sustantivo) con el objeto de enlazar (*link*) dos ideas diferentes dentro de una misma oración. Su función es económica, pues así se evita la redundancia. Por ejemplo, si quiero expresar estas ideas, "El chico es guapo. El chico se llama Miguel", la repetición de la palabra **chico** es innecesaria. Por eso, se sustituye **chico** en uno de los casos por el relacionante **que** y se reúnen las ideas expresadas en las dos oraciones dentro de una oración compleja como la siguiente: El chico que es guapo se llama Miguel.

Dos de los relacionantes usados con más frecuencia son **que** y **quien** (**quienes**). En el cuadro de abajo, se incluyen explicaciones detalladas del uso de estos relacionantes. Para entender bien las explicaciones, es importante saber dos cosas:

1. Se llama **antecedente** a la palabra o expresión reemplazada por un relacionante. Por ejemplo, en la oración "El chico que es guapo se llama Miguel", **chico** es el antecedente de **que**.

2. Los relacionantes **que** y **quien** pueden encontrarse en dos tipos de **cláusulas** u oraciones subordinadas: las **especificativas** y las **explicativas**.

   • Las **cláusulas especificativas** son aquellas que proveen información esencial sobre el antecedente. Se colocan inmediatamente detrás de él o están separadas de él sólo por las palabras indicadoras llamadas preposiciones (**para**, **a**, **con**, **por**, **de**, etc.). Por ejemplo, en la oración "La corbata que lleva Marcelino es de seda china", **que lleva Marcelino** es una cláusula especificativa que identifica a la persona que usa la corbata.

   • Las **cláusulas explicativas** siempre aparecen **entre comas**. De esa manera, se aclara que se está ofreciendo información circunstancial sobre el antecedente. Examine la siguiente oración: "La vaca flaca, que no da leche desde hace un mes, está muy enferma". Lo esencial de esta oración es "la vaca flaca está muy enferma". La cláusula explicativa entre comas "que no da leche desde hace un mes" añade información secundaria.

---

que (*that, who, whom, which*)

Características:	**a. Se utiliza inmediatamente después de su antecedente:**
1. No cambia, es decir, no tiene forma plural ni género.	1. El **estudiante que** habla mucho es colombiano. (**Estudiante** es el antecedente, y el relacionante **que** lo sustituye. Por eso se coloca inmediatamente después de la palabra **estudiante**.)
2. Se usa para referirse a personas, animales o cosas.	2. Los **bolígrafos que** uso tienen tinta morada. (**Bolígrafos** es el antecedente, y **que** se coloca inmediatamente después de dicha expresión.)
3. Normalmente, sólo sigue a las preposiciones breves y menos exóticas (**en**, **de**, **a**, etc.).	3. El **conejo que** me come las flores está muy gordo. (**Conejo** es el antecedente reemplazado por **que**.)

b. Se usa después de preposiciones breves y muy comunes para referirse exclusivamente a animales, cosas o ideas, nunca a personas:

1. Este es el **coche en que** queremos hacer el viaje. (**Coche** es el antecedente; **en** es una preposición breve y de uso frecuente; **que** reemplaza a **coche** en su función de relacionante.)

2. Las **ardillas a que** me refiero son las rojas. (**Ardillas** es el antecedente; **a** es una preposición breve y de uso frecuente; **que** sustituye a **ardillas**.)

c. A veces "que" se utiliza para introducir una cláusula explicativa, es decir, una aclaración adicional que se encuentra entre comas (, . . . ,):

1. Los **amigos** de mi hermana, **que son bastante vanidosos**, se miran mucho en el espejo. (**Amigos** es el antecedente; **son bastante vanidosos** es una cláusula explicativa; **que** reemplaza a **amigos** en su función de relacionante e introduce la cláusula explicativa.)

2. Los **diccionarios, que siempre son muy útiles**, cuestan bastante. (**Diccionarios** es el antecedente; la cláusula explicativa **que siempre son muy útiles** provee información suplementaria.)

quien (quienes) (*who, whom*)

Características:

1. Tiene forma plural.

2. Se usa para referirse exclusivamente a personas.

3. Puede seguir a cualquier preposición.

4. ***Nunca*** puede colocarse directamente después del antecedente. Esto representa un gran contraste con el inglés. Por ejemplo, en inglés puede decirse "*The guy who hit Charlie was bigger than he.*" En español, por el contrario, sería incorrecto escribir "El tipo *****quien** le pegó a Carlitos era más grande que él". En estos casos sólo puede utilizarse el relacionante **que**: "El tipo **que** le pegó a Carlitos era más grande que él".

a. **Se usa para referirse a personas en cláusulas explicativas (, . . . ,):**

1. El **electricista Saturnino Ramírez, quien es un individuo muy capaz**, trabaja para el ayuntamiento de la ciudad. (**Electricista Saturnino Ramírez** es el antecedente; **es un individuo muy capaz** es una cláusula explicativa presentada por **quien**. Esto es posible debido a que el electricista Saturnino Ramírez es una persona.)

2. Las **alumnas japonesas, quienes quieren mejorar su inglés**, van con frecuencia al laboratorio de lenguas. (**Alumnas** es el antecedente plural de **quienes**. Este relacionante introduce la explicación **quieren mejorar su inglés**.)

b. **Se usa después de preposiciones (palabras indicadoras) para referirse a personas:**

1. Esa es **la profesora con quien** deseo viajar a España. (**Profesora** es el antecedente personal; **con** es una preposición de uso frecuente a la que sigue el relacionante **quien**, que sustituye al antecedente.)

2. Los chicos guapos **delante de quienes** nos sentamos se llaman Mauricio y Adolfo. (**Chicos** se refiere a personas; la palabra indicadora (preposición) **delante de** va seguida del relacionante **quienes** porque el antecedente es plural.)

c. **Se usa como sujeto de una oración para referirse a una persona o a un grupo de personas indefinidas. En esos casos, la traducción aproximada al inglés sería** *he/she, who, those who, anyone who*, **etc.:**

1. **Quien mal** anda, mal acaba. (**Quien** es el sujeto de la oración y equivale a *he who*.)

2. **Quienes** estudian mucho sacan buenas notas. (**Quienes** equivale a *those who*.)

3. Gana dinero **quien** trabaja mucho. (**Quien** equivale a *anyone who*.)

d. **"Quien" puede funcionar como predicado de una oración:**

1. Luis es **quien** me trata mejor. (**Quien me trata mejor**—*the one who treats me better*—es el predicado de la oración.)

Ejercicio 6

a. Complete los espacios en blanco con **que** o **quien**:

1. No me gustan los programas ___*que*___ ves por televisión.

2. Cameron Díaz actúa en la película de ___*que*___ te hablo.

3. La chica con ___*quien*___ sale mi sobrino se llama Mireya.

4. El coche de Kiko, ___*que*___ es un Corvette precioso, está nuevo de paquete.

brand new

5. _____Quien_____ lee mucho, desarrolla un vocabulario amplio.

6. Mira, Renée, las dos niñitas detrás de _____quienes_____ caminamos llevan ropa idéntica. Deben ser mellizas.

7. Los vendedores _____quienes_____ me llaman por teléfono a la hora de comer me sacan de quicio.

8. Parece increíble. La abogada a _____que~~quien~~ quien_____ nos urge consultar no tiene contestador automático.

9. Los pájaros _____que_____ cantan mejor son los canarios.

10. _____Quien_____ bien te quiere, te hace llorar.

11. El chalet _____que_____ pensamos comprar está en la sierra.

12. La estación de Atocha, _____que_____ está en el mismo centro de Madrid, es muy antigua.

13. La joven para _____quien_____ escribo esta carta de recomendación siempre saca buenas notas.

14. Las primas de Pancho, _____quienes_____ viven en Tarragona, no hablan bien el catalán.

15. Mi perra, _____que_____ está viejísima, todavía come mucho.

16. El dermatólogo de Yolanda, _____quien_____ cobra muchísimo, no sirve para nada.

17. Los caballos _____que / quienes_____ corren más rápido son los criados en Kentucky.

18. Los individuos por _____quienes_____ preguntáis no están aquí en este momento.

19. El jugador de beisbol _____quien_____ batea más jonrones es Alex Rodríguez.

b. Use el relacionante **que** para formar oraciones complejas. Los elementos a subordinar se encuentran entre paréntesis:

Modelo: El hombre es un amigo de mi esposa. (viene a cenar)

   R.: *El hombre que viene a cenar es un amigo de mi esposa.*

1. El arroz con pollo me encanta. (mi madre prepara)

   _____

2. Las pelotas de tenis son amarillas. (preferimos)

   _____

3. La actriz se llama Halle Berry. (me parece más bella)

_____

4. El avión sale a las once. (vamos a coger)

_____

5. Los jóvenes tienen dieciocho años. (hacen el servicio militar obligatorio)

_____

6. Las cucarachas son enormes. (hay en el centro de la Florida)

_____

c. Use el relacionante **quien** (**quienes**) para formar oraciones complejas. Los elementos a subordinar se encuentran entre paréntesis:

Modelo: La mujer es la directora de estudios de postgrado. (**a** . . . escribimos)

    R.: _La mujer a quien escribimos es la directora de estudios de postgrado._

1. Los catedráticos se visten mal. (**con** . . . estudiamos)

_____

2. El actor es Antonio Banderas. (**por** . . . estoy perdida)

_____

3. Las animadoras hacen programas entretenidos. (**de** . . . se escribe tanto)

_____

4. El individuo se niega a verme. (**a** . . . busco)

_____

5. Los autores publican novelas detectivescas. (**sobre** . . . César escribe)

_____

6. La estudiante es de Haití. (**al lado de** . . . te sientas)

_____

ALERTA 22

En contraste con lo que ocurre en el inglés conversacional, en español una oración nunca puede terminar con preposición (palabra indicadora). **Ejemplos:** Juancho es el chico con quien salgo (_Juancho is the guy with whom I'm going out_); ¿De qué hablas? (_What are you talking about?_); ¿Para qué es esa caja fuerte? (_What is that safe for?_)

d. En parejas, escriban oraciones con **que** o **quien** (**quienes**) de acuerdo con las instrucciones facilitadas:

1. Una oración con **persona + que**:

   _____

2. Una oración en que **quien** introduzca una **cláusula explicativa** (, . . . ,):

   _____

3. Una oración con **cosa + que**:

   _____

4. Una oración en la que se usa **que** para introducir una **cláusula explicativa** (, . . . ,):

   _____

5. Una oración con **de + quienes**:

   _____

6. Una oración en que **quienes** introduzca una **cláusula explicativa** (, . . . ,):

   _____

7. Una oración con **animal + que**:

   _____

8. Una oración con **a + quien**:

   _____

Tercera entrada del cuaderno

Escriba la tercera entrada del cuaderno, que debe ser una descripción a base de oraciones complejas de **un animal o un objeto**. Va a consistir en 100 a 150 palabras en el presente. **Todas las oraciones tienen que ser complejas.** Para escribir esta entrada, use como modelo la segunda entrada del cuaderno (página 42 del capítulo preliminar). Sencillamente copie las oraciones simples que ya ha escrito, y hágalas complejas, añadiendo oraciones secundarias, tal y como ocurre en el modelo. Antes de empezar, revise cuidadosamente el ejemplo a continuación, que se basa en la descripción del perro Jersey.

Mi perro Jersey

Tengo un perro muy hermoso y simpático que se llama Jersey. Tiene nueve años, pero parece más joven. Es un fox terrier blanco y café, y tiene los ojos negros. Es amistoso, y los niños juegan mucho con él. Siempre juega con mi sobrinito Armando, quien es su mejor amigo. Armando tira una pelota, y Jersey la recoge. Después, le lleva la pelota a Armando y mueve la cola contento. Juegan así largo tiempo porque nunca se cansan.

Mi perro come mucho y además duerme demasiado. Por eso está un poco gordo y ronca. Su comida de perros favorita es Purina, pero también le gusta comer otras cosas. Le encantan el pollo, el pavo, la carne de res y el puerco, pero no le gusta nada el pescado. Tampoco le gusta la mantequilla de maní porque sabe mal.

En conclusión, Jersey es un buen perro, y yo lo quiero mucho.

(150 palabras)

A continuación se ofrece una lista de palabras-enlace (conjunciones).

Palabra-enlace	Traducción	Palabra-enlace	Traducción
y	*and*	como	*like, as, since*
o	*or*	así que	*thus, so*
pero	*but*	porque	*because*
sino que	*but rather*	ya que	*because, since*
aunque	*even though*	en que	*in that*
que	*that, who*	ni	*neither*
quien(es)	*who, whom*	donde	*where*

SER Y ESTAR

Ser y **estar** son verbos que tienen tres funciones diferentes: la **predicativa**, la **auxiliar** y la **atributiva**. **Ser**, por supuesto, funciona frecuentemente como palabra-enlace que no tiene significado. Es importante entender las funciones de **ser** y **estar** para emplearlos correctamente. Presentan dificultades especialmente porque en inglés un solo verbo, *to be*, tiene los valores de **ser** y **estar**.

La función predicativa

En la función predicativa, **ser** y **estar** son palabras-acción (verbos), es decir, tienen significado real y pueden definirse.

Ser significa **suceder** (**tener lugar** o **acontecer**, *to happen*) o **existir**. Se usa frecuentemente para referirse a eventos o actividades que ocurren, ocurrieron o van a ocurrir.

EJEMPLOS:

a. La boda **es** en la iglesia de Santa Tecla. (La boda va a tener lugar en la iglesia de Santa Tecla.)

b. El examen **es** mañana. (El examen va a tener lugar mañana.)

c. ¿Dónde **va a ser** el concierto? (¿Dónde va a tener lugar el concierto?)

Estar significa **encontrarse en un lugar** o **ubicarse** (*to be located somewhere*).

EJEMPLOS:

a. Los plátanos **están** en la cocina. (La cocina es el lugar donde se encuentran—*are located*—los plátanos.)

b. Cochabamba **está** en Bolivia. (Bolivia es el país en el que se encuentra la ciudad de Cochabamba.)

c. ¿Dónde **está** tu padre? (¿En qué lugar se encuentra tu padre?)

EJERCICIO 7

a. Complete los espacios en blanco con la forma adecuada de **ser** o **estar**:

1. ¿Dónde _____ están _____ los refrescos?

2. La fiesta _____ es / está _____ en casa de Fabio.

3. El río Mississippi _____ está _____ en los Estados Unidos.

4. A esa hora (nosotros) _____ estamos _____ en clase.

5. ¿Cúando _____ es _____ el aniversario de bodas de los Rodríguez?

6. El partido de fútbol _____ es _____ en el estadio Santiago Bernabeu.

7. ¿Dónde _____ estás _____ tú en este momento?

b. Escriba oraciones con los elementos que se le facilitan. Determine en cada caso si se debe usar **ser** o **estar**. También haga todos los cambios que sean necesarios:

1. el / ceremonia / (**ser** o estar) / en / el / sinagoga

   La ceremonia es en la sinagoga

2. mi / amigas / (**ser** o **estar**) / en / el / piscina / olímpico

   Mis amigas están el la piscina olímpica

3. el / concursos / de / belleza / (**ser** o **estar**) / en / el / primavera

   Los concursos de belleza son en la primavera

4. todo / (vosotros) / (**ser** o **estar**) / en / el / mismo / residencia / estudiantil

   Todos estáis en la misma residencia estudiantil

La función auxiliar

En su función auxiliar, **ser** y **estar** auxilian o ayudan a otras palabras-acción (verbos), creando con ellas una unidad de significado.

Ser se usa con el **participio** (forma **-ado/-ido**: **cantado, comido, vivido, escrito**, etc.) de otra **palabra-acción** (verbo) para formar la **voz pasiva**. Es esta segunda palabra la que comunica la acción. (En el capítulo 2 se explica en más detalle este uso de **ser**.)

EJEMPLOS:

    a. El conejo **es vacunado** por la veterinaria. (La veterinaria realiza la acción de vacunar el conejo.)

    b. Las puertas **son abiertas** por los empleados. (Los empleados realizan la acción de abrir las puertas.)

Estar se utiliza con el participio de otra palabra-acción (verbo) para expresar **el estado que resulta de un acto** previo. Observe el siguiente contraste: "La ventana **es cerrada** por la alumna." La alumna **ejecuta** la acción de cerrar la ventana. Un segundo después, la alumna termina de cerrar la ventana, o sea, la deja en otro estado. Ahora, "la ventana **está cerrada**"; es decir, tiene la condición de "ventana cerrada" como resultado de la acción de la alumna.

EJEMPLOS:

    a. Ya la casa **está pintada**. (Ha concluido la acción de pintarla.)

    b. El motor del barco está roto. (El motor no funciona bien como resultado del proceso o acción de romperse.)

    c. Todos los muebles **están vendidos**. (La acción de venderlos ha terminado, y ya es imposible comprarlos.)

Estar se emplea con la forma **-ando/-iendo** (**cantando, estudiando, comiendo, saliendo**, etc.) de otras palabras-acción (verbos) para formar una expresión verbal activa que en inglés se denomina *progressive tense*. Esta estructura expresa acción en curso (*action in progress*).

EJEMPLOS:

    a. **Estoy leyendo** esa novela. (Estoy en el proceso de leer esa novela.)

    b. La secadora **está haciendo** mucho ruido. (La secadora está en el proceso de hacer ruido.)

    c. La muchacha **está comiéndose** una manzana. (La niña está en el proceso de comerse la manzana.)

EJERCICIO 8

    a. Complete los espacios en blanco con la forma adecuada de **ser** o **estar**:

        1. ¿Qué _____ haciendo (tú)?

        2. Mira, el ordenador ya _____ encendido.

        3. Las sardinas _____ fritas por mi novio.

        4. (Yo) _____ poniéndome los zapatos.

        5. La sentencia _____ pronunciada por la juez.

        6. El cuarto está muy oscuro porque las luces _____ apagadas.

7. El disco compacto que (tú) _____ oyendo no me gusta nada.

8. La escuela _____ limpiada por los conserjes.

b. Escriba oraciones con los elementos que se le facilitan. Determine en cada caso si se debe usar **ser** o **estar**. También haga todos los cambios que sean necesarios:

1. el / libros / (**ser** o **estar**) / leído / por / el / estudiantes / disciplinado

   _____

2. el / cuñada / tuyo / (**ser** o **estar**) / trabajando / en / el / banco / Central

   _____

3. todo / el / mosquitos / (**ser** o **estar**) / muerto

   _____

4. el / lección / (**ser** o **estar**) / explicado / por / la / profesora / Savater

   _____

ALERTA 23

Nunca, nunca, nunca se dice ***está yendo** o ***está viniendo**. Hay que usar el presente de la palabra-acción (verbo). **Ejemplos**: *I am going to class* → Voy a clase; *Are you coming to the party?* → ¿Vienes a la fiesta?

La función atributiva

En su función atributiva, **ser** y **estar** se emplean como palabras-enlace que generalmente relacionan a una palabra modificadora (adjetivo o adverbio) con el sujeto o actor. **Ser** se usa también para enlazar el sujeto con sustantivos, pronombres o adverbios.   ↳to link

    Ser en su función atributiva pierde todo su significado de **tener lugar**. Sirve como **nexo** (*link*) que une un sujeto con un **adjetivo** o con un **sustantivo**, pero no añade nada al significado. O sea, el verbo se convierte en palabra-enlace que equivale simplemente a un signo de igual (=). No expresa acción alguna. **Ser** sirve para enlazar partes iguales de una oración (sustantivo con sustantivo, pronombre con pronombre, adverbio con adverbio, infinitivo con infinitivo).

Ejemplos:

  a. Mi madre **es** banquera. (sujeto = sustantivo)
  b. Nosotros **somos** estudiantes. (sujeto = sustantivo)
  c. El ensayo **es** interesante pero difícil de entender. (sujeto = adjetivo)
  d. Zuraimi **es** musulmana. (sujeto = adjetivo)
  e. Yo no **soy** tú. (pronombre = pronombre)
  f. Ahora **es** cuando empieza la película. (adverbio = adverbio)
  g. Comer **es** gozar. (infinitivo = infinitivo)

Ser se usa con la preposición **de** para indicar posesión, origen o material con que algo se ha fabricado.

EJEMPLOS:

    a. Esta bicicleta **es** de mi compañera de cuarto. (posesión)
    b. **Somos** de Buenos Aires, aunque ahora vivimos en Idaho. (origen)
    c. Esta silla **es** de metal. (material)

    Ser se usa en la mayoría de las expresiones impersonales (*it's + adjective or noun*): **es imposible, es probable, es díficil, es raro, es interesante**, etc.

EJEMPLOS:

    a. **Es verdad** que tengo miedo.
    b. ¿**Es posible** salir a la una?

    Estar en su función atributiva mantiene algo de su significado. Aunque funciona como palabra-enlace, quiere decir **encontrarse en un estado o condición**. Une al sujeto con un adjetivo para indicar una condición **susceptible al cambio o mudable con el tiempo**.

EJEMPLOS:

    a. La casa **está** sucia. (estado presente de la casa que puede cambiar, ya que la casa puede limpiarse)
    b. Mi tía **está** triste. (estado presente que puede cambiar)
    c. El cielo **está** nublado porque va a llover. (estado presente cuyo cambio se anticipa)
    d. Las calles **están** mojadas. (condición presente que cambia en cuanto las calles se secan)

    En su función atributiva, **estar** también puede indicar que se expresa una opinión subjetiva o una reacción personal.

EJEMPLOS:

    a. ¡Qué guapo **está** Federico! (impresión personal)
    b. Estos bocadillos de anchoa con sesos **están** deliciosos. (opinión subjetiva)

EJERCICIO 9

    a. Complete los espacios en blanco con la forma adecuada de **ser** o **estar**:

       1. Las meseras _____ son / están _____ cansadas de tanto sonreír.
       2. El alcalde de Navalcarnero _____ es _____ testarudo. [stubborn]
       3. Perico y yo _____ estamos somos _____ amigos íntimos.
       4. Este dinero _____ es _____ de tu abuela.
       5. La carretera _____ está _____ atestada. [packed]
       6. Alfonso, recuerda que tú no _____ eres _____ él.
       7. ¿Vosotros _____ sóis _____ de Tegucigalpa?
       8. Los niños siempre _____ son / están _____ contentos.

9. _____Es_____ difícil estudiar en el bar.

10. ¡Qué verde _____está_____ esta manzana! No se puede comer.

11. Las obreras _____están_____ muertas de cansancio.
    workers

12. ¿Aquí no _____está_____ donde vive la directora del colegio?

13. Iluminada y yo no _____somos_____ republicanas.

14. Vosotros _____estáis_____ muy tristes hoy.

15. Yo _____soy_____ paraguayo.

16. Esos zapatos de tacón _____son_____ de mi cuñada.

17. ¿_____Eres_____ (tú) metodista?

18. Los Alpes _____son_____ altos.

19. La pila de agua _____está_____ allí.

20. ¿_____Están_____ alegres los niños porque piensan que los Reyes Magos les van a traer muchos regalos o sólo _____es son_____ alegres por naturaleza?

ALERTA 24

En español **no existe** la construcción inglesa *noun + 's* para indicar posesión (*John's house; Mom's cat; the teacher's desk*). **Siempre** se usa **de + palabra-concepto (sustantivo o nombre propio)** en estos casos. **Ejemplos:** la casa de Juan; el gato de mamá; el escritorio del maestro.

---

b. Escriba oraciones con los elementos que se le facilitan. Determine en cada caso si se debe usar **ser** o **estar**. También haga todos los cambios que sean necesarios:

1. el / falda / morado / (**ser** o **estar**) / de / el / tío / Sagrario
   La falda morada es del tío Sagrario

2. algún / pasillos / (**ser** o **estar**) / limpio
   Algunos pasillos están limpios

3. vosotros / (**ser** o **estar**) / aburrido / pero / nosotros / (**ser** o **estar**) / entretenido
   Sóis aburridos pero somos entretenidos

4. el / botellas / de / agua / mineral / (**ser** o **estar**) / de / plástico
   Las botellas de agua mineral son de plástico

5. yo / (**ser** o **estar**) / rubio / y / Margarita / (**ser** o **estar**) / trigueño
   Soy rubio y Margarita es trigueña

6. el / sopa / (**ser** o **estar**) / demasiado / caliente / y / salado

La sopa está demasiado caliente y salada

7. nosotras / (**ser** o **estar**) / cantando / para / olvidar / el / penas

Estamos cantando para olvidar las penas

8. tú / no / (**ser** o **estar**) / uno / bueno / amigo / mío

No eres uno bueno amigo mío

c. Lea cuidadosamente las oraciones a continuación y use el cuadro facilitado para determinar por qué se ha empleado **ser** o **estar** en cada una de ellas. En cada caso, complete el cuadrado con la letra correcta:

Ser	Estar
a. suceder (tener lugar, acontecer) o existir	f. encontrarse en un lugar o ubicarse
b. mero nexo	g. con el participio para expresar el resultado de una acción
c. con **de** para indicar posesión, origen o material con que algo se ha confeccionado	h. expresión verbal activa (**estar + -ando/ -iendo**)
d. expresión impersonal	i. condición susceptible al cambio o mudable con el tiempo
e. voz pasiva (**ser +** participio)	j. opinión subjetiva o una reacción personal

1. Jaime **es** tonto pero simpático. `b`

2. El gerente **está** muy elegante hoy porque lleva un traje nuevo. `i`

3. Los zapatos **son** reparados por el zapatero. `e`

4. No **somos** millonarios, pero vivimos bien. `☒ b`

5. El concierto de Maná **va a ser** en el Teatro Degollado. `a`

6. Ustedes no **son** ellos. `b`

7. ¡Qué alta **está** la hija de Pilar! `j`

8. **Es** imposible llegar temprano. `d`

9. Nuria y Alicia **están** delgadas porque llevan un mes a dieta. `☒  J/i`

10. La esposa de mi primo **está** embarazada. `i/ g`

11. Todos **están** hablando a la vez. `☒ h`

12. Mis parientes **están** en Alicante. `f`

13. Desgraciadamente, la Ministra de Cultura **está** ocupada en este momento. _wicker_ `i`

14. Todos los sillones **son** de mimbre. `c`

15. El baile **es** en una sala de fiestas del centro. `a`

16. Los cheques **están** aquí. `f`

17. Olga, ¡pero qué bonita **estás** hoy! `i`

d. Complete los espacios en blanco con la forma adecuada de **ser** o **estar**:

1. Mis suegros _____ son _____ luteranos.
   [in-laws]

2. El tenedor _____ está _____ debajo de la mesa.
   [fork]

3. En Virginia muchas casas _____ son _____ de ladrillo.

4. Yo no _____ soy _____ tú.

5. ¿Es cierto que vosotros siempre _____ estáis _____ enfermos los lunes?

6. Ese hombre _____ es _____ exageradamente rico. Tiene seis coches, un yate enorme y un avión para su uso personal.

7. _____ son _____ las cinco en punto de la tarde.

8. La fábrica de chorizos Ebro _____ está _____ muy lejos *[far]* del centro.

9. ¡Tú _____ eres _____ equivocado! La reina Isabel de Inglaterra todavía _____ está _____ viva.

10. Nosotras le _____ estamos _____ escribiendo al presidente para quejarnos.

11. ¡Estas mujeres _____ están _____ muy jóvenes para su edad! Todas tienen más de cincuenta años, y ninguna aparenta tener más de treinta.

12. ¡Brrr! ¡El agua _____ está _____ demasiado fría para bañarse!

13. Daniel y tú se pasan la vida juntos. Deben _____ estar ser _____ locamente enamorados.

14. Su madre _____ es _____ del sur del Brasil.

15. Doña Letizia _____ es _____ la esposa del príncipe Felipe de Asturias.

16. Muchos cuadros de Velázquez _____ están _____ en el
    [paintings]
    Museo del Prado.

17. La copa de cristal _____ está _____ rota.

18. Morir por la patria _____ es _____ vivir.

19. Aquí _____ ~~está~~ es _____ donde te voy a esperar.

20. ¡Mira las gaviotas! Estoy seguro de que (nosotros) ya _____ estamos _____ muy cerca del mar.

e. En parejas, utilicen **ser** o **estar** en oraciones breves de acuerdo con las instrucciones facilitadas:

1. Escriban una oración en la que se exprese el resultado de una acción (**estar** + participio).

_____

2. Escriban una oración en la que se exprese una opinión subjetiva o una reacción personal (**estar** + adjetivo, es decir, palabra modificadora que describe o define).

_____

3. Escriban una oración en la que **ser** sirva de mero nexo (**ser** + palabra-concepto o adjetivo, es decir, palabra modificadora que describe o define).

_____

4. Escriban una oración con **estar + -ando/-iendo**.

_____

5. Escriban una oración en la que se indique posesión u origen (**ser de** + palabra-concepto, o sea, un sustantivo, nombre propio o pronombre).

_____

6. Escriban una oración en la que se exprese la idea de **encontrarse en un lugar o ubicarse** (**estar + en** + lugar, o **estar** + adverbio de lugar).

_____

7. Escriban una oración en la que se exprese una condición susceptible al cambio o mudable con el tiempo (**estar** + palabra modificadora).

_____

8. Escriban una oración en la que se exprese la idea de **suceder** (evento + **ser**).

_____

ALERTA 25

Siempre se usa **ser**, y no **estar**, con una palabra-concepto (sustantivo) en el predicado. **Ejemplos:** Paco es mi amigo; Vosotros sois estudiantes ahora.

¡Ojo!

Recuerde la construcción **estar + de + palabra-concepto** (sustantivo). **Ejemplos:** El palacio está de luto (_The palace is in mourning_); El soldado está de guardia (_The soldier is on guard duty_).

Cuarta entrada del cuaderno

La cuarta entrada del cuaderno consiste en la descripción de una actividad o evento que ocurre en un momento determinado del día (la mañana, la tarde, la noche). Al escribirla, puede basarse en un acontecimiento real, pero tiene que hacerlo en el **presente de indicativo**. La entrada debe constar de unas **100 a 150 palabras**. Además, por lo menos tres oraciones tienen que ser complejas, y hay que usar **ser** o **estar** tres veces.

Una clase de español

Es muy temprano por la mañana. Son las ocho menos diez. El sol empieza a salir. Hace frío y estoy todavía medio dormido. Llego a la clase de español. No tengo ganas de escuchar al profesor hoy. El profesor cierra la puerta y la clase comienza. El profesor habla y habla. Explica lo que es una descripción. No entiendo nada. Sólo pienso en que hace frío y en que tengo mucho sueño. Quiero volver a mi habitación y acostarme otra vez. Deseo dormir hasta el mediodía por lo menos. El profesor me hace una pregunta. No sé la respuesta. ¡Qué día más horrible va a ser éste!

(Total: 111 palabras)

ALERTA 26

En contraste con el inglés, por lo general no se puede utilizar la forma presente de **estar + -ando/-iendo** para referirse a una acción futura. **Ejemplo:** Cuando en inglés se dice *We are going out on Friday*, en español hay que escribir "Salimos (saldremos, vamos a salir) el viernes".

Una fiesta en el apartamento de un amigo

Son las diez de la noche. Hace calor. La luna brilla en el cielo. Es una noche espléndida, y estoy muy contento. Voy a una fiesta en el apartamento de mi amigo Roberto, quien es de México y hace unas fiestas extraordinarias. Siempre hay mucha comida porque Roberto cocina muy bien. Además, por lo general pone buena música. Por eso, la gente baila y se divierte.

Llego al apartamento de Roberto. Toco a la puerta. Sale Roberto en pijama. Tiene muy mala cara. Me dice: "No hay fiesta. Mi compañero de cuarto y yo estamos enfermos. Lo siento". Roberto cierra la puerta.

Salgo de nuevo a la calle. De repente, la noche no me parece bonita, y noto que empieza a hacer frío. Me pongo melancólico. (*Total: 134 palabras*)

LA *SE* IMPERSONAL

En español, la partícula **se** tiene valores muy especiales que son casi imposibles de traducir con precisión. Uno de ellos es la función de sujeto impersonal que adquiere en determinadas estructuras. En algunas circunstancias, la **se** opera como el sujeto de la oración, reemplazando a vocablos impersonales como **uno** (*one*) o **gente** (*people*). Obsérvese el siguiente ejemplo: "**Se** sospecha que su padre ya sabe la verdad". ¿Quién es **se** en esta estructura y qué papel gramatical tiene la expresión? Evidentemente, no hay otro sujeto posible para la palabra-acción (verbo) **sospechar** que esa **se** que la acompaña. Por lo tanto, hay que suponer que

se es en este caso un sujeto indefinido o impersonal. La traducción al inglés indica claramente eso: ***People*** *suspect that his father already knows the truth.*

Es importante reparar en dos hechos más:

- En estas estructuras, como la **se** es impersonal, la palabra-acción (verbo) **siempre** va a encontrarse en singular.
- En estas estructuras, es posible reemplazar la **se** con **uno** o **alguien** o **gente**. Hay que tener presente que **la construcción impersonal con** *se* **no puede emplearse con una palabra-acción (verbo) reflexiva**. En esos casos, se debe utilizar la palabra sustituidora (pronombre) **uno**. He aquí **dos ejemplos** de construcciones con palabras-acción (verbos) reflexivas:

  a. Uno debe **levantarse** temprano para hacer ejercicios. (*One should get up early to exercise.*)
  b. Una no **se atreve** a caminar sola a esas horas. (*One—a woman—dare not walk alone at that time.*)

ALERTA 27

Recuerde que, aunque se traduce *people*, la palabra **gente** es femenina y singular. **Ejemplos:** La gente camina lentamente; Esa gente es maleducada.

Es fácil manejar la construcción impersonal con **se** si uno memoriza tres fórmulas básicas:

se + **singular de la palabra-acción (verbo)** + *que* + **oración subordinada**

Ejemplos:

  a. **Se dice** que esa mujer sabe mucho. (La gente dice que. . . .)
  b. No **se cree** que ese equipo va a ganar el Super Tazón este año. (La gente no piensa. . . .)
  c. **Se presume** que tiene mucho dinero. (La gente presume. . . .)

se + **singular de la palabra-acción (verbo)** + *que* + **modificador de lugar, tiempo o modo (adverbio)**

Ejemplos:

  a. **Se escribe** poco para la clase de composición. (La gente o uno escribe poco. . . .)
  b. **Se vive** maravillosamente en Costa Rica. (La gente o uno vive maravillosamente. . . .)
  c. Aquí no **se ahorra** lo suficiente. (La gente o uno no ahorra lo suficiente. . . .)
  d. **Se está** bien junto al fuego. (Uno está bien. . . .)
  e. **Se sale** por esa puerta. (Uno sale. . . .)

se + **singular de la palabra-acción (verbo)** + **infinitivo**

EJEMPLOS:

   a. **Se debe** conducir con cuidado. (La gente o uno debe. . . .)
   b. **Se puede** entrar y salir rápidamente. (La gente o uno puede. . . .)
   c. **Se necesita** trabajar mucho para vivir. (La gente o uno necesita. . . .)

EJERCICIO 10

   a. Cree estructuras con *se* + **palabra-acción** (**verbo**):

   MODELOS: *Se piensa* (pensar) que va a nevar.
   　　　　　　No *se duda* (dudar) nada.

   　1. En Suiza no _____ (hablar) chino.

   　2. _____ (dormir) mal en esta cama.

   　3. _____ (decir) que la candidata va a ganar
   　　　fácilmente.

   　4. _____ (sugerir) estudiar por lo menos dos
   　　　horas cada noche.

   　5. No _____ (saber) nada del avión perdido.

   　6. _____ (ver) que no estás preparada para el
   　　　examen de conducir.

   　7. Guillermo, _____ (necesitar) prestar más atención.

   　8. _____ (conocer) que no te gusta bailar.

   　9. _____ (prohibir) fumar en clase.

   10. No _____ (entender) mucho.

   11. _____ (notar) que no te interesan los deportes.

   b. Escriba oraciones con *se* + **palabra-acción** (**verbo**) que sean sinónimas de las
   siguientes:

   　1. Aquí no actúan como es debido.

   　　　_____

   　2. Viven modestamente en este barrio.

   　　　_____

   　3. La gente sabe que no hay peor astilla que la del mismo palo.

   　　　_____

   　4. Uno no debe hablar sin pensar.

   　　　_____

   　5. Venden barato en esa tienda.

   　　　_____

   　6. La gente permite montar en bicicleta.

   　　　_____

c. En parejas, respondan a las preguntas con la construcción **se + palabra-acción (verbo)**:

Modelo: ¿Cómo viaja uno más cómodo? (en primera clase)
   R.: *Se viaja más comodo en primera clase.*

1. ¿Qué sabe la gente? (que el fútbol americano es un deporte rudo)

   _____

2. ¿Dónde come uno bien en esta ciudad? (el restaurante La Reina del Cebiche)

   _____

3. ¿A qué hora sale uno para Los Ángeles? (a las tres)

   _____

4. ¿Puede la gente fumar aquí? (no)

   _____

5. ¿Por dónde entra uno? (la puerta principal)

   _____

6. ¿Cómo llega uno a Machu Picchu? (por carretera)

   _____

7. ¿Cómo sube la gente al cuarto piso? (en ascensor)

   _____

8. ¿Qué entiende uno? (que es difícil correr un maratón)

   _____

ALERTA 28

Cuando *to appear* significa *to seem, to look like, to seem likely*, se usa **parecer**; cuando *to appear* quiere decir *to come into view, to show up*, se usa **aparecer**. **Ejemplos:** María Elena parece cansada; Parece que va a llover; No aparece el dinero; Mi amigo Rigoberto siempre aparece a la hora de comer.

LA DESCRIPCIÓN CON ORACIONES COMPLEJAS (2)

En el capítulo preliminar, se explicó que la descripción consiste en pintar un cuadro por medio de palabras. Se aclaró también que puede ser tan sencilla o tan compleja como decida la persona que escribe. Asimismo, se mostró cómo es posible crear una descripción sencilla pero precisa a base de oraciones simples que, luego, se enlazan para formar una sola estructura comunicativa. Ese método es algo inauténtico, ya que según se ha venido aclarando en este capítulo, todo escrito suele incorporar no sólo oraciones simples sino también complejas, como las compuestas y subordinadas que se han estudiado.

A continuación se incluye la descripción de la tía Sagrario que aparece en el capítulo preliminar. Note, sin embargo, que las oraciones simples que la formaban se han transformado en complejas a base de las oraciones identificadas en negrilla.

Veinte oraciones sobre mi tía Sagrario

1. Mi tía Sagrario no tiene hijos **aunque tiene muchos sobrinos.**
2. Tiene treinta y nueve años **pero aparenta menos.**
3. Es arquitecta, **y desde hace años trabaja para una gran empresa del centro.**
4. Tiene ojos verdes y grandes **que me parecen muy expresivos.**
5. Es cariñosa y generosa con sus familiares, **quienes la quieren muchísimo.**
6. Canta por la nariz con una voz chillona **que espanta hasta los grillos.**
7. Es soltera, **pero tiene varios novios.**
8. Le gusta la música country **porque le fascina bailar dando vueltas y saltitos.**
9. Tiene cinco gatos, un perro y una serpiente **que trata como seres humanos.**
10. Es un poco loca, **o al menos eso piensa mucha gente.**
11. Mide un metro sesenta y cuatro, **así que no es ni alta ni baja.**
12. Es trigueña de pelo corto, **pero ahora está teñida de rojo.**
13. Se viste escandalosamente, **y por eso llama mucho la atención.**
14. Es una mujer de aspecto interesante **que se siente totalmente cómoda consigo misma.**
15. Es muy alegre y cómica, **y le cae bien a todo el mundo.**
16. Siempre usa minifalda **porque está muy orgullosa de sus piernas.**
17. Sus colores favoritos son el naranja y el morado, **aunque el azul eléctrico también le encanta.**
18. Es delgada, **pero no parece anoréxica.**
19. Tiene un traje de vaquera para bailar **que se pone con unas botas negras decoradas con conchas plateadas.**
20. Toca bien el acordeón, **y ahora estudia la guitarra eléctrica.**

Mi tía Sagrario

Mi tía Sagrario es arquitecta, y desde hace años trabaja para una gran empresa del centro. Tiene treinta y nueve años, pero aparenta menos. Mide un metro sesenta y cuatro, así que no es ni alta ni baja. Es delgada, pero no parece anoréxica. Es trigueña de pelo corto, pero ahora está teñida de rojo. Tiene ojos verdes y grandes que me parecen muy expresivos. Es una mujer de aspecto interesante que se siente totalmente cómoda consigo misma.

Mi tía Sagrario es un poco loca, o al menos eso piensa mucha gente. Tiene cinco gatos, un perro y una serpiente que trata como seres humanos. Se viste escandalosamente, y por eso llama mucho la atención. Siempre usa minifalda porque está muy orgullosa de sus piernas. Sus colores favoritos son el naranja y el morado, aunque el azul eléctrico también le encanta. Le gusta la música country porque le fascina bailar dando vueltas y saltitos. Tiene un traje de vaquera para bailar que se pone con unas botas negras decoradas con conchas plateadas. Toca bien el acordeón, y ahora estudia la guitarra eléctrica. Canta por la nariz con una voz chillona que espanta hasta los grillos. Es muy alegre y cómica, y le cae bien a todo el mundo.

Mi tía Sagrario es soltera, pero tiene varios novios. No tiene hijos aunque tiene muchos sobrinos. Es cariñosa y generosa con sus familiares, quienes la quieren muchísimo. Yo también la aprecio y la admiro.

(Total: 232 palabras)

Observe que el modelo se ha transformado considerablemente. La descripción de la tía Sagrario es ahora mucho más completa e interesante, ya que las oraciones compuestas y subordinadas permiten la introducción de más detalles. Repare también en que se ha cambiado la oración personal conclusiva con el objeto de evitar la redundancia.

EJERCICIO 11

a. Valiéndose de la lista de palabras modificadoras (adjetivos) que se le facilitan, precise seis cualidades que definen o no a la tía Sagrario. Debe poder defender cada caracterización cuando su profesora o su profesor le pregunte por qué ha seleccionado cada una de ellas:

amable	cariñosa	loca	envidiosa
tonta	simpática	estudiosa	educada
trabajadora	importante	cuidadosa	extraña
elegante	culta	decente	fina
maternal	moderada	diligente	testaruda
bondadosa	particular	aristocrática	valiente

1. _____

2. _____

3. _____

4. _____

5. _____

6. _____

b. Responda a las siguientes preguntas:

1. ¿Qué diferencias encuentra usted entre la primera descripción de la tía Sagrario y esta segunda descripción?

   _____

2. ¿Cambia el tono del escrito? Explique.

   _____

3. ¿Le parece ahora más interesante o menos interesante la tía Sagrario? ¿Por qué?

   _____

4. ¿Qué relación piensa usted que existe entre el narrador o narradora y la tía Sagrario? Aclare.

   _____

5. ¿Le gustaría a usted conocer a la tía Sagrario? ¿Por qué sí o por qué no?

   _____

EJERCICIO 12

a. A continuación se encuentran las veinte oraciones que se usaron para describir la ciudad de Querétaro. Observe que ahora las oraciones son compuestas o subordinadas.

Veinte oraciones sobre la ciudad de Querétaro

---

1. Hay muchos árboles **que dan sombra a los peatones.**

2. Tiene dos universidades **que son muy conocidas en el país: la Universidad Autónoma de Querétaro y el Instituto Tecnológico.**

3. La gente es muy amable y cortés **y trata bien a los extranjeros.**

4. Está en el centro de México, **y queda aproximadamente a doscientos cincuenta kilómetros del D.F.**

5. Hay muchas iglesias en toda la ciudad **porque es una comunidad muy religiosa.**

6. Tiene una buena biblioteca pública **que está en un edificio bastante viejo.**

7. Hay centros comerciales con tiendas de todo tipo, **pero no hay ni Target ni Corte Inglés.**

8. Es una ciudad limpia, **y la gente está muy orgullosa de eso.**

9. Tiene bastante industria, **aunque siempre se necesita más.**

10. Es una ciudad agradable y acogedora **donde los visitantes siempre se sienten a gusto.**

11. Tiene hermosos parques y plazas **porque a la gente le encanta pasear.**

12. Hay mucho tráfico **porque casi todo el mundo tiene coche.**

13. En Querétaro viven personas de diversos estratos sociales **que, por lo general, se llevan bien.**

14. La ciudad de Querétaro no se parece mucho a otras ciudades del centro de México, **ni tampoco es como las ciudades de los Estados Unidos.**

15. Hay varios cines **en que pasan películas norteamericanas y extranjeras.**

16. Tiene bares y discotecas para los jóvenes **donde éstos se divierten.**

17. Hay una plaza de toros, **pero hay muy pocas corridas durante el año.**

18. No hay edificios muy altos **porque es una ciudad muy antigua.**

19. Tiene buenos servicios públicos **que son demasiado costosos.**

20. Tiene aproximadamente quinientos mil habitantes, **pero la ciudad parece más pequeña.**

---

b. En el espacio provisto, organice las oraciones lógicamente para formar una descripción del mismo modo que se hizo en el ejemplo de la tía Sagrario:

_____

_____

_____

ESTRATEGIAS DE LA COMUNICACIÓN ESCRITA (2)

Variedad al enlazar oraciones, y el abuso de *gustar*

1. Cuando se empieza a crear oraciones complejas, uno de los defectos más comunes es el uso excesivo de estructuras elementales basadas en **ser**, **estar** y **tener** que se enlazan mediante palabras básicas como **pero** e **y**. Repare en los siguientes ejemplos:

   a. Mi hermana **es** alta y **es** inteligente también. Ella **es** simpática y **es** cariñosa con todo el mundo.
   b. **Tiene** diez y ocho años y **tiene** un solo hermano que **tiene** el mismo cumpleaños que ella.
   c. **Está** contenta casi siempre, pero a veces **está** triste. Ahora **está** en tercer año de bachillerato, pero pronto va a **estar** en cuarto año.

   Con un poco de cuidado, estas estructuras pueden arreglarse para evitar esas repeticiones que hacen demasiado simple la escritura y aburren al lector. Por ejemplo, cuando se quiere caracterizar o definir un sujeto, generalmente no deben enlazarse oraciones que consisten en *ser + palabra modificadora*. En esos casos se recomienda crear **una serie descriptiva**: "El gato es gordo, comelón y sinvergüenza". Observe cómo se han rectificado las estructuras de arriba, inclusive convirtiendo algunas oraciones arbitrariamente complejas en simples para eliminar la redundancia:

   a. Mi hermana es alta e inteligente. También es simpática y trata con cariño a todo el mundo.
   b. Tiene diez y ocho años. Su único hermano celebra su cumpleaños el mismo día que ella.
   c. Está contenta casi siempre, pero como todo el mundo a veces se pone triste. Ahora estudia el tercer año de bachillerato, que va a terminar muy pronto, para después empezar el cuarto.

   En cualquier caso, crear oraciones complejas exige pensar en la estructura de ellas y reflexionar sobre lo que se quiere decir. No basta con enlazar conceptos arbitrariamente de la manera más elemental posible.

2. Otro defecto muy frecuente en el proceso de describir consiste en la reiteración monótona de la construcción con **gustar**. Note el siguiente ejemplo:

   A Rita **le gustan** mucho todos los deportes. **Le gusta** el fútbol americano, pero también **le gusta** el tenis. No **le gusta** nada el béisbol porque **le parece** aburrido. Tampoco **le gusta** el ciclismo.

   En casos como éste conviene pensar en sinónimos y en otras maneras de expresar la misma idea:

   A Rita **le encantan** los deportes. **Prefiere** el fútbol americano, pero también **le agrada** el tenis. **Detesta** el béisbol porque le parece aburrido. Tampoco **le gusta** el ciclismo.

EJERCICIO 13

En parejas o en grupos, lean en voz alta la siguiente descripción. Luego creen estructuras y realicen cambios de vocabulario para evitar la repetición innecesaria.

La presidenta de nuestro país

La presidenta de nuestro país es abogada, es una mujer muy inteligente, es muy popular y es una persona que se expresa muy bien en público. Ella es alta, es muy morena y es seria. Tiene cincuenta y seis años, tiene el pelo negro, y tiene los ojos negros también. No está casada ahora, pero dicen que está pensando comprometerse con un ingeniero que está ayudándola con su campaña electoral, pues ella está aspirando a otro período de cuatro años.

Me gusta mucho la presidenta de mi país porque a ella le gusta ayudar a los pobres y le gusta apoyar la educación pública. Me gustan

también sus ideas, y me gusta la manera dinámica en que trata de
resolver nuestros problemas económicos y sociales.

Realicen los cambios apropiados en los espacios que se proveen abajo.

La presidente de nuestro pais parece abosada, inteligente, y muy popular. Además puede exspresar muy bien en público. Ella es alta, muy morena y seria. Tiene cincuenta y seis años con el pelo y los ojos negro. Va a casar con el ingenerio que la ayuda con su compaña electoral. Tampien queine servir un otro período de cuatro años.

Instrucciones para la composición descriptiva

Primer paso

1. Revise cuidadosamente **las veinte oraciones simples** que escribió para hacer la pre-composición descriptiva (primer paso, página 44).
2. Convierta al menos **quince** de estas oraciones en oraciones complejas por medio de palabras-enlace (conjunciones) y palabras sustituidoras (pronombre) de la misma manera en que se hace con las veinte oraciones sobre la tía Sagrario que aparecen en la página 81. Revise la lista de palabras-enlace (conjunciones) de la página 67. Cinco de las oraciones pueden ser oraciones simples a las que se añade algo (una palabra-concepto, una palabra modificadora, etc.).
3. Entregue las **veinte oraciones** para que su profesora o su profesor las corrija.

Segundo paso

1. Una vez que el profesor o la profesora corrija y le devuelva las veinte oraciones, organícelas para formar una descripción coherente de aproximadamente **200 a 250 palabras**. Utilice como modelo la versión compleja de "Mi tía Sagrario" (página 82).

2. Es importante que la composición tenga una estructura lógica con una introducción y una conclusión breves. Al escribir esta versión, haga lo posible por evitar repeticiones estructurales innecesarias. En otras palabras, no use constantemente **y, tiene, le gusta, es, está**, etc.

3. Entregue la **versión preliminar** de la composición descriptiva. Es necesario entregarla **mecanografiada a doble espacio**. Utilice una fuente de doce puntos o más.

Tercer paso

1. El profesor o la profesora revisa y luego le devuelve la versión preliminar de la composición descriptiva. En muchos casos, va a ser necesario realizar cambios estructurales o hasta de contenido.

2. Después de hacer todas las correcciones, entregue la versión final **mecanografiada a doble espacio**. Utilice una fuente de doce puntos o más.

CHATEEMOS

Gloria Siniestra y Eugenio Diestro discuten en este capítulo sobre otro asunto que les preocupa. En este caso, se trata de pueblecitos mexicanos. Esto es lo **que** van a encontrar cuando visiten el sitio de chateo para expresar sus propias opiniones.

GLORIA SINIESTRA: Eugenio, como sabes, voy a viajar a México el próximo verano. Estoy muy entusiasmada, sobre todo porque quiero visitar muchos pueblos pequeños del centro del país. Me dicen que son muy pintorescos. Hay iglesias muy antiguas en ellos. Muchas son de la época colonial. Además, todos los pueblos tienen su plaza central. Los domingos ésta se llena de gente. Las familias pasean con sus hijos. Les compran globos y helados. Se detienen a hablar con sus amistades mientras los niños corren y juegan. ¡Qué bonito debe ser!

Y tú, ¿qué piensas? ¿No quieres conocer los pueblos del centro de México?

EUGENIO DIESTRO: Gloria: Estás completamente loca. No, a mí no me interesa visitar esos pueblos pequeños. Claro, se ven muy interesantes en las fotografías y las películas, pero pienso que hay muy poco que hacer en ellos.

GLORIA SINIESTRA: Amigo, siempre dices barbaridades sorprendentes. ¿En qué basas tu criterio?

EUGENIO DIESTRO: Pues por ejemplo, en esos pueblecitos casi seguro que no es posible encontrar centros comerciales, ni hamburgueserías americanas, ni cines modernos con buen aire acondicionado. Probablemente también faltan los hoteles cómodos, y tampoco me hace gracia eso de dar vueltas y vueltas por una plaza los domingos o ver iglesias que están a punto de caerse de viejas.

GLORIA SINIESTRA: Eugenio, recuerdo que en algún momento expresaste interés en visitar México. ¿Qué sitios de ese país te llaman la atención, entonces?

EUGENIO DIESTRO: Mira, Gloria, para mí lo único interesante de México es Cancún o Playa del Carmen. Allí sí hay de todo lo que me gusta: buenos hoteles, música americana, discotecas, pizzerías como las de aquí, en fin, todo lo deseable.

Buen viaje, pero estoy contentísimo de no ir contigo.

GLORIA SINIESTRA: Eugenio, siempre eres igual de materialista. Sólo te gusta lo que conoces. ¿Cómo puedes pensar que lo mejor de México es Cancún, una zona construida para los turistas! Eres muy cerrado, Eugenio. Te imaginas que el mundo empieza y acaba en los Estados Unidos. No aprecias ni el arte ni la cultura ni el folclore. Dime, ¿por qué estudias español entonces?

Espero tu respuesta.

Y tú, ¿qué opinas?

La narración en el pasado

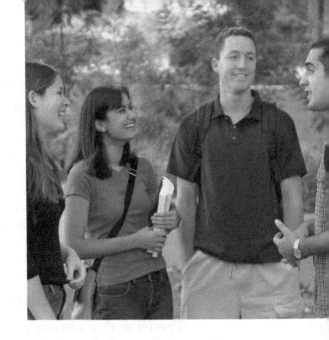

INTRODUCCIÓN AL PASADO

Por necesidad, pensamos en la realidad de acuerdo con tres perspectivas temporales básicas: lo que se realiza en el momento, o sea, el **presente**; lo que va a realizarse más adelante, es decir, el **futuro**; y lo que ya ocurrió, en otras palabras, el **pasado**. El pasado es más concreto que el presente y el futuro porque se basa en lo recordado y lo conocido.

En español hay más de un tiempo de la palabra-acción (verbo) para expresar el pasado. Por lo regular, la diferencia entre estos tiempos no es de **tiempo** propiamente dicho sino de **aspecto**, que significa la manera de contemplar la acción o de enfocarla, es decir, de percibirla como acabada o inacabada, como continua o total, como duradera o final. Es necesario reconocer esta realidad para entender bien los dos tiempos verbales de uso más frecuente: el **pretérito absoluto** y el **imperfecto**.

EL PRETÉRITO ABSOLUTO

El **pretérito absoluto** se usa para referirse a una acción o una serie de acciones que la persona que habla percibe como completas en el pasado. Al hablante no le interesa la posible duración o repetición de una acción, sino que procura destacar su **finalidad**.

EJEMPLOS:

   a. Horacio **vivió** toda su vida en Rosario.
   b. **Leí** tres veces el capítulo cuatro y todavía no lo entiendo.
   c. **Dormimos** mal anoche.
   d. **Comencé** a estudiar a las nueve y, aunque son las cuatro de la madrugada, todavía estoy aquí en la biblioteca, lee que lee. (Aunque la persona que habla sigue leyendo, la acción de comenzar concluyó, o sea, interesa por su final.)

Para manejar correctamente el pretérito absoluto, es necesario familiarizarse con las siguientes características de esta forma de la palabra-acción (verbo).

• Por lo general, el empleo del pretérito absoluto no es difícil, pero es un tiempo en el que abundan las formas irregulares. Por ello, hay que aprender de memoria la conjugación de muchas palabras-acción (verbos).

A continuación se incluyen los paradigmas de tres palabras-acción (verbos) regulares.

Bailar (formación: bail + terminación)	
(yo) bail**é**	(nosotros, nosotras) bail**amo**s
(tú) bail**aste**	(vosotros, vosotras) bail**asteis**
(él, ella, usted) bail**ó**	(ellos, ellas, ustedes) bail**aron**

Beber (formación: beb + terminación)	
(yo) beb**í**	(nosotros, nosotras) beb**imos**
(tú) beb**iste**	(vosotros, vosotras) beb**isteis**
(él, ella, usted) beb**ió**	(ellos, ellas, ustedes) beb**ieron**

Escribir (formación: escrib + terminación)	
(yo) escrib**í**	(nosotros, nosotras) escrib**imos**
(tú) escrib**iste**	(vosotros, vosotras) escrib**isteis**
(él, ella, usted) escrib**ió**	(ellos, ellas, ustedes) escrib**ieron**

EJERCICIO 1

a. Complete los espacios en blanco con la forma correcta del **pretérito absoluto**.

1. Los perros _____ (morder) al cartero.

2. La señora _____ (abrir) el bolso.

3. Yo no _____ (volver) hasta las nueve.

4. ¿(Tú) _____ (tomar) una gaseosa?

5. ¿_____ (recibir) ustedes la carta?

6. Vosotros _____ (sentarse) en el parque.

7. ¿(Nosotros) _____ (meter) la pata en clase ayer?

8. Gustavo y Lucía _____ (vivir) en un apartamento en París.

9. El médico _____ (examinar) al paciente.

10. ¿Ya (tú) _____ (revolver) la sopa?

11. Mariana y tú _____ (ver) las noticias.

b. Escriba preguntas para las siguientes respuestas:

1. No sé, pero Raúl no se comió todas las zanahorias.

   _____

2. Llegamos aproximadamente a las once de la noche.

   _____

3. Respondieron que no.

   _____

4. En mi opinión, bailaste bastante mal.

   _____

5. Sí, salisteis bien en el examen de ayer.

   _____

Ciertas palabras-acción (verbos) que terminan en **-ir** son irregulares en la tercera persona singular y en la tercera persona plural. La **e** de la radical se convierte en **i**.

sentir	
(yo) sentí	(nosotros, nosotras) sent**imos**
(tú) sent**iste**	(vosotros, vosotras) sent**isteis**
(él, ella, usted) **sintió**	(ellos, ellas, ustedes) sint**ieron**

Algunas palabras-acción (verbos) de este tipo son **pedir**, **preferir**, **medir**, **divertir(se)**, **servir**, **corregir**, **elegir**, **vestir(se)**, **repetir**, **seguir**, etc. Dos palabras-acción (verbos) un poco problemáticas de este tipo son **reir** (reí, reíste, **rió**, reímos, reísteis, **rieron**) y **sonreir** (sonreí, sonreíste, **sonrió**, sonreímos, sonreísteis, **sonrieron**).

En el caso de las palabras-acción (verbos) **dormir** y **morir**, la **o** se convierte en **u** tanto en la tercera persona singular como en la plural.

dormir	
(yo) dormí	(nosotros, nosotras) dormimos
(tú) dormiste	(vosotros, vosotras) dormiteis
(él, ella, usted) d**u**rmió	(ellos, ellas, ustedes) d**u**rmieron

- La ortografía de las palabras-acción (verbos) que terminan en **-car**, **-gar** y **-zar** cambia en la primera persona singular del pretérito de indicativo debido a una necesidad fonética. Repárese en los siguientes ejemplos:

buscar	**busqué**, buscaste, buscó, buscamos, buscasteis, buscaron
llegar	**llegué**, llegaste, llegó, llegamos, llegasteis, llegaron
empezar	**empecé**, empezaste, empezó, empezamos, empezasteis, empezaron

- Las palabras-acción (verbos) que terminan en **-eer** y **-uir**, así como los verbos **caer** y **oír** y sus derivados (**recaer**, **decaer**, **desoír**) sufren el siguiente cambio: la **i** de la tercera persona del singular y del plural se convierte en **y**.

caer	caí, caíste, **cayó**, caímos, caísteis, **cayeron**
leer	leí, leíste, **leyó**, leímos, leísteis, **leyeron**
oír	oí, oíste, **oyó**, oímos, oísteis, **oyeron**
concluir	concluí, concluíste, **concluyó**, concluimos, concluísteis, **concluyeron**

Algunas palabras-acción (verbos) de este tipo son **creer**, **recaer**, **poseer**, **proveer**, **atribuir**, **destruir**, **contribuir**, **huir**, etc.

- Las palabras-acción (verbos) que terminan en **-ducir** (**traducir**, **producir**, **deducir**, etc.) se conjugan de la siguiente manera:

conducir	
(yo) condu**je**	(nosotros, nosotras) condu**jimos**
(tú) condu**jiste**	(vosotros, vosotras) condu**jisteis**
(él, ella, usted) condu**jo**	(ellos, ellas, ustedes) condu**jeron**

- Hay muchas otras palabras-acción (verbos) irregulares en el pretérito cuyas formas deben aprenderse de memoria. Abajo se anotan algunas de ellas:

andar	anduve, anduviste, anduvo, anduvimos, anduvisteis, anduvieron
caber	cupe, cupiste, cupo, cupimos, cupisteis, cupieron
estar	estuve, estuviste, estuvo, estuvimos, estuvisteis, estuvieron
hacer	hice, hiciste, hizo, hicimos, hicisteis, hicieron
poner	puse, pusiste, puso, pusimos, pusisteis, pusieron
saber	supe, supiste, supo, supimos, supisteis, supieron
venir	vine, viniste, vino, vinimos, vinisteis, vinieron
ir	fui, fuiste, fue, fuimos, fuisteis, fueron
ser	fui, fuiste, fue, fuimos, fuisteis, fueron
tener	tuve, tuviste, tuvo, tuvimos, tuvisteis, tuvieron
poder	pude, pudiste, pudo, pudimos, pudisteis, pudieron
dar	di, diste, dio, dimos, disteis, dieron
traer	traje, trajiste, trajo, trajimos, trajisteis, trajeron
decir	dije, dijiste, dijo, dijimos, dijisteis, dijeron
querer	quise, quisiste, quiso, quisimos, quisisteis, quisieron

ALERTA 29

A diferencia de la mayor parte de las otras formas del pretérito, las palabras-acción (verbos) radicalmente irregulares no llevan acento en la primera ni en la tercera persona del singular. Contraste, por ejemplo, los casos de **hablar** (habl**é**, habl**ó**), **comer** (com**í**, com**ió**) y **abrir** (abr**í**, abr**ió**) con **andar** (anduv**e**, anduv**o**), **traer** (traj**e**, traj**o**) e **ir** (fui, fue).

EJERCICIO 2

a. Complete los espacios en blanco con la forma correcta del pretérito absoluto.

1. (Yo) No _____ (traer) nada.

2. La alumna _____ (hacer) la tarea.

3. Nosotros _____ (saber) la noticia.

4. El fontanero _____ (sentirse) enfermo de repente.

5. ¿Es verdad que ayer tú _____ (querer) besar a Cándida?

6. (Yo) _____ (tocar) el timbre, pero nadie _____ (oír).

7. ¿Usted _____ (dormirse) en el teatro?

8. Eduardo y Melisandra no _____ (creer) lo que sus hijos les _____ (decir).

9. Vosotros _____ (estar) en la fiesta sólo hasta las tres de la madrugada. ¿Por qué _____ (irse) tan temprano?

10. Carolina _____ (ponerse) el sombrero cordobés para ir a la corrida de toros.

11. (Yo) No _____ (alcanzar) a ver el final de la película.

12. La enfermera _____ (venir) a visitar a mi tatarabuela.

13. ¿(Tú) _____ (ser) quien _____ (traducir) el poema?

14. (Nosotros) _____ (tener) que ir al dentista esta mañana.

15. Cristina le _____ (dar) calabazas a su novio.

b. Inventen respuestas para las siguientes preguntas.

1. ¿Quién condujo el auto de carreras?

   _____

2. ¿Qué número de personas cupo en el salón?

   _____

3. ¿Puse todo en su debido sitio?

   _____

4. ¿Quiénes se sintieron peor después de comer, ustedes o Andrea y Manolito?

   _____

5. ¿Cuántos kilómetros anduvisteis?

   _____

SI YO FUERA HISPANOPARLANTE (3)

Yo hablo español desde la niñez. ¿Y tú?

Como es de imaginar, debido a su carácter irregular, el pretérito a veces presenta dificultades para el hispanoparlante que comienza a estudiar su propio idioma.

Estos errores suelen deberse a la analogía, es decir a tratar de hacer que las palabras-acción (verbos) irregulares se comporten como regulares. A continuación se anotan algunos errores característicos:

Se dice **anduvo**, no *****andó**.

Se dice **tradujo**, no *****tradució**.

Se dice **puso**, no *****ponió**.

Se dice **cupiste**, no *****cabiste**.

Se dice **traje, trajiste, trajo** y **trajeron**, no *****traí**, *****traíste**, *****trayó** y *****trayeron**.

Se dice **supo**, no **sabió**.

Se dice **hizo**, no **hació**.

Se dice **dijo**, no *****dició**.

EJERCICIO 3

a. El siguiente párrafo incluye una serie de errores semejantes a los descritos arriba. Identifíquenlos en parejas y escriban abajo las correcciones adecuadas.

El sábado pasado, mi prima Onelia se levantó a las once de la mañana. Decidió salir de compras al centro comercial que está en la carretera de la playa. Llamó a sus amigas Keiko y Mónica y las invitó a ir con ella. Ambas aceptaron. Onelia condució hasta el apartamento de Keiko y Mónica para recogerlas.

Las chicas llegaron al centro comercial al mediodía. Andaron de tienda en tienda por más de hora y media hasta que se cansaron. Buscaron una cafetería en que sentarse y tomar algo. Encontraron una y trataron de entrar, pero no cabieron debido a la mucha gente. Salieron y se ponieron a quejarse. Maldicieron su mala suerte. De repente un camarero salió y les dició: "Señoritas, apúrense. Hay una mesa para tres". Las amigas sabieron el modo de agradecerle al camarero. Onelia abrió su bolso y le dio un dólar. ¡Qué contento se ponió el camarero!

_____

_____

_____

_____

_____

_____

_____

_____

_____

_____

_____

_____

_____

_____

_____

_____

b. En parejas, creen oraciones con el pretérito absoluto de las palabras-acción (verbos) que aparecen a continuación. Sigan las instrucciones.

1. Distraer (tercera persona del plural)

   ~~distract~~
   traer   Distraj _____

2. Deducir (primera persona del singular)

   ~~deduce~~
   Traducir   Deduj _____

3. Rehacer (segunda persona del singular)

   ~~redo~~
   hacer   ~~rehicta~~   rehic / rehiz _____

4. Predecir (tercera persona del singular)

   ~~predict~~
   decir   predij $ _____

5. Sostener (segunda persona del plural)

   ~~sustain~~
   tener   sostuv _____

6. Componer (primera persona del plural)

   poner   compus _____

7. Deshacer (tercera persona del singular)

   hacer   deshic / deshiz _____

8. Bendecir (tercera persona del plural)

   decir   bendij _____

LA NARRACIÓN (1)

Narrar es el acto de referir de manera verbal o escrita un evento o una serie de eventos. Por lo regular, estos sucesos se cuentan en forma más o menos detallada. Asimismo, lo normal es que se relaten acontecimientos que tuvieron lugar en el pasado, aunque es posible referir acciones en el presente e inclusive anticipar el futuro. Es muy importante también recordar que lo que se cuenta puede ser **real** o **ficticio**, concreto o imaginado. En otras palabras, si tengo un accidente automovilístico y cuento la historia de este accidente, o sea, digo cuándo pasó, cómo pasó, qué me pasó, qué sentí, etc., estoy creando una narración de un evento real. De la misma manera, es enteramente posible que yo—porque lo pide mi imaginación, porque quiero mentir, porque me da la gana—decida inventar la historia de un accidente automovilístico. En este caso, haré exactamente lo mismo: voy a decir cúando pasó, cómo pasó, qué me pasó, qué sentí, etc. Lo único que en esta ocasión la narración es ficticia. Los dos procedimientos son enteramente válidos, y el producto de ellos es muy parecido, tan parecido en efecto que muchas veces es imposible determinar si una narración es verdadera o imaginada, o hasta una combinación de lo real y lo inventado.

Cuando se comienza a escribir una narración, debe seguirse un proceso semejante al de la descripción. Hay que tener una idea general de aquello que se quiere contar, o sea, saber más o menos cuál va a ser el principio, en qué va a consistir el cuerpo de la historia y cuál va a ser su final. La narración debe constar de una serie de detalles y acciones que toca organizar de manera lógica para que cualquier lector pueda entenderlos y asimilar el propósito comunicativo del escrito. Por lo común, este sistema organizador sigue un orden cronológico, es decir, se empieza por el principio y se termina por el final.

Ejercicio 4

a. Revise las palabras-acción (verbos) en primera persona que se facilitan. Luego, piense en una serie de actos que se realizan en una clase de español. Ordene las palabras-acción (verbos) de acuerdo con el orden cronológico que usted considere apropiado. Después, añada los elementos necesarios para crear una mini-narración coherente.

(2) contesté	(7) me despedí (de)
(6) salí	(5) escribí
(3) me senté	(1) llegué
(2) abrí	(4) leí

say goodbye

Orden lógico

1. ___ llegué ___

2. ___ abrí ___

3. <u>me sentí</u>

4. <u>leí</u>

5. <u>escribí</u>

6. <u>contesté</u>

7. <u>me despedí (de)</u>

8. <u>salí</u>

Mini-narración

El pasado lunes llegué a mí clase de español. Despues abrí la puerta a la cuarto, me sentí en mi asiento asignado. Entonces leí la pizarra que tenía dos preguntas. Escribí mis repuestas en el cuaderno. Cuando el profesor me peguntó para ellas, contesté correctamente. Al final de la clase me despedí del profesor y salí.

b. En parejas, organicen las oraciones de manera lógica de acuerdo con la hora del día que se indica entre paréntesis. Luego, escriban un párrafo con ellas en el espacio provisto. Copien sólo las oraciones, no las horas mencionadas.

1. Elsa se levantó temprano (a las siete de la mañana).

2. Se lavó la cara y se cepilló los dientes (a las siete y media).

3. Manejó rápido hasta el centro (a las ocho y treinta y cinco).

4. La señora Rosales contrató a Elsa, y ella, muy contenta, llamó a su novio Gonzalo por el teléfono móvil (a las nueve y cuarenta).

5. Después, caminó hasta su coche (a las ocho y veinte y cinco).

(9) 6. Llegó al Banco Hispanoamericano (a las nueve menos cinco).

(10) 7. Entró y preguntó por la señora Rosales, la encargada de contratar cajeras (a las nueve en punto).

(4) 8. Cuando terminó, se vistió, se peinó y se maquilló (a las ocho menos diez).

(11) 9. Habló con la señora Rosales por media hora (de las nueve y cinco hasta las nueve y treinta y cinco).

(5) 10. Fue a desayunar a la cafetería (a las ocho).

(3) 11. Se duchó rápidamente (a las siete y treinta y cinco).

(7) 12. Quitó la nieve de la ventanilla del frente (a las ocho y media).

El nuevo trabajo de Elsa

_____

_____

_____

_____

_____

_____

_____

_____

_____

_____

_____

_____

_____

_____

EL USO DEL PRETÉRITO ABSOLUTO EN LA NARRACIÓN

El **pretérito absoluto** se usa para hacer avanzar una narración en base a una serie de acciones o acontecimientos. La persona que habla o que escribe piensa en cada una de esas acciones como final o completa.

EJEMPLOS:

a. De acuerdo con la policía, la víctima del robo **abrió** la puerta de su casa, **entró**, **encendió** la luz y **miró** a su alrededor. De repente, **vio** al ladrón en la sala, **gritó** muy alto, y el bandido **se escapó** corriendo.

b. Ayer **nevó** mucho. La nieve **empezó** a caer a las seis de la mañana, y no **paró** de nevar hasta la medianoche. **Fue** una tormenta horrorosa. Después de que **terminó tuvimos** que quitar nieve por más de dos horas.

Ejercicio 5

a. Complete los espacios en blanco con la forma correcta del pretérito absoluto.

A las once en punto de una noche muy oscura, Hortensia y José Luis _____ (salir) de su piso para ir a una fiesta. Cuando _____ (llegar) a la esquina de Coronel Cifuentes y Rúa Nova, ambos _____ (experimentar) una sensación de inquietud. José Luis _____ (mirar) a Hortensia con mucho miedo, y los dos _____ (empezar) a correr en busca de un lugar con más luz.

Después de una cuadra, un hombre vestido de negro los _____ (alcanzar) y les _____ (gritar): "Señores, ustedes _____ (dejar) las luces del piso encendidas. ¿No _____ (pensar) en la crisis de energía de este país? Cuando yo los _____ (llamar) hace un rato desde la puerta de mi casa, ustedes no me _____ (oír) o, peor aún, no me _____ (querer) oír".

Hortensia _____ (detenerse) y, muy enojada, le _____ (pegar) con el bolso en la cabeza al desconocido. Luego, la pareja _____ (seguir) su camino. El pobre ciudadano _____ (quedar) tirado en medio de la acera.

b. Lea con cuidado la siguiente narración en el presente.

La visita del vendedor

El vendedor de revistas llega a mi casa. Toca el timbre tres veces hasta que papá le abre la puerta. Mi padre lo invita a entrar, y los dos pasan a la sala. El vendedor le muestra un catálogo a mi padre y le habla de los diferentes tipos de revistas. Mi padre ve una interesante sobre la mecánica. Busca su billetera y saca veinte dólares para pagarle al vendedor.

En ese momento, Sansón, nuestro gato siamés, entra en la sala. Ve al vendedor y se acerca a saludarlo. Maúlla un poco alto y luego le araña los pantalones suavemente. El hombre coge miedo. Recoge su catálogo y se va corriendo. Mi padre se molesta con Sansón, y el gato se marcha como si nada.

Ahora cambie las palabras-acción (verbos) del presente al pretérito absoluto.

La visita del vendedor

El vendedor de revistas _____ a mi casa. _____ el timbre tres veces hasta que papá le _____ la puerta. Mi padre lo _____ a entrar, y los dos _____ a la sala. El vendedor le _____ un catálogo a mi padre y le _____ de los diferentes tipos de revistas. Mi padre _____ una interesante sobre la mecánica. _____ su billetera y _____ veinte dólares para pagarle al vendedor.

En ese momento, Sansón, nuestro gato siamés, _____ en la sala. _____ al vendedor y _____ a saludarlo. _____ un poco alto y luego le _____ los pantalones con una de sus garras. El hombre _____ miedo. _____ su catálogo y se _____ corriendo. Mi padre _____ con Sansón, y el gato _____ como si nada.

Quinta entrada del cuaderno

Escriba una narración de **100 a 150 palabras** en el pasado, utilizando sólo el **pretérito absoluto**. La narración debe consistir en una serie de acciones completas.

Puede estar en primera (**yo**) o en tercera persona (**él/ella**). Intente usar oraciones simples y complejas. Los temas a seleccionar son los siguientes:

1. Describa los sucesos de cierto día de su vida o de la vida de un amigo o de una amiga.
2. Describa un incidente en el pasado.

Una noche para olvidar

El sábado pasado mi novio y yo fuimos al cine. Mi novio me recogió en mi apartamento a las nueve de la noche, y condujimos hasta el Cine Avenida, que está en el centro de la ciudad. Aparcamos el coche en un estacionamiento público. Nos costó cinco dólares estacionar.

Luego, fuimos a la taquilla a sacar los billetes. Pagamos veinte dólares por ellos. Después de entrar, mi novio compró palomitas de maíz, dos refrescos y un paquete de caramelos. Gastó ocho dólares. No pudimos comer todas las palomitas porque mi novio me abrazó y éstas se cayeron al piso.

La película fue terrible y duró cuatro horas. Salimos a las dos de la mañana. La noche fue aburrida y nos salió muy cara.

(Total: 123 palabras)

El incendio en la fábrica de paraguas

El año pasado, hubo un gran incendio en una fábrica de paraguas. Aparentemente, alguien dejó un cigarrillo encendido junto a una sombrilla de seda china. La sombrilla cogió fuego y voló hasta una caja de periódicos viejos. Los periódicos también se encendieron. Uno de los periódicos rodó por el piso y se detuvo junto a una lata de gasolina. La gasolina explotó, y todo el edificio quedó envuelto en llamas.

Los bomberos llegaron en seguida. Echaron agua con sus mangueras por más de tres horas, pero no lograron contener el fuego. Todo se quemó. No pudieron rescatar ni un solo paraguas. Fue una gran tragedia, pero por suerte nadie murió. *(Total: 110 palabras)*

ALERTA 30

El pretérito perfecto (**presente de *haber* + participio [-ado/-ido]**) se usa a veces para sustituir el pretérito absoluto, sobre todo si los efectos de la acción expresada se perciben en el presente. **Ejemplos:** He comido hace media hora; Su padre ha muerto recientemente; Te hemos dicho mil veces que no es verdad. Para una explicación más detallada, vea el capítulo 5.

EL IMPERFECTO

El **imperfecto** se usa para referirse a acciones que interesan por su continuidad, repetición o habitualidad. También se utiliza para describir en el pasado, según se explicará más adelante. Por eso se dice que el pretérito absoluto da principio, interrumpe o acaba la línea temporal que representa el tiempo mientras que el imperfecto señala duración, o sea alude a la línea entera:

1. Modesto comenzó a hablar a las diez de la noche. (Principio)
2. Hablaba y hablaba sin parar. (Duración o continuidad)
3. Tomó agua a las once. (Interrupción)
4. Volvió a tomar agua a las doce. (Interrupción)
5. Por fin, se cansó de hablar a la una y cerró la boca. (Final)

En contraste con el pretérito, cuya formación es relativamente complicada, el imperfecto es fácil de conjugar, y hay sólo tres formas irregulares. A continuación se incluyen los paradigmas de tres palabras-acción (verbos) regulares:

Bailar (formación: bail + terminación)

(yo) bail**aba**	(nosotros, nosotras) bail**ábamos**
(tú) bail**abas**	(vosotros, vosotras) bail**abais**
(él, ella, usted) bail**aba**	(ellos, ellas, ustedes) bail**aban**

Beber (formación: beb + terminación)

(yo) beb**ía**	(nosotros, nosotras) beb**íamos**
(tú) beb**ías**	(vosotros, vosotras) beb**íais**
(él, ella, usted) beb**ía**	(ellos, ellas, ustedes) beb**ían**

Escribir (formación: escrib + terminación)

(yo) escrib**ía**	(nosotros, nosotras) escrib**íamos**
(tú) escrib**ías**	(vosotros, vosotras) escrib**íais**
(él, ella, usted) escrib**ía**	(ellos, ellas, ustedes) escrib**ían**

Las únicas palabras-acción (verbos) irregulares en el imperfecto son **ir**, **ser** y **ver**:

ir	**iba, ibas, iba, íbamos, ibais, iban**
ser	**era, eras, era, éramos, erais, eran**
ver	**veía, veías, veía, veíamos, veíais, veían**

EJERCICIO 6

a. Complete los espacios en blanco con la forma correcta del **imperfecto** de indicativo.

1. Nosotros _____ (tener) mucho calor.

2. Tú _____ (sentarse) al lado de José Antonio.

3. Las muchachas _____ (ir) al cine con frecuencia.

4. Adriana _____ (salir) contigo, ¿verdad?

5. _____ (ser) las cuatro y cuarto.

6. Raquel y yo _____ (sentirse) muy orgullosos.

7. Vosotros _____ (querer) comer callos a la madrileña.

8. Antes de comprar los lentes de contacto nuevos, tú no

   _____ (ver) nada bien.

9. Esa pareja _____ (ponerse) furiosa con los vecinos chismosos.

10. ¿Cómo _____ (llamarse) tu profesor de química?

11. Yo siempre _____ (volver) por el mismo camino.

12. Antes nosotras _____ (ser) muy amigas.

13. ¿Es cierto que tú no _____ (pensar) venir?

14. ¿Vosotras nunca _____ (dormir) mal?

15. La chica jamás _____ (arreglar) su habitación.

b. En parejas, examinen los dibujos a continuación. Luego, escriban cinco oraciones descriptivas en el imperfecto sobre cada uno de ellos. Use por lo menos cinco palabras-acción (verbos) diferentes.

El búho lector
1.
2.
3.
4.
5.

La golfista

1. _____
2. _____
3. _____
4. _____
5. _____

ALERTA 31

There was, there were se dice normalmente **había** porque se usa por lo general para describir una situación o expresar condición continua. **Ejemplos:** Había un lago cerca de la universidad; Había seis enfermeros en el hospital. **Hubo** también significa *there was, there were*, pero se utiliza para indicar que algo pasó o el final de una condición o estado. **Ejemplos:** Hubo un accidente ayer en la esquina de mi casa; Hubo tres bodas el mismo día en la iglesia de Santa Rosa.

USOS DEL IMPERFECTO

Para manejar correctamente el imperfecto, es necesario familiarizarse con las siguientes características de esta forma de la palabra-acción (verbo).

- El **imperfecto** se utiliza para describir una acción o una serie de acciones pasadas que se ven desde el presente en su **duración**. O sea, equivale a la forma progresiva en inglés (*was, were + -ing: The lady was singing*).

  EJEMPLOS:
    a. —Alfonsina, ¿qué hacías en el parque?
       —Les daba de comer a las palomas.
    b. ¿Qué decían ustedes?

- El **imperfecto** se emplea para expresar una acción **repetida** o **habitual** en el pasado cuando el énfasis **no está en el final de la acción**, sino en su

continuidad. Equivale a las construcciones inglesas *used to + infinitive* (*We used to see each other more often*) o *would + verb* (*When they were children, they would play for hours*).

EJEMPLOS:

- **a.** Ibamos a la biblioteca a menudo cuando éramos estudiantes.
- **b.** Los padres de Pepe lo castigaban cuando se portaba mal.

ALERTA 32

Si el énfasis está en el **final de la acción**, se emplea el pretérito absoluto aun cuando la oración contenga una palabra que denote frecuencia o repetición (**siempre**, **todas las veces**, etc.). **Ejemplos:** Siempre me adoraste, pero no me supiste comprender; Alba te llamó diez veces ayer.

- El **imperfecto** se emplea para **describir** y **caracterizar** en el pasado. Por eso, se usa para decir la edad de una persona, para indicar la hora, para referirse a estaciones del año o períodos de tiempo convencionales (la Navidad, la cuaresma, el ramadán, la pascua, etc.).

EJEMPLOS:

- **a.** Su novio era feo pero simpático. Se sonreía constantemente y siempre hacía chistes.
- **b.** Era de noche, llovía, y el viento soplaba fuertemente.
- **c.** ¿Cuántos años tenías cuando te casaste?
- **d.** Eran las ocho cuando salió el autobús.
- **e.** Era la primavera, y los pajaritos cantaban alegremente.

- El **imperfecto** se emplea para describir estados físicos, mentales o emocionales en el pasado si se perciben en su **duración**. Verbos como **amar**, **admirar**, **creer**, **gustar**, **pensar**, **querer**, **doler**, **odiar**, **temer** y estructuras como **estar enamorado** (**alegre**, **preocupado**, **triste**, etc.), **tener miedo** (**hambre**, **deseos**, **calor**, etc.) se usan generalmente con el imperfecto cuando se refieren a una **condición que dura** en el pasado.

EJEMPLOS:

- **a.** Cyrano pensaba constantemente en Roxanne.
- **b.** Yo le tenía mucho miedo a la serpiente de mi vecino, pero me gustaba verla comer ratones.
- **c.** Estábamos muy cansados después de bailar salsa por tanto tiempo.

ALERTA 33

Si le interesa a uno acentuar un **cambio en la condición**, se usa el pretérito absoluto, puesto que el énfasis está en la finalidad o en el principio de un nuevo estado emocional. **Ejemplos:** Te quise desde que te conocí; Tuvo mucho dolor anoche; Roberto y Pepe estuvieron enamorados de nuestra sobrina.

- El **imperfecto** se emplea para describir dos acciones que ocurren al mismo tiempo sin que una interrumpa a la otra.

    EJEMPLOS:

    a. Ese tonto hablaba por teléfono mientras conducía.
    b. Nosotros siempre escuchábamos música cuando estudiábamos.

- El **imperfecto** se emplea para describir una acción que se anticipa desde el pasado. Se usa para referirse a planes o intenciones.

    EJEMPLOS:

    a. Queríamos ir a la playa, pero supimos que iba a llover.
    b. Mi jefe me dijo que iba a despedirme el viernes.

EJERCICIO 7

a. Complete los espacios en blanco con la forma correcta del **imperfecto**.

El chalet de la sierra donde mis padres y yo _____ (vivir) durante el verano no _____ (ser) muy grande. _____ (tener) sólo dos habitaciones, un cuarto de baño, una cocina y una pequeña sala. _____ (estar) pintado de verde oscuro porque a mis padres les _____ (gustar) ese color.

Cerca del chalet, _____ (haber) un bello riachuelo donde mi padre _____ (pescar) cangrejos y truchas que, luego, mi madre—una mujer chapada a la antigua—_____ (limpiar) y _____ (cocinar). Yo la _____ (ayudar) a menudo aunque _____ (preferir) salir a cazar conejos con mi galgo, que _____ (llamarse) Centella. Como mi madre nunca _____ (querer) limpiar ni cocinar los conejos, yo se los _____ (regalar) a los vecinos.

¡Qué felices _____ (ser) nosotros en aquellos tiempos!

b. A continuación se encuentra una serie de oraciones en el presente. En parejas, cambien las palabras-acción (verbos) al imperfecto. Después lean cuidadosamente en voz alta la narración en el pretérito que ya ustedes conocen (página 103), y coloquen las oraciones en el imperfecto donde sea conveniente. Noten que es posible colocar más de una oración en los espacios indicados.

1. El vendedor **es** (_____) pequeño y **está** (_____) un poco gordo.

2. El catálogo **incluye** (_____) muchas fotografías de las portadas de las revistas.

3. Mientras él **huye** (_____), mi padre le **grita** (_____): "¡Espere, espere! ¡Quiero comprar esa revista!"

4. **Es** (_____) un gato siamés bastante grande, y **parece** (_____) algo feroz.

5. **Tiene** (_____) el pelo y los ojos negros.

6. ¡A ese gato nada le **importa** (_____)!

7. Supongo que les **tiene** (_____) pánico a los gatos siameses.

8. **Son** (_____) las dos de la tarde.

9. **Lleva** (_____) una camisa blanca y una corbata gris.

10. La revista **cuesta** (_____) mucho dinero.

La visita del vendedor

(_____) Un vendedor de revistas llegó a mi casa. Tocó el timbre tres veces hasta que mi papá le abrió la puerta.

(_____)

(_____) Mi padre lo invitó a entrar, y los dos pasaron

a la sala. El vendedor le mostró un catálogo a mi padre y le habló de los diferentes tipos de revistas. (_____) Mi padre vio una interesante sobre la mecánica. Buscó su billetera y sacó veinte dólares para pagarle al vendedor. (_____
_____)

En ese momento, Sansón entró en la sala. (_____)
Vio al vendedor y se acercó a saludarlo. Maulló un poco alto y luego le arañó los pantalones con una de sus garras. El hombre cogió miedo.
(_____) Recogió su catálogo y se fue corriendo.
(_____) Mi padre se molestó con Sansón, pero éste se marchó como si nada. (_____
_____)

CONTRASTES DEL PRETÉRITO ABSOLUTO Y EL IMPERFECTO

- El **pretérito absoluto** se emplea para expresar una acción que **interrumpe** el transcurso de otra acción en el pasado. La **acción interrumpida** se expresa con el **imperfecto**. Contraste este empleo del pretérito absoluto con la noción de acciones simultáneas en el pasado expresadas con el imperfecto que se explica arriba.

EJEMPLOS:

   a. La pobre ardilla atravesaba la calle cuando la atropelló el automóvil.
   b. Me bañaba cuando sonó el teléfono.

ALERTA 34

La construcción **imperfecto de *estar* + *-ando/-iendo*** se emplea para expresar acción en curso en el pasado de una manera más descriptiva y dinámica. **Ejemplos:** Me estaba bañando cuando sonó el teléfono; Estábamos mirando la televisión cuando tocó a la puerta el vendedor.

- Algunas palabras-acción (verbos) se traducen de manera diferente al inglés según se empleen en el pretérito absoluto o el imperfecto. No es que cambien de significado sino que tienen otros matices en español debido a las propiedades particulares del pretérito absoluto y del imperfecto. A continuación se anotan algunos ejemplos comunes.

Imperfecto	Traducción	Pretérito	Traducción
sabía	*I knew, knew how to, had knowledge of*	supe	*I learned, found out discovered*
conocía	*I knew, was acquainted with*	conocí	*I met, made the acquaintance of*
quería	*I wanted to, desired to*	quise	*I tried to (in certain situations)*
no quería	*I didn't want, didn't desire to*	no quise	*I refused to, would not*
podía	*I could, was able to, was in a position to*	pude	*I managed to, succeeded in*
no podía	*I was not able to, could not*	no pude	*I tried but couldn't*
costaba	*it cost (before buying the item)*	costó	*it cost (after buying the item)*

EJEMPLOS:

    a. —¿Ya conocías a Sonia?
        —No, la conocí anoche en la fiesta de Tomás Jordán.
    b. Por fin pudimos salir del estacionamiento.
    c. ¿Cuánto costaba ese monopatín?
    d. —¿Sabía usted que estaba enfermo?
        —No, lo supe ayer por la tarde cuando fui al médico.

EJERCICIO 8

a. En parejas, escriban oraciones con cada una de las palabras-acción (verbos) que se incluyen, guiándose por el cuadro explicativo que aparece arriba. Decidan por qué han usado el pretérito absoluto o el imperfecto:

1. sabíamos	5. quería	9. podíais	13. costaban
2. supieron	6. quisieron	10. pudo	14. costó
3. conocías	7. no querías	11. no podías	
4. conocisteis	8. no quise	12. no pudieron	

1. _____

2. _____

3. _____

4. _____

5. _____

6. _____

7. _____

8. _____

9. _____

10. _____

11. _____

12. _____

13. _____

14. _____

b. Cambie las palabras-acción (verbos) al pasado empleando el **pretérito absoluto** o el **imperfecto**:

> **Es** una noche de invierno. **Hace** mucho frío, y no **hay** luna. Toda la familia Villagarcía **duerme**. **Es** una familia bastante rica. Su casa **es** muy grande y lujosa. **Tiene** cinco alcobas y tres cuartos de baño. **Está** en una calle donde **abundan** los olmos y los chopos.
>
> A las tres de la madrugada, dos hombres enmascarados **entran** en la casa por una ventana. **Andan** sigilosamente hasta el despacho de la esposa. Uno de ellos **abre** con destreza la caja fuerte. **Saca** todas las joyas y el dinero. Se las **da** a su compañero, quien las **mete** en una bolsa. Después, los ladrones **salen** de la casa por la misma ventana.

Era / Fue / Era una noche de invierno. _Hizo / Hacía_ mucho frío, y no _había_ luna. Toda la familia Villagarcía _dormía / dormía / Fue_ una familia bastante rica. Su casa _era / Fue_ muy grande y lujosa. _Tuvo_ cinco alcobas y tres cuartos de baño. _Estuvo / Estaba_ en una calle donde _abundaron_ los olmos y los chopos.

A las tres de la madrugada, dos hombres enmascarados _entraban_ en la casa por una ventana. _Anduvieron / Anduvieron_ sigilosamente hasta el despacho de la esposa. Uno de ellos _abrió_ con destreza la caja fuerte. _Sacó_ todas las joyas y el dinero. Se las _daba_ a su compañero, quien las _metió_ en una bolsa. Después, los ladrones _salieron_ de la casa por la misma ventana.

c. Lea el siguiente párrafo y traduzca adecuadamente la expresión, determinando en cada caso si debe utilizarse el pretérito absoluto o el imperfecto.

Yo _fui nací_ (*was born*) en el Uruguay, en un pueblo próximo a la bella ciudad de Tacuarembó. Allí (yo) _vivía_ (*lived*) hasta que _tuve_ (*I turned*) diez años. Entonces, mis padres me _enviaron_ (*sent*) a Montevideo. Yo no _quería_ (*wanted*) ir, pero ellos me _explicaron_ (*explained*) que _estuvo_ ~~era~~ (*it was*) necesario, porque en Montevideo _había_ (*there was*) un colegio mucho mejor que el de nuestro pueblo. Yo _fui iba_ (*was going*) a ingresar en él y vivir con unos parientes que _tuvimos_ (*we had*) en la capital.

Un día gris y lluvioso, _salé_ (*I left*) en tren de mi pueblo. Mis padres me _dicieron_ (*said*) adiós en el andén. Ellos _estaban_ ~~estuvieron~~ (*were*) tristes y llorosos, y yo también _lloraba_ (*was crying*) a lágrima viva.

Cuando por fin ~~llegaba~~ (*I arrived*) a Montevideo, mis tíos maternos me _esperaron_ ~~esperaban~~ ~~llegué~~ (*were waiting*) en la estación. Inmediatamente, me _hacían_ (*made*) sentir más relajado, pues me _acogieron_ (*welcomed, received*) con mucho afecto. Enseguida, me _llevieron_ (*took*) a su casa. _Fue_ (*It was*) grande y cómoda. Allí _conocí_ (*I met*) a mis tres primos, quienes me _abrazaron_ (*embraced*) con cariño también. Ahí mismo _empezó_ (*began*) a acabarse mis problemas de adaptación.

Todo esto _pasaba_ (*happened*) hace mucho tiempo, cuando yo ~~supe~~ _sabía_ (*knew*) muy poco de la vida.

d. En parejas, lean el siguiente párrafo y seleccionen la forma correcta en cada circunstancia.

El sábado por la mañana **salí** / **salía** temprano de mi casa porque **quise** / **quería** visitar a mi abuelita, que **estuvo** / **estaba** en el hospital. **Fui** / **Iba** un poco preocupado, y **anduve** / **andaba** muy de prisa. Casi **corrí** / **corría**. Por lo tanto, no **me fijé** / **fijaba** en un letrero con letras rojas que **hubo** / **había** en la portada entreabierta de una mansión en ruinas. Según **comprobé** / **comprobaba** más tarde, el letrero **dijo** / **decía**: "¡Cuidado con el perro!"

Cuando **pasé** / **pasaba** frente a la mansión, un perro enorme **apareció** / **aparecía** de repente frente a mí. **Fue** / **Era** blanco y fuerte. **Ladró** / **Ladraba** amenazadoramente. **Tuvo** / **Tenía** una cabeza inmensa y una boca llena de dientes afilados. Cuando lo **vi** / **veía**, me **entró** / **entraba** pánico, y **me eché** / **me echaba** a correr. **Fue** / **Era** un gran error, porque el perro me **alcanzó** / **alcanzaba** en un dos por tres. Cuando me **mordió** / **mordía** en la pierna izquierda, **me caí** / **me caía** en la acera. Entonces, el perro **volvió** / **volvía** a morderme en ambos brazos. Por suerte, en ese momento **llegó** / **llegaba** un señor que **asustó** / **asustaba** al perro con su bastón.

Cuando el señor **notó** / **notaba** que yo **sangré** / **sangraba** mucho de mis heridas, **llamó** / **llamaba** una ambulancia por su celular. La ambulancia me **recogió** / **recogía** en seguida y me **transportó** / **transportaba** a la sala de emergencias del mismo hospital donde **estuvo** / **estaba** ingresada mi abuelita. Después de que me **curaron** / **curaban** y me **pusieron** / **ponían** la primera inyección contra la rabia, **busqué** / **buscaba** la habitación de mi abuelita, y por fin **pude** / **podía** visitarla.

e. Complete los espacios en blanco con la forma adecuada del **pretérito absoluto** o del **imperfecto**.

Hace exactamente una semana yo _dormía_ (dormir) tranquilamente en mi habitación cuando un ruido extraño me _despertó_ (despertar). (Yo) _Miraba_ ~~Miré~~ (mirar) a mi alrededor y no _vía ví_ (ver) otra cosa que el reloj. _Era_ (Ser) las dos y cuarto de la mañana. _Mantuve_ (Mantener) los ojos abiertos unos minutos y, después, _coloqué_ (colocar) la cabeza en la almohada nuevamente y _me quedé_ (quedarse) dormido enseguida.

Sin embargo, unos minutos más tarde (yo) _sentí_ ^percibí (sentir) otra vez el mismo ruido. Esta vez _presté_ (prestar) más atención, pues los sonidos _se repetían_ (repetirse) sin cesar. _Parecía_ (Parecer) que alguien _estaba_ (estar) tratando de abrir la puerta de atrás de mi apartamento. (Yo) _Me levanté_ (Levantarse) rápidamente, _cogí_ (coger) la bata de casa y me la _puse_ (poner). _Caminaba_ _caminé_ (Caminar) hacia el fondo para ver qué o quién _intentaba_ _intento_ (intentar) entrar en mi casa a esas horas de la noche.

Cuando (yo) _llegué_ (llegar) a la puerta, los ruiditos _cesaron_ (cesar) por un instante pero pronto _comenzaron_ (comenzar) otra vez. (Yo) _fui_ (ir) al armario de la cocina y _agarré_ (agarrar) el bate de béisbol que guardo allí para emergencias de esta índole. Haciendo de tripas corazón, _me dispuse_ (disponerse) a abrir la puerta para sorprender al criminal que tal vez _se encontraba_ (encontrarse) afuera. (Yo) _Abrí_ (Abrir) la puerta de un tirón y _alzaba_ _alzé_ (alzar) el bate con violencia para pegarle al bandido. (Yo) _Volteé_ (Voltear) la cabeza a la izquierda y luego a la derecha, pero no _había_ (haber) nada a mi alrededor.

Ya (yo) _iba_ (ir) a cerrar la puerta para volver a acostarme cuando alguien _tiró_ (tirar) de mi bata de casa. (Yo) _Inclinaba_e (Inclinar) la cabeza y _descubrí_ (descubrir) que el autor de los ruidos _se trataba_e (tratarse) de un mono pequeñito y juguetón. (Yo) Lo _dejé_ (dejar) entrar para examinarlo mejor y, a la luz de la cocina, _observé_ (observar) que _era_ (ser) color café, bastante bonito y muy flaco. Además, _tenía_ (tener) muchísimo frío, pues _temblaba_ (temblar) sin parar. El ver así al pobre monito me _daba_ (dar) mucha lástima. Por eso (yo) lo _cubrí_ (cubrir) con una toalla y, luego, le _pelé_ (pelar) un plátano y se lo _ofrecí_ (ofrecer). (Él) Se lo _comió_ (comer) con gusto y, después, _se subió_ (subirse) a mi hombro derecho, agradecido. (Yo) Lo _acaricié_ (acariciar), y él me _besó_ (besar) cariñosamente en la cara.

Para hacer la historia más corta, desde el martes pasado tengo una nueva mascota: un mono tití al que (yo) le _ponía_ (poner) el nombre de Sancho el Grande, ya que ahora es el rey de mi casa.

EL IMPERFECTO EN LA NARRACIÓN

Recuerde que el imperfecto en la narración cumple ciertas funciones específicas:

1. Describe situaciones en el pasado, o sea, crea un fondo narrativo.
2. Describe estados continuos en el pasado.
3. Describe o caracteriza personas, cosas y animales.
4. Expresa acciones habituales, continuas o repetidas.

EJERCICIO 9

Lea la siguiente narración en el pretérito absoluto:

Ayer al mediodía, Cándido Bermudez salió a almorzar a un centro comercial. Decidió ir a un restaurante mexicano. Llegó bastante pronto al restaurante. Enseguida llamó a un mesero. Vio a una amiga suya y se acercó a hablar con ella un momento. Comió bien y después invitó a la joven a tomar café en Starbucks. Cuando terminaron, Cándido miró su reloj. Vio la hora y se sorprendió. Le dijo adiós a la chica y corrió a su automóvil. Cándido arrancó el coche y decidió volver por la carretera para llegar más rápido al trabajo. De repente, oyó un ruido metálico muy extraño. El motor se puso muy caliente, dejó de funcionar y comenzó a echar mucho humo. Cándido se asustó. Guió hasta el arsén (_shoulder_), detuvo el coche y se puso a maldecir.

En parejas, contesten las siguientes preguntas, pensando en la narración y en el dibujo. Utilicen el imperfecto.

1. ¿Cómo se llamaba el restaurante?

El restaurante se llamaba margaritas

2. ¿Qué hora era?

Era la una en la noche

3. ¿A qué velocidad conducía Cándido?

El conducía muy rápido, sobre veinte más del limite

4. ¿Cómo estaba Cándido al final?

Él estaba muy enojado al coche

5. ¿Cómo era la chica?

La chica era joven

6. ¿De qué color tenía el pelo y los ojos?

Tenía el pelo Marrón y los ojos morenos

7. ¿El automóvil de Cándido estaba cerca o lejos del restaurante?

Él estaba lejos del restaurante

Ahora, coloquen las oraciones que crearon donde sea conveniente en la narración para darle un fondo descriptivo a ésta.

_____

_____

_____

_____

_____

_____

_____

_____

_____

_____

_____

_____

_____

_____

_____

_____

_____

_____

_____

EL COMPLEMENTO INDIRECTO

El **complemento indirecto** es la persona o cosa que recibe daño o beneficio de la palabra-acción (verbo). Responde a las preguntas: **¿A quién?** o **¿Para quién?**; **¿A qué?** o **¿Para qué?** Ejemplos: Enviamos la carta **a la tía Julia** (¿A quién enviamos la carta? **A la tía Julia**); Compro la comida **para el perro** (¿Para quién compro la comida? **Para el perro**); Ponen sal **a la sopa.** (¿A qué ponen sal? **A la sopa**).

- El **complemento indirecto** aparece regularmente como palabra sustituidora complementaria (pronombre de complemento) que por lo regular precede a la palabra-acción (verbo). Sus formas son las siguientes: **me, te, le, nos, os, les.**

  EJEMPLOS:
  a. Le pongo el vestido **a la niña**. (_I put the dress on the little girl._)
  b. Claudia **me** parece inteligente. (_Claudia seems intelligent to me._)
  c. Nuestros novios **nos** mandan flores. (_Our boyfriends send us flowers._)
  d. **Te** doy el dinero mañana. (_I'll give you the money tomorrow._)
  e. ¿**Les** interesa **a ustedes** comprar estos esquís? (_Are you interested in buying these skis?_)
  f. **Os** dicen la verdad. (_They are telling you the truth._)

- Muchas veces, **la palabra sustituidora (pronombre)** que representa el complemento indirecto **se aclara** o **se enfatiza** a base de la estructura *a* + **palabra-concepto (nombre)** o **palabra sustituidora (pronombre que sigue a una palabra indicadora o preposición)**. Las palabras sustituidoras que pueden seguir a una preposición son **mí, ti, él, ella, usted, nosotros, vosotros, ellos, ellas, ustedes.**

EJEMPLOS:

   a. **Les** dijo **a los trabajadores** que hay que empezar a la una. (*a* + **palabra concepto**)

   b. **Os** mandó el paquete **a vosotras**. (*a* + **palabra sustituidora**)

   c. ¿**A ti te** duele la garganta? (*a* + **palabra sustituidora**)

   d. La jefa **nos** dio la mano **a Perucho y a mí**. (*a* + **palabra-concepto y *a* + palabra sustituidora**)

- Cuando en una oración coexisten dos palabras sustituidoras complementarias (pronombres de complemento), una directa de tercera persona y la otra indirecta, la palabra sustituidora indirecta precede a la otra.

EJEMPLOS:

   a. Me vende la casa. → **Me la** vende.

   b. ¿Te pruebas los zapatos? → ¿**Te los** pruebas?

   c. Nos mandan el paquete. → **Nos lo** mandan.

- Cuando las palabras sustituidoras complementarias (pronombres de complemento) son ambas de tercera persona, **le** y **les** se convierten en **se.**

> Nunca, nunca, nunca se dice **le lo* sino **se lo.**

EJEMPLOS:

   a. Le doy la manzana. → **Se la** doy.

   b. Les lavas los platos. → **Se los** lavas.

   c. Les entrego el dinero. → **Se lo** entrego.

- Cuando se usa una estructura compuesta de **palabra-acción (verbo) más gerundio (forma -ando/-iendo)** o **infinitivo (-ar/-er/-ir)**, las **palabras sustituidoras complementarias (pronombres de complemento)** se unen o al gerundio o al infinitivo, o preceden de manera normal a la palabra-acción (verbo) conjugada.

EJEMPLOS:

   a. Nos están sirviendo la sopa. → **Nos la** están sirviendo. → Están sirviéndo**nosla**.

   b. Os voy a contar un cuento. → **Os lo** voy a contar. → Voy a contár**oslo**.

   c. ¿Me quieres leer la carta? → ¿**Me la** quieres leer? →¿Quieres leér**mela**?

   d. Está recitándoles los poemas. → **Se los** está recitando. → Está recitándo**selos**.

- Las palabras sustituidoras complementarias (pronombres de complemento) se colocan siempre **después** del **imperativo afirmativo** (*affirmative command*), con el cual forman una unidad, y **antes** del **imperativo negativo** (*negative command*). Observe que cuando se añade **se** a la primera persona plural (**nosotros**) del imperativo afirmativo, desaparece la **s** final del imperativo (**Vendámosle el coche** → Vendámoselo). Recuerde que en español no existe la combinación **ss**. El imperativo se explica en el capítulo 5.

EJEMPLOS:

Oración imperativa	Afirmativo	Negativo
Escríbanme una carta.	Escríbanmela.	No me la escriban.
Dinos el chiste.	Dínoslo.	No nos lo digas.
Traedle el periódico.	Traédselo	No se lo traigáis.
Comprémosles los guantes.	Comprémoselos.	No se los compremos.

ALERTA 35

Cuando hay **dos** palabras sustituidoras complementarias (pronombres de complemento) en una estructura de palabra-acción (verbo) + infinitivo o gerundio, **nunca**, **nunca**, **nunca** pueden éstas colocarse aparte la una de la otra. Tienen ambas que preceder a la palabra-acción (verbo) o seguir al infinitivo o al gerundio, formando unidad con ellos. **Ejemplos:** **Se lo** voy a decir/Voy a decír**selo**; **Me las** están pidiendo/Están pidiéndo**melas**.

EJERCICIO 10

a. Traduzca al español, utilizando siempre la palabra sustituidora complementaria (pronombre de complemento) adecuada.

1. *I am going to sell her my desk.*

   Voy a venderla el escritorio a ella
   Se lo voy a vender / Voy a venderselo

2. *He gave me the video.*

   Me dio el vídeo a mí
   Me lo dio

3. *Did my parents show you* (**informal singular**) *the map?*

   ¿Mis padres te mostraron el mapa a tú?
   ¿Te lo muestran mis padres?

4. *They used to send us flowers.*

   Ellos nos mandaban las flores a nosotros
   Nos las mandaban

5. *Does it seem to you* (**informal plural**) *that it is going to rain?*

   ¿A vosotros os parece que va a llorar?

6. *The check? I already sent it to you* (**formal singular**).

   ¿la cuenta? Ya se la envié a Ud

7. *The homework? They turned it in to us yesterday.*

   ¿La tarea? Ellos nos la entregaron ayer (a nosotros)

ALERTA 36

Recuerde que la construcción de tercera persona con **gustar** no admite complemento directo. Por eso **nunca**, **nunca**, **nunca** se pueden crear estructuras como ***me lo gusta** por *I like it*. Hay que decir **me gusta** o **me gusta esto (eso, aquello)**.

b. Complete los espacios en blanco con la forma correcta de la palabra sustituidora complementaria (pronombre de complemento):

1. ¿Cuándo _____ vas a devolver **a Tomás** los veinte pesos que él

   _____ prestó **a ti** la semana pasada?

2. Eva _____ prometió **a Lucinda y a mí** que iba a llevar _____

   una pizza **a los niños** para la merienda.

3. _____ pido **a vosotros** perdón por todos mis errores.

4. Roberto, ¿cuánto _____ das (**a mí**) por esta motocicleta?

   _____ costó dos mil trescientos treinta y nueve dólares nueva de

   paquete. **A ti** _____ viene muy bien para llegar al trabajo.

5. —¿Van a brindar _____ (**a vosotros**) sangría en la fiesta de aniversario?

   —No, _____ van a dar (**a nosotros**) champán porque **a mi marido**

   no _____ gusta la sangría.

c. Reemplace los complementos indicados con las palabras sustituidoras complementarias (pronombres de complemento) correctas.

MODELOS: Juan me compra **el vino**.   **R.:** *Juan me lo compra.*
       El cobrador revisa **los boletos**   **R.:** *El cobrador se los revisa.*
       a los pasajeros.

1. El médico les hace **las indicaciones**.

   _____

2. Mi novio me escribió **una carta de amor**.

   _____

3. El mariachi da **serenatas** *a las quinceañeras*.

   _____

4. Quieren ofrecernos **otra tarjeta de crédito**.

   _____

5. Los invitados les tiraron **arroz** al salir de la iglesia.

   _____

6. ¿Os dieron **las entradas**?

   _____

7. El policía le está inspeccionando **la matrícula del coche**.

   _____

8. ¿Es verdad que Maritza te dedicó **un poema**?

   _____

9. Los obreros de construcción echan **piropos** *a las jóvenes que pasan*.

   _____

10. Por favor, tráiganme **la pintura** el martes por la mañana.

    _____

d. Conteste afirmativa o negativamente según las indicaciones, valiéndose de las palabras sustituidoras (pronombres) apropiadas:

MODELOS: ¿Les llevas sopa a los enfermos? (sí)   **R.:** *Sí, se la llevo.*

   ¿Les van a escribir a sus amigos? (sí)   **R.:** *Sí, les vamos a escribir o*
   Sí, vamos a escribirles.

1. ¿Quieres prestarme el coche esta noche? (no)

   _____

2. ¿Nos dejas el recibo en la mesa? (sí)

   _____

3. Sebastián, hijo mío, ¿me rompiste el jarrón a propósito? (sí)

   _____

4. ¿Les alquilaste el apartamento a los universitarios? (no)

   _____

5. ¿Me preparaste las albóndigas? (sí)

   _____

6. ¿Le mataste las pulgas a tu perro? (sí)

   _____

7. ¿La peluquera le tiñó el pelo a la tía Sagrario? (sí)

   _____

8. ¿Te está cuidando las plantas el vecino? (no)

   _____

9. ¿Os gusta el helado de chocolate? (no)

   _____

10. Cuando vivías en Guatemala, ¿les enviabas fotos con frecuencia a tus familiares? (sí)

___

> ### ALERTA 37
>
> Los verbos **interesar**, **faltar**, **encantar**, **agradar**, **disgustar**, **satisfacer** e **importar** se usan en construcciones de tercera persona como la que se forma con **gustar**. **Ejemplos:** A mí me falta talento; A Ester y a María del Pilar les agrada bailar la cumbia; A vosotros os disgustan los aguacates verdes; A ti no te importa nada.

Sexta entrada del cuaderno

En aproximadamente **150 a 200 palabras**, cuente lo que pasó en una actividad o evento que usted presenció o en el que usted participó. Entre los eventos y actividades a considerar pueden incluirse una boda, un encuentro deportivo, una fiesta de cumpleaños, unas vacaciones, un accidente, etc. La narración debe escribirse totalmente en el pasado y hay que utilizar tanto el pretérito como el imperfecto. Escriba oraciones simples y complejas.

Mi aventura en Atenas

Cuando yo tenía veinte años, antes de ser la reina de Uldiforbia y Tiburlandia, hice una visita oficial a Atenas. Era la primavera, y todo parecía muy hermoso, pero mis acompañantes no me dejaban salir del hotel. Yo estaba triste porque quería conocer la ciudad. Una mañana me escapé.

En una esquina me encontré con un hombre de aspecto elegante. Era alto, fornido, moreno ¡y muy guapo! Me saludó y me preguntó cómo me llamaba y qué hacía en Atenas. Le dije que me llamaba Yolanda y que era una turista de Uldiforbia. Entonces él me invitó a tomar un café. Fuimos a una cafetería cercana. Hablamos por mucho rato. Cuando supo que yo quería conocer Atenas, se ofreció a mostrarme la ciudad. Me llevó por todas partes en su motocicleta. Vimos muchos monumentos importantes y algunos lugares preciosos. También cenamos en un restaurante típico.

Desgraciadamente, llegó la noche y tuve que volver al hotel. Yorgo —pues así se llamaba— me preguntó si podía verme otra vez al día siguiente. ¡Era imposible! Yo estaba comprometida para casarme con Bertoldo, el príncipe de Tiburlandia. Pero qué día inolvidable pasé en Atenas con Yorgo. (*Total: 192 palabras*)

Un partido de fútbol entre la Selección de México y la Selección de la Argentina

Ayer pasaron por la televisión un juego de balompié entre las selecciones de México y la Argentina. Era un encuentro amistoso de preparación para la próxima Copa del Mundo. El partido fue muy reñido. Durante el primer tiempo, ninguno de los equipos pudo anotar. México, sin embargo, atacó mucho siempre. Una vez, el portero argentino paró un disparo poderoso realizado por un delantero mexicano. Otra vez, *un cabezazo del ala izquierdo de México dio contra la parte superior del arco. Los mexicanos tiraron un córner, pero el portero agarró el balón fácilmente.*

El segundo tiempo fue increíble. A los dos minutos de comenzar, un jugador argentino recogió el balón en media cancha. Engañó a toda la defensa mexicana y metió la pelota en la esquina derecha de la portería de México. El marcador se mantuvo uno a cero a favor de la Argentina hasta el minuto noventa y tres, cuando los mexicanos atacaron fuertemente y un defensa argentino le puso una zancadilla dentro del área de penalty al centroforward de México. Este metió el penal e igualó el marcador. El partido terminó uno a uno, pero hubo muchas jugadas emocionantes hasta el final. ¡Qué tremendo juego de fútbol!

(Total: 192 palabras)

LA NARRACIÓN (2)

- Otro aspecto que debe tenerse presente al pensar en la narración es lo que se llama **el punto de vista narrativo**. Nos limitamos a considerar los dos puntos de vista esenciales: el de **primera persona singular (yo)** y el de **tercera persona (él/ella)**. Narrar en primera persona equivale a contar **mi historia**. Por ejemplo, examine la siguiente narración en primera persona de un accidente automovilístico:

> **Yo** salí muy temprano de la casa para la universidad. Conducía muy rápido. De repente, choqué con un árbol. Mi coche quedó totalmente destruido. Afortunadamente, no me pasó nada, pero la policía me multó cien dólares por conducir a exceso de velocidad. En el fondo, tuve muy buena suerte.

El punto de vista de **primera persona** es **subjetivo** porque siempre se basa en el juicio y las impresiones de la persona que habla, experimenta los acontecimientos y selecciona los detalles.

La **tercera persona** se siente como una voz más alejada e imparcial, más **objetiva**, que resume los eventos narrados sin tener un compromiso directo con ellos. Observe lo que ocurre con la misma narración una vez que se cambia el punto de vista a uno impersonal:

> **Él** salió muy temprano de la casa para la universidad. Conducía muy rápido. De repente, chocó con un árbol. Su coche quedó totalmente destruido. Afortunadamente, no le pasó nada, pero la policía le multó cien dólares por conducir a exceso de velocidad. En el fondo, tuvo muy buena suerte.

La narración parece ahora más objetiva y sin emoción porque la distancia entre el hablante, el personaje y los hechos es mayor.

A veces, el punto de vista en tercera persona se define como **omnisciente** debido a que el narrador asume una visión casi divina, como la de Dios. En otras palabras, sabe mucho más sobre los personajes y la realidad de lo que puede saber el ser humano normal. Véanse los detalles añadidos a la misma narración para crear la impresión de omnisciencia:

> **El joven** salió muy temprano de la casa para la universidad **porque tenía tantas preocupaciones que se había despertado al amanecer**. Conducía muy rápido, pues **siempre sentía una absurda urgencia por llegar pronto a cualquier sitio**. De repente, chocó con un árbol. Su coche quedó totalmente destruido, así que **él se sintió muy apenado**. Afortunadamente, no le pasó nada, pero la policía le multó cien dólares por conducir a exceso de velocidad. En el fondo, tuvo muy buena suerte, aunque **él lo puso en duda ya que le interesaba más el coche que su vida**.

Aunque la técnica de narrar es un asunto complicado, los factores indicados arriba son los esenciales para contar en forma oral o escrita las historias elementales que constituyen la base de la comunicación diaria. En estos mismos elementos se apoya la mayor parte de las narraciones literarias más elocuentes y complejas.

ALERTA 38

Uno de los tiempos indispensables para narrar es el **pluscuamperfecto** (*prior past*). Este tiempo consiste en el imperfecto de *haber* (*había, habías, había, habíamos, habíais, habían*) **+ el participio pasivo** (**forma -ado/-ido**). Se utiliza para expresar una acción anterior a otra acción pasada. **Ejemplos:** Como yo ya había comido, no pude aceptar la invitación de Carmela; La banda había empezado a tocar hacía media hora cuando ustedes llegaron. Para una explicación más detallada, véase el capítulo 5.

- La mayor parte de las narraciones se escriben en el pasado porque se relacionan con acontecimientos ya ocurridos. Por eso, según se ha indicado, el pretérito absoluto y el imperfecto son los tiempos más utilizados para narrar. Recuerde que por lo general el imperfecto se usa para describir, para pintar un fondo o para definir una situación o un estado duradero. El pretérito, por el contrario, hace avanzar la acción, o sea, precisa acontecimientos que se perciben como completos o finales, como se nota en este ejemplo:

> La mujer entró. Era morena y venía vestida de azul. Saludó al hombre que estaba sentado en el bar. Le preguntó si tenía los documentos. El hombre le dijo que sí. Se los dio en un sobre amarillo. Ella los puso en el bolso de piel que traía. Besó al hombre y se marchó.

- A continuación se incluye un cuadro con una serie de palabras de transición, es decir, de expresiones que ayudan a enlazar eventos e ideas cuando se escribe una narración:

Palabras de transición	Traducción
después	*after*
luego (luego de + **infinitivo**)	*after (after + -ing)*
al instante	*immediately after*
cuando	*when*
de súbito	*suddenly*
de repente	*suddenly*
al + **infinitivo**	*upon + -ing*
durante	*during*
al principio	*at the beginning*
al final	*at the end*
por fin	*finally*
finalmente	*finally*
al cabo de + **período temporal**	*after + time period*
a partir de + **expresión temporal**	*as of (after) + temporal expression*
además (de)	*also, besides*
también	*also*
asimismo	*also, in addition*
mientras	*while*
al (a la) + mes, año, semana, día	*(the) next + month, year, week, day*
entonces	*then*
enseguida	*immediately*
por ahora	*for now*
por lo pronto	*as for now*
abruptamente	*abruptly*

ALERTA 39

En contraste con el inglés, **próximo** (*next*) **nunca, nunca, nunca** puede usarse como palabra de transición temporal (adverbio) que sustituye a **después** (*after*). Se usa sólo como palabra modificadora (adjetivo) que determina una palabra-concepto (nombre). **Ejemplos:** la próxima vez; el año próximo; la próxima corredora.

Una de las fórmulas más antiguas para contar historias infantiles o cuentos de hadas (*fairy tales*) se basa en la fórmula inicial **"había una vez"** (*once upon a time*). Este tipo de narración mezcla por necesidad lo que pasó y lo que pasaba, o sea lo que se cuenta en el pretérito absoluto y en el imperfecto. Completen el siguiente ejercicio basado en dicha fórmula.

Ejercicio 11

En grupos de tres a cuatro personas, conciban una mini-narración de por lo menos diez oraciones que comience de una de las siguientes maneras:

a. Había una vez una niña (**o** un niño) . . .

b. Había una vez un hombre (**o** una mujer) . . .

c. Había una vez un animal (puede tratarse de un perro, un lobo, un gato, una ballena, un canario, en fin cualquier animal o ave que se les ocurra) . . .

Una vez escrita la narración, seleccionen a un compañero o a una compañera que la leerá en voz alta ante toda la clase.

_____

_____

_____

_____

_____

_____

_____

_____

_____

_____

_____

_____

_____

- Hay una serie de fórmulas para expresar tiempo transcurrido que son muy útiles en el proceso de crear narraciones. Estas son las tres fórmulas más comunes:

Hace + período de tiempo + que + oración en presente

Hace media hora que estamos aquí.   *We have been here for a half an hour.*

Oración en presente + desde hace + período de tiempo

Estamos aquí desde hace media hora.   *We have been here for a half an hour.*

Hace + período de tiempo + que + oración en pretérito absoluto

Hace un año que se casaron.   *They got married a year ago.*

Oración en pretérito absoluto + hace + período de tiempo

Se casaron hace un año.	*They got married a year ago.*

Hacía + período de tiempo + que + oración en imperfecto

Hacía dos meses que no nos hablábamos.	*We hadn't spoken to each other in two months.*

Oración en imperfecto + desde hacía + período de tiempo

No nos hablábamos desde hacía dos meses.	*We hadn't spoken to each other in two months.*

EJERCICIO 12

a. Responda a las siguientes preguntas de acuerdo con la estructura señalada en ella y el período temporal que se indica entre paréntesis.

MODELOS: ¿Cuánto tiempo hace que conoces a Iván? (un año) **R.:** *Hace un año que conozco a Iván.*

¿Desde cuándo viven aquí? (veinte años) **R.:** *Vivimos aquí desde hace veinte años.*

¿Cuándo llegaron ellos? (diez minutos) **R.:** *Llegaron hace diez minutos.*

1. ¿Cuánto tiempo hace que estudias español? (cinco años)

   _____

2. ¿Cuándo llamaron mis padres? (media hora)

   _____

3. ¿Desde cuándo sales con Juan Antonio? (un año)

   _____

4. ¿Cuánto tiempo hacía que esperabas en la esquina? (veinte minutos)

   _____

5. ¿Hace mucho que pasó el autobús? (tres minutos)

   _____

6. ¿Desde cuándo no visitaban ustedes a los abuelos? (tres meses)

   _____

7. ¿Cuánto tiempo hace que no ves una buena película? (dos semanas)

_____

8. ¿Desde cuándo no vas a un partido de baloncesto? (un año y medio)

_____

9. ¿Cuánto tiempo hacía que no me llamabas por teléfono? (cinco o seis meses)

_____

ALERTA 40

En contraste con el inglés, el **gerundio** (forma **-ando/-iendo**) **nunca** puede ser sujeto de una oración o seguir a una palabra indicadora (preposición). En estos casos, se usa el **infinitivo** (forma **-ar/-er/-ir**). **Ejemplos:** Correr es bueno para la salud; Me gusta leer; Te vemos después de comer; Quieren ir a bailar.

---

b. Escriba preguntas para las siguientes respuestas.

1. La banda tocaba desde hacía dos horas.

_____

2. Hace seis meses que conocí a Andrés.

_____

3. Hacía varios días que no hablábamos con ustedes.

_____

4. Hace muy poco que Esmirna se peleó con Pedro Alberto.

_____

5. Los pacientes están en la sala de espera desde las siete de la mañana.

_____

LOS RELACIONANTES *EL CUAL* Y *EL QUE*

En el capítulo 1, se presentaron los relacionantes de uso más frecuente, que son **que** y **quien**. Otros relacionantes muy utilizados son **el cual** (y sus variantes **la cual, los cuales, las cuales**) y **el que** (y sus variantes **la que, los que, las que**). Estos relacionantes se usan por lo general en cláusulas explicativas y después de **palabras indicadoras (preposiciones)** largas o compuestas y aquellas de uso menos frecuente. La diferencia fundamental entre **el cual** y **el que** es que sólo **el que** puede operar como **sujeto de oración** o **complemento directo** cuando no hay antecedente explícito. A continuación se explican las maneras en que se utilizan dichas formas.

El cual (la cual, los cuales, las cuales) (*that, which, who, whom*)

Características:

- Tiene formas femeninas y plurales. Por eso se emplea en situaciones en que el antecedente se presta a posibles confusiones.
- Se utiliza después de **palabras indicadoras (preposiciones)**, sobre todo después de las **largas** o **compuestas** (**cerca de**, **delante de**, **detrás de**, **después de**, etc.) y de las de uso infrecuente (**tras**, **según**, **sobre**, **ante**, etc.).
- Se usa para referirse lo mismo a personas y animales que a cosas.
- Para usar **el cual** y sus variantes, el antecedente tiene que ser explícito (es decir, la palabra-concepto o sustantivo que se sustituye tiene que estar expresada en la oración).
- **Nunca, nunca, nunca** puede colocarse inmediatamente después del antecedente.

a. **Se utiliza en cláusulas explicativas (, . . . ,), sobre todo cuando el antecedente resulta confuso.**

- La **sobrina** de Paco y Sara, **la cual acaba de volver de Costa Rica**, parece que dejó un novio por allá. (**Sobrina** es el antecedente explícito. El hablante usa **la cual** para introducir la cláusula explicativa **acaba de volver de Costa Rica**, con el objeto de evitar cualquier confusión con Paco y Sara. **La cual**, expresión femenina y singular, sólo puede referirse a **sobrina**.)
- Los **tigres** de la domadora belga, **los cuales están muy bien entrenados**, saltan por un aro de fuego. (**Tigres** es el antecedente explícito. De nuevo, puede haber cierta confusión debido a que se identifican por medio de la referencia a una domadora belga. Por lo tanto, el hablante emplea la expresión masculina y plural **los cuales** para presentar la cláusula explicativa, **están muy bien entrenados**.)

b. **Por lo general, se usa después de palabras indicadoras (preposiciones) largas o de uso infrecuente.**

- El **zorrillo** entró en la casa por la **ventana, enfrente de la cual** estaba la cama de Guadalupe. (**Ventana** es el antecedente explícito. Es femenino y singular. Se usa la palabra indicadora larga o compuesta **enfrente de**. Por lo tanto, el hablante ha preferido utilizar **la cual** para referirse al antecedente.)
- Les voy a mostrar la **pirámide ante la cual** se sacaban fotografías todos los turistas extranjeros. (**Pirámide** es el antecedente explícito. **Ante** es una palabra indicadora corta pero de uso no muy frecuente. Por eso, el hablante ha optado por emplear **la cual**.)

El que (la que, los que, las que) (*that, which, who, whom, the one who, the one that*)

Características:

- Tiene formas femeninas y plurales, pero sólo cambia la palabra modificadora (**el, la, los, las**).
- De la misma manera que **el cual**, se utiliza después de palabras indicadoras, aún inclusive de las breves como **en, de**, etc.
- Se usa para referirse tanto a personas y animales como a cosas.

a. **Se usa en cláusulas explicativas (, . . . ,), sobre todo cuando el antecedente resulta confuso.**

- La **prometida** de nuestro nieto César, a **la que** no conocemos todavía, nos invitó a cenar esta noche. (**Prometida** es el antecedente explícito. **La que** introduce la cláusula explicativa **no conocemos todavía**.)
- Los **sombreros** de la prima Florinda y de su amiga Bértila, **los que** son demasiado vistosos para mi gusto, tienen plumas de avestruz y floripondios verdes y naranja. (**Sombreros** es el antecedente explícito. **Los que** introducen la cláusula explicativa **son demasiado vistosos para mi gusto**.)

(*Continuado*)

- Puede ser sujeto u objeto indefinido. En estos casos, es posible usar **el que** para reemplazar a **quien** cuando se trata de personas. En contraste con **el cual**, puede usarse en situaciones en que no existe un antecedente explícito.

- **Nunca, nunca, nunca** puede colocarse inmediatamente después del antecedente.

- En el español actual, **el que** se emplea cada vez más en lugar de **el cual**, sobre todo en el idioma hablado.

b. **Por lo general, se usa después de palabras indicadoras (preposiciones) largas o de uso infrecuente, aunque en el español actual aparece cada vez más, inclusive con las palabras indicadoras cortas.**

- El **chico detrás del que** me siento se apellida Perdomo. (**Chico** es el antedecente explícito. **Detrás de** es una expresión indicadora larga. El hablante utiliza **el que** para introducir la cláusula explicativa. Note que también pudo haber utilizado **el cual** o **quien**).

- Las **pintoras sobre las que** va a hablar la profesora López son todas de México. (**Pintoras** es el antecedente explícito. **Sobre** es palabra indicadora de uso infrecuente dentro del contexto. El hablante usa **las que** para introducir la cláusula.)

- El **cuento al que** me refiero lo escribió Cristina Peri Rossi. (**Cuento** es el antecedente explícito. **A** es una preposición de uso frecuente. Sin embargo, no es raro hoy en día que se use **el que** con una construcción de este tipo.)

c. **Se usa como sujeto de oración para referirse a una persona, animal o cosa o a un grupo de personas, animales o cosas indefinidas. En esos casos, la traducción aproximada al inglés sería** *the one that, the ones that, he who, those who, anyone who,* **etc.**

- **Los que** llegan primero encuentran donde aparcar. (**Los que** equivale a *those who* o *the ones that* y opera como sujeto. Por eso, es imposible sustituir **los que** por **los cuales**.)

- **La que** cantó mejor fue la soprano. (**La que** equivale a *the one who*.)

- Estoy de acuerdo contigo en cuanto a las fotografías. Me gustan **las que** te gustan a ti. (**Las que** opera como sujeto de la palabra-acción [verbo] **gustar** y equivale a *the ones that*.)

d. *El que* **puede reemplazar a** *quien* **como complemento directo. Hay que utilizar la** *a* **personal.**

- **Admiro** mucho a **los que** reparan coches. (**Los que** es el complemento directo de la palabra-acción [verbo] **admirar**. Por eso, se usa la **a** personal frente al relacionante. Observe el paralelismo: Admiro mucho a los mecánicos → Admiro mucho a **quienes** reparan coches → Admiro mucho a **los que** reparan coches.)

- La maestra **castigó a la que** se portó mal. (**La que** es el complemento directo de **castigar**.)

Ejercicio 13

a. Complete los espacios en blanco con la forma correcta de **el cual** o **el que**.

1. La mesa debajo _____ (del que; de la cual) estábamos escondidos no nos protegía lo suficiente.

2. _____ (El que; El cual) ríe último, ríe mejor.

3. Las amigas de Ramón y Mariano, _____ (las cuales; la que) acaban de volver de Panamá, están enfermas en el hospital.

4. Respetamos a _____ (las cuales; las que) hablan más de dos idiomas.

5. Los árboles entre _____ (los que; los cuales) jugábamos de niños eran muy frondosos.

6. _____ (Los que; Los cuales) entienden de fútbol dicen que el Real Madrid va a ganar la Copa de Europa.

b. Complete los espacios en blanco con **que** o la forma correcta de **quien**, **el cual** o **el que**. Repare en que a veces hay más de una posibilidad.

1. Los sueldos _____ pagan aquí son miserables.

2. El equipo contra _____ jugamos usaba uniforme rojo.

3. Las alumnas _____ salieron mejor en el examen van a celebrar esta noche.

4. Las parientas del matrimonio escocés, _____ tuvieron que dormir en el aeropuerto, no están nada contentas.

5. A _____ madruga, Dios lo ayuda.

6. La bicicleta de Orlando, _____ le costó un dineral, ya está en el taller de reparaciones.

7. _____ siembra vientos, recoge tempestades.

8. La fórmula mediante _____ se resuelve esta ecuación es muy complicada.

9. No me gusta la música _____ tocan en esta discoteca.

10. Las jóvenes con _____ conversamos ayer nos dijeron que pensaban estudiar en Guatemala el año entrante.

c. En parejas, escriban oraciones complejas con **el que** (**la que, los que, las que**) y **el cual** (**la cual, los cuales, las cuales**) y las palabras y expresiones indicadoras (preposiciones) a continuación.

Preposición	Oración
delante de	_____
	_____
con	_____
	_____

(Continuado)

a

_____

_____

detrás de   _____

_____

sobre   _____

_____

de   _____

_____

por medio de   _____

_____

d. En parejas, escriban oraciones de acuerdo con las indicaciones facilitadas.

1. Una oración en la que **quien(es)** sea el sujeto de la oración:

_____

2. Una oración en la que **el cual (la cual, los cuales, las cuales)** aparezca en una cláusula explicativa (, . . . ,):

_____

3. Una oración con **persona** (antecedente personal) **+ que**:

_____

4. Una oración en la que **el que (la que, los que, las que)** sea el sujeto (idea de *the one that*):

_____

5. Una oración con **animal** o **cosa + que**:

_____

6. Una oración en la que **quien(es)** sea el complemento directo de la oración, es decir, que vaya precedido por la **a** personal:

_____

ESTRATEGIAS DE LA COMUNICACIÓN ESCRITA (3)

El pluscuamperfecto en la narración

Según ya se ha indicado, narrar en el pasado supone por necesidad el empleo del pretérito para hacer avanzar la acción, mientras que el imperfecto se utiliza dentro del mismo esquema para describir, crear ambiente, expresar lo reiterado o habitual, etc. Es muy importante tener presente asimismo que desde el momento en que se empieza a narrar en el pasado, suele hacerse necesario el referirse a eventos o realidades anteriores al primer plano de la narración. Por ejemplo, si explico lo que me pasó ayer cuando caminaba a la universidad y de repente siento la necesidad de aludir a algo que tuvo lugar la semana antes, se impone muchas veces el uso del pluscuamperfecto (**había + -ado/-ido**) para aclarar la naturaleza previa de los hechos. Examine el ejemplo a continuación.

Mi amiga Ernestina me contó que ayer se levantó muy temprano porque necesitaba estudiar para un examen de física muy importante que tenía a la una de la tarde. La noche anterior, Ernestina **había estado** despierta hasta las tres de la madrugada. **Se había quedado** hablando de política con dos amigas.

A pesar de eso, Ernestina se despertó a las seis y media de la mañana, se preparó un café muy fuerte y se puso a estudiar. Estuvo estudiando hasta las doce y cuarto. Entonces, decidió comer algo. Buscó en el refrigerador y encontró un tazón repleto de la sopa de vegetales que **había hecho** un par de días antes. Se la tomó y, después, bebió un vaso de leche enorme y se comió dos manzanas. Luego salió para el examen.

Como tuvo que esperar por el tren que siempre pasa frente a la universidad a la una menos cuarto, llegó dos o tres minutos tarde a la clase. El profesor ya **había distribuido** los exámenes, así que miró con disgusto a Ernestina. Ella no le prestó atención. Cogió su examen y se sentó en un escritorio a trabajar. De repente empezó a bostezar, pues **había comido** bastante hacía poco tiempo, y eso le **había dado** sueño. Intentó concentrarse pero no podía, así que puso la cabeza sobre los codos un minuto para recuperar las fuerzas.

Ernestina me dijo que no sabe lo que pasó. Lo último que recuerda es unas manos que le arrebataban el examen y la voz enojada del profesor, informándole que se le **había acabado** el tiempo. La pobre Ernestina **había dormido** durante toda la hora. ¡Qué lección más terrible aprendió mi pobre amiga!

EJERCICIO 14

a. En parejas, lean la siguiente historia basada en los dibujos que se ofrecen abajo. Luego cambien las palabras-acción (verbos) en presente al pretérito o al imperfecto y las que están en presente perfecto (presente de **haber + -ado/-ido** según se explica en el capítulo 5) al pluscuamperfecto.

El suegro de Adela la **llama** por teléfono. Le **dice** que él y su esposa **van** a pasar por su casa esa noche para comer con ella y su marido. No **han visto** a su hijo desde **hace** mucho tiempo, así que **tienen** muchas ganas de hablar con él y, por supuesto, con Adela también. La joven **se asusta** porque no **ha pensado** para nada en la cena. **Abre** el refrigerador para ver si **hay** algo en él. **Está** completamente vacío porque Adela no **ha ido** al supermercado en más de una semana. **Busca** las llaves del coche y no las **encuentra** por ninguna parte. Adela **coge** su bolso y **sale** corriendo como una loca para el mercado. Desgraciadamente, se le **olvida** que **han pronosticado** una gran nevada para esa tarde.

La pobre Adela **compra** pollo, legumbres, pan, una tarta de manzana, una botella de vino y otras cosas para la cena. Cuando **sale** del mercado, **ha comenzado** a nevar. Adela, muy cargada y un poco molesta, **camina** dificultosamente por la nieve mientras **piensa** que **ha tenido** muy mala suerte ese día.

El suegro de Adela la _llamó_ por teléfono. Le _dijo_ que él y su esposa _iban_ a pasar por su casa esa noche para comer con ella y su marido. No _habían visto_ a su hijo desde _hizo_ mucho tiempo, así que _tenía_ muchas ganas de hablar con él y, por supuesto, con Adela también. La joven se _asustaba_ porque no _había pensado_ para nada en la cena. _Abrió_ el refrigerador para ver si _había_ algo en él. _Estaba_ completamente vacío porque Adela no _había ido_ al supermercado en más de una semana. _Buscaba_ las llaves del coche y no las _encontraba_ por ninguna parte. Adela _cogió_ su bolso y _salió_ corriendo como una loca para el mercado. Desgraciadamente, se le _olvidó_ que _había pronosticado_ una gran nevada para esa tarde.

La pobre Adela _compró_ pollo, legumbres, pan, una tarta de manzana, una botella de vino y otras cosas para la cena. Cuando _salía_ del mercado, _había comenzado_ a nevar. Adela, muy cargada y un poco molesta, _caminaba_ dificultosamente por la nieve mientras _pensaba_ que _había tenido_ muy mala suerte ese día.

b. En parejas, cambien al pluscuamperfecto las palabras-acción (verbos) de las siguientes oraciones.

Modelo: Perdimos toda esperanza.   *R.: Habíamos perdido toda esperanza.*

1. Todos se mudaron a los Estados Unidos.

   _____

2. La compraron hacía sólo un año.

   _____

3. Los caballos se criaron en Kentucky, y allí los entrenaron.

   _____

4. ¡Tropezó con un guijarro!

   _____

5. Ya yo perdí la esperanza.

   _____

6. Yo seleccioné un caballo.

   _____

7. Tres de los jockeys nacieron en México.

   _____

c. Ahora, lean los párrafos a continuación. Completen los espacios en blanco con las oraciones indicadas en pluscuamperfecto de modo que resulte una narración coherente.

   Hace poco, vi una carrera de caballos por televisión. Fue un espectáculo maravilloso. Participaron once animales. Todos eran muy hermosos. Había tres caballos negros, dos grises y blancos, uno totalmente blanco y cinco caballos bayos. Eran grandes y fuertes. Tenían las patas muy finas y las llevaban protegidas con esparadrapo. Con la excepción de uno o dos, _____
   _____.

   Casi todos los jinetes eran de ascendencia hispana. Un comentarista dijo que
   _____.

Los otros seis eran de Panamá y Venezuela. Eso sí, _____

_____ hacía bastantes años.

A pesar de que no sé gran cosa de las carreras de caballos, estaba muy

emocionado antes del principio de la competencia. _____

_____

después de verlos desfilar. Era una hermosa yegua, negra y vigorosa, que se

llamaba Lagartija. Sus dueños _____.

Lagartija empezó muy mal. Estaba en último lugar al principio y, du-

rante casi toda la carrera, se mantuvo muy lejos de los caballos que iban

adelante. La verdad es que _____

cuando de repente los anunciadores señalaron que Lagartija iba avanzando

rápidamente por afuera. En efecto era así. Al llegar al último poste, alcanzó

al caballo que llevaba la delantera. Casi lo pasaba cuando dio un leve

traspiés. _____.

A pesar del percance, Lagartija quedó en tercer lugar. Me consta que
pudo haber ganado, así que lamenté mucho su derrota.

LA *SE* RECÍPROCA

A veces la partícula **se** confiere **valor recíproco** a una acción; es decir, indica que
dos o más personas son afectadas mutuamente por la misma acción. Por naturaleza, este tipo de construcción tiene que ser plural. De ahí que las únicas palabras
sustituidoras que se utilicen para formar la estructura sean **nos**, **os** y **se**. Éstas
comunican básicamente la misma idea que la expresión inglesa *each other*. Cuando
escribo **Rogelio y Marta se adoran**, señalo que la acción los afecta a ambos igualmente; es decir, que Rogelio adora a Marta tanto como Marta adora a Rogelio. Esta
oración se traduce así: *Rogelio and Marta adore each other*.

	Sujeto 1 ↓↑ Sujeto 2	*se* (que apunta al sujeto) ←	palabra-acción (verbo) en plural
y	Rogelio (1) ↓↑ Marta (2)	se ← ←	adoran

Ejemplos:

    a. Rolando y yo ya no **nos saludamos**. (*Rolando and I don't even say hello to each
other anymore.*)

    b. ¿Ustedes **se visitan** con frecuencia? (*Do you visit each other frequently?*)

    c. **Os tratáis** muy mal. (*You treat each other badly.*)

Ejercicio 15

a. Complete los espacios en blanco con la construcción recíproca adecuada.

1. Tus tíos _____ (querer) mucho, ¿no?

2. Mi amiga Hortensia y yo _____ (llamar) por teléfono a menudo.

3. ¿Es verdad que vosotros _____ (comprometer) la semana pasada?

4. Los niños _____ (pegar) por gusto.

5. Cuando Herminia y yo vivíamos en diferentes ciudades, nosotras nunca _____ (escribir) porque no teníamos tiempo para hacerlo.

6. Los boxeadores _____ (dar) la mano antes de empezar a pelear.

7. Vosotros _____ (decir) chistes constantemente.

8. Ayer, las jugadoras _____ (abrazar) después de la victoria.

9. Él y yo _____ (enamorar) cuando estudiábamos en la universidad.

ALERTA 41

Como se ha explicado, la partícula **se** es suficiente para dar valor recíproco a un verbo, o sea, la **se** recíproca comunica la noción de *each other*. Sin embargo, a veces se aclara el carácter recíproco de una construcción por medio de frases como **uno a otro**, o **el uno al otro**. **Ejemplos:** Los alumnos se miran los unos a los otros; Las dos arquitectas se admiran una a otra. **Repare en que si la construcción recíproca incluye una entidad masculina y una femenina, el masculino se impone en la frase aclaratoria. Ejemplo:** Los peces y las gaviotas se detestan los unos a los otros.

---

b. Cree construcciones recíprocas con las ideas que se ofrecen:

Modelo: Yo telefoneo a Hilda./Hilda me telefonea a mí.

  R.: *Hilda y yo nos telefoneamos.*

1. El profesor Romero te conoce./Tú conoces al profesor Romero. (Use la forma **vosotros**.)

   _____

2. Yo respeto a mi madre./Mi madre me respeta a mí.

   _____

3. El dóberman mordió al pastor alemán./El pastor alemán mordió al dóberman.

   _____

4. Eduardo nunca me veía./Yo nunca veía a Eduardo.

   _____

5. Gregorio besó a su esposa./Su esposa besó a Gregorio.

   _____

6. La verdad es que yo no te comprendo./La verdad es que tú no me comprendes.

   _____

7. Usted no le presta dinero a él./Él no le presta dinero a usted. (Use la forma **ustedes**.)

   _____

8. Tú le mentías a ella a menudo./Ella te mentía a ti a menudo. (Use la forma **vosotros**.)

   _____

LA NARRACIÓN (3)

Para escribir una narración coherente, primero se selecciona un acontecimiento real o ficticio. Luego, se desarrolla un esquema cuyo objetivo sea fragmentar el resumen de la historia en sus partes esenciales. Hay que considerar siempre que toda narración tiene que tener una introducción o presentación, un medio o cuerpo—que constituye la porción más larga del escrito—y una conclusión. Después de elaborar el esquema, conviene darle título a la narración, puesto que muchas veces ese simple acto contribuye a aclarar ideas y a precisar el enfoque. Tal vez es en este momento que el escritor o la escritora decide desde qué punto de vista se debe contar la historia.

Acto seguido se ofrece el esquema de una narración posible, basada en un **acontecimiento real**.

Baile de Graduación

Esquema de lo que me pasó cuando no tenía cita para el baile de graduación de mi último año de secundaria

Lista de ideas y acontecimientos que me gustaría incluir

1. Era el último año de la escuela secundaria.

2. Mi novio Matt y yo habíamos roto.

3. Faltaban dos semanas, y no tenía cita para el baile de graduación.

4. Muchos de mis amigos y amigas iban al baile, y yo no quería quedar fuera.

5. Un día, un chico de segundo año me invitó al baile.

6. No era mi tipo, pero yo acepté.

7. Pensaba que no iba a poder ir al baile.

8. Era bastante más bajo que yo, y por eso no le dije a nadie que iba con él.

9. El día del baile, me preparé para ir.

10. Los bailes de graduación son una tradición importante en los Estados Unidos, y quería disfrutar de ella.

11. Cuando llegó Josh a buscarme, no me pareció tan mal.

12. Se portó muy bien conmigo esa noche.

13. Por la tarde, me preparé con mucho cuidado para el baile, y me senté en mi habitación a esperar a Josh.

14. Nos divertimos mucho, pero nunca volví a salir con él.

15. Me hacía ilusión estar con mis amigos y amigas en el baile.

16. Compré un vestido largo, hermoso y elegante.

17. El día después del baile, mi novio Matt me llamó, y empezamos a vernos otra vez.

18. Josh me llevó a cenar a un buen restaurante.

19. Pronto Matt y yo nos vamos a casar.

20. Josh medía como diez centímetros menos que yo y no era bien parecido.

21. Resultó ser una experiencia positiva.

22. Josh se portó como un caballero.

23. Me daba pena ir al baile con un muchacho bajito y feo de segundo año.

24. El día del baile fui a la peluquería y me arreglé el pelo.

25. Le agradezco todavía a Josh la invitación.

El próximo paso es determinar un **título**. Muchas veces hay que pensar en varios títulos antes de encontrar el más adecuado. En este caso, la autora de la narración consideró los siguientes títulos.

Títulos posibles

1. Josh y yo

2. Cómo pude llegar a ir al baile de graduación

3. La importancia de los bailes de graduación

4. Mi último baile de graduación

5. Mi novio Matt

6. El día que salí con un chico más bajo que yo, llamado Josh

7. Por qué a mí no me gustaba Josh

8. Josh, Matt y yo

EJERCICIO 16

1. ¿Cuál de estos títulos prefiere usted? ¿Por qué?

   _____

2. ¿Cuál de los títulos le parece peor? ¿Por qué?

   _____

3. ¿Cuál de los títulos es más descriptivo? ¿Por qué?

   _____

4. ¿Se le ocurre a usted un título mejor?

   _____

El próximo paso es determinar el punto de vista desde el que se va a escribir, o sea, va la autora a contar en primera persona (**yo**) o en tercera persona (**ella**). Por necesidad, esta decisión afecta el tono del escrito, así como la manera en que el lector o la lectora lo entiende.

EJERCICIO 17

1. ¿Qué punto de vista es mejor para escribir la narración? ¿Por qué?

   _____

2. ¿Qué impresión va a dar la historia si se usa la primera persona?

   _____

3. ¿Qué impresión va a dar la historia si se usa la tercera persona?

   _____

4. Se dice que la primera persona es subjetiva y la tercera es objetiva, impersonal y hasta imparcial. ¿Cree usted que es posible escribir de manera prejuiciada en tercera persona? Explique en relación con este caso específico.

   _____

Ahora, lea la historia según la escribió su autora.

Mi último baile de graduación

Estaba en el último año de la escuela secundaria. Faltaban sólo dos semanas para el baile de graduación, y todavía nadie me había invitado a asistir. Sospechaba que esto se debía a que muchos chicos no sabían que mi novio Matt y yo no salíamos desde hacía un mes. Pensaba que no iba a poder ir al baile. Eso me molestaba un poco, aunque no demasiado. Soy una mujer independiente que tiene confianza en sí misma. Sin embargo, los bailes de graduación son una tradición importante en los Estados Unidos, y quería disfrutar de ella. Además, muchos de mis amigos y amigas pensaban acudir. Por supuesto, me hacía ilusión estar con ellos y divertirme.

Un martes por la mañana, después de la clase de trigonometría, un muchacho de aspecto infantil se acercó a mí en el pasillo. Como yo no tenía la más mínima idea de quién era, él se me presentó. Me dijo que se llamaba Josh Mendoza y que era estudiante del segundo año. También aclaró que sabía que yo era Barb Roberts y que le parecía simpática y muy atractiva. Por eso quería invitarme al baile de graduación, si todavía yo no tenía compañero.

Me quedé muy sorprendida. Era un chico bastante más joven que yo. Además, tampoco era bien parecido y, para colmo, medía como diez centímetros menos que yo. Me dije para mí con cierto horror que ni siquiera iba a poder usar zapatos de tacón. Por eso, hasta yo misma me sorprendí cuando le contesté que aceptaba encantada.

Debo admitir que pasé dos semanas muy abochornada. Me daba pena confesarles a mis amigos que iba a ir al baile de graduación con un muchacho bajito y feúcho de segundo año.

De todos modos, compré un vestido largo, hermoso y elegante. El día del baile fui a la peluquería y me arreglé el pelo. Esa tarde, me bañé, me maquillé, me perfumé, me puse el vestido nuevo y, luego, me senté en mi habitación a esperar la llegada de Josh.

A las cinco y media de la tarde, sonó el timbre, y pronto mis padres me anunciaron que mi acompañante estaba en la sala. Bajé y, para mi sorpresa, Josh no me pareció tan mal. No voy a mentir diciendo que ahora era mi tipo, el hombre de mis sueños. Pero se veía presentable. Además, desde el primer momento se portó como todo un caballero. Me llevó a cenar a un buen restaurante, y luego bailamos *y hablamos mucho en la fiesta. La verdad es que nos divertimos esa noche.*

Nunca más salí con Josh. El día después del baile de graduación reanudé mis relaciones con Matt. Nos vamos a casar muy pronto. Pero aún así le agradezco todavía a Josh la invitación al baile. Me dio la oportunidad de tener una experiencia social positiva durante mi último año de la escuela secundaria. ¡Pero era demasiado bajo para mí!

(Total: 484 palabras)

EJERCICIO 18

En parejas, contesten las siguientes preguntas.

1. ¿Les parece que esta narración está bien estructurada, es decir, que tiene una buena introducción, que el cuerpo está bien desarrollado y que la conclusión es apropiada?

2. ¿Desde qué punto de vista narra la autora? ¿Qué impresión causa esto en los lectores?

3. ¿Qué opinión tienen ustedes de la autora?

4. ¿Creen ustedes que es una mujer independiente como ella dice?

5. ¿Qué piensan de Josh Mendoza?

6. ¿Cómo se imaginan ustedes que es Matt?

7. ¿Con qué personaje se identifican ustedes más? ¿Por qué?

EJERCICIO 19

a. En parejas, organicen las oraciones que se les ofrecen para formar párrafos coherentes dentro de la narración.

Oraciones sobre un incidente raro

Nos cegó completamente.

Tenía casi la forma de un plato hondo de comer, y muchas ventanas redondas también.

De repente, vimos una luz azul muy brillante.

Cuando pudimos recuperar la vista, vimos frente a nosotros una inmensa nave espacial.

Además, había varias antenas largas que salían del techo de la nave.

Era roja y anaranjada.

Mi primo Rafael y yo íbamos caminando de noche por una urbanización nueva.

Primer párrafo

_____

_____

_____

_____

_____

_____

_____

_____

_____

_____

Entonces, Rafael—que es mucho más valiente que yo—dijo en voz baja que debíamos acercarnos un poco para ver quién estaba dentro de ese platillo volador.

No sabíamos qué hacer.

Rafael y yo nos pusimos muy nerviosos.

Segundo párrafo

_____

_____

_____

_____

Luego, nos acercamos a la ventana y miramos por ella.

Sentados alrededor de una mesa cuadrada de metal había cinco hombrazos que parecían hechos de aluminio.

Subimos por una escalerilla que estaba cerca de una ventana.

Vimos como uno de ellos ponía un CD en la máquina.

Sobre la mesa tenían un aparato para tocar discos compactos.

Nos aproximamos a la nave.

Tenían unas cabezas enormes y unos ojos que eran como linternas.

Daban una luz rosada.

Lo que vimos adentro nos sorprendió muchísimo.

Tercer párrafo

_____

_____

_____

_____

_____

_____

_____

_____

_____

_____

_____

_____

_____

_____

Escuchamos una canción que decía que los marcianos habían llegado ya y que habían llegado bailando el ricachá, ricachá, ricachá, ricachá.

De súbito, por un inmenso altoparlante que estaba casi al lado nuestro, comenzó a salir música caribeña.

Cuarto párrafo

_____

_____

_____

_____

Tocaban música salsera toda la noche, y el programa siempre comenzaba con la canción que ahora escuchábamos.

¡Qué desencanto, pero al mismo tiempo, qué alivio!

El platillo era la estación de radio que se anunciaba como "Los marcianos de la salsa."

En seguida nos dimos cuenta de lo que pasaba.

Quinto párrafo

_____

_____

_____

_____

_____

_____

_____

_____

_____

_____

b. En parejas, examinen los siguientes títulos.

Títulos posibles

---

1. Los marcianos llegaron ya
2. La nave espacial
3. Rafael y yo
4. Una gran sorpresa
5. Los marcianos no existen
6. La salsa de los hombrazos de aluminio
7. Las estaciones de radio absurdas
8. Por qué a mucha gente le gusta la salsa

---

1. ¿Cuál de estos títulos prefiere usted? ¿Por qué?

   _____

2. ¿Cuál de los títulos le parece peor? ¿Por qué?

   _____

3. ¿Cuál de los títulos es más descriptivo? ¿Por qué?

   _____

4. ¿Se le ocurre a usted un título mejor?

   _____

Instrucciones para la primera narración

Primer paso

1. Proponga un **título** para una narración basada en un acontecimiento (*event*) real.
2. Indique **el punto de vista** (primera persona o tercera persona) que seleccionó para contar la historia y explique brevemente por qué lo escogió.
3. Escriba el esquema de la narración. El esquema debe consistir en por lo menos **veinticinco oraciones** simples o complejas. Puede usar como modelo el esquema de la narración titulada "Mi último baile de graduación", que está en la página 140.

Segundo paso

1. Una vez que el profesor o la profesora corrija y le devuelva las veinticinco oraciones, organícelas para formar una **narración** coherente de aproximadamente **300 a 400 palabras**. Puede usar como modelo la narración titulada "Mi último baile de graduación", que está en las páginas 141–43. Cuando sea necesario, utilice la lista de palabras de transición (página 126) para enlazar las oraciones de una manera lógica.

2. Entregue la versión preliminar de la narración **mecanografiada a doble espacio**. Utilice una fuente de doce puntos o más.

Tercer paso

1. Después de que la profesora o el profesor revise y le devuelva la versión preliminar de la narración, haga todas las correciones necesarias. Tenga en cuenta las sugerencias del profesor o la profesora.

2. Después de hacer todas las correcciones, entregue la versión final **mecanografiada a doble espacio**. Utilice una fuente de doce puntos o más.

CHATEEMOS

Eugenio Diestro y Gloria Siniestra discuten en esta charla electrónica una experiencia interesante del primero. Eugenio está muy alarmado, pues acaba de ver un OVNI (objeto volante no identificado).

Chat   Edit   View   Actions   Help

Webcam   Send File   Chat

EUGENIO DIESTRO: Gloria, no vas a creer lo que acaba de pasarme. Hace quince o veinte minutos, venía para mi apartamento en bicicleta. Eran más o menos las dos de la mañana. Acababa de salir de la biblioteca después de haber estado allí estudiando unas ocho horas para el examen de química orgánica que tengo hoy a las once. Cuando doblaba a la izquierda en la calle Howard, vi una luz azul que caía del cielo igual que un rayo. ¿Te imaginas?

GLORIA SINIESTRA: Eugenio, no me dejes en vilo. ¿Qué pasó?

EUGENIO DIESTRO: Verás. El rayo de luz fue a parar al campo deportivo que hay por allí, cerca de las residencias estudiantiles. Me bajé de la bicicleta para averiguar, y ¿sabes lo que ví?

GLORIA SINIESTRA: No puedo ni suponerlo. ¿Qué viste, mi amigo?

EUGENIO DIESTRO: Una especie de vehículo espacial. No tenía alas, pero tampoco parecía un platillo volador. Era más bien como el Porsche descapotable de la profesora Carolina, lo único que verde limón y no rojo como el de ella. ¡Qué susto pasé! Me monté en la bicicleta y salí corriendo de allí. Te escribo desde mi apartamento, aún jadeando y con miedo de salir a la calle otra vez. ¿Crees que debo llamar a la policía?

Gloria Siniestra: Amigo, amigo, ¿cuánto café tomaste esta noche en la biblioteca? Me da la impresión que sufres una intoxicación de cafeína. ¿No me digas que ahora crees en los OVNI?

Eugenio Diestro: Ah, ¿y tú no? ¿Cómo explicas ese fenómeno?

Gloria Siniestra: Hijo, lo que viste seguro que fue un automóvil. Tú sabes bien que a muchos estudiantes les gusta entrar en coche en ese campo deportivo cuando ha nevado un poco y jugar a hacer patinar los vehículos. Es una estupidez, pero nada tiene que ver con hombrecitos del espacio. Cálmate y trata de dormir, aunque dudo que puedas después de haber tomado tanto café.

Eugenio Diestro: Bien, sabelotoda. ¿Y qué me dices de la luz azul que se desplomó del cielo? Además, no tomé tanto café. Sólo bebí nueve tazas, lo cual es normal para mí.

Gloria Siniestra: Nueve tazas y seguro que de espresso azucarado, que te gusta tomarlo así como al doctor Benjamín. Debes andar por las nubes. ¿La luz azul, hijito? En tu estado puedes haber confundido las luces de un avión con un objeto que se caía o hasta puede haberse tratado de uno fuegos artificiales que a algún sinvergüenza se le ocurrió lanzar a las dos de la mañana. ¿Oíste algún ruido, o el azúcar te tenía tupidos los oídos?

Eugenio Diestro: ¿Sí, descreída? Vas a ver lo que dicen mañana los periódicos y los noticieros de televisión. Y ahora me voy a dormir pues contigo es imposible razonar.

Y tú, ¿qué opinas?

CAPÍTULO **3**

La narración con diálogo

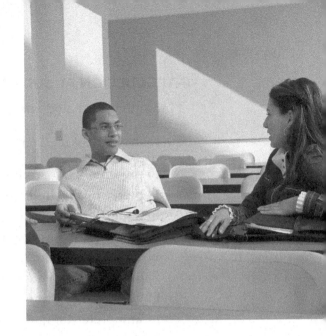

TEMAS

- Introducción al subjuntivo
- El presente de subjuntivo
- Si yo fuera hispanoparlante . . . (4)
- El subjuntivo de influencia
- El subjuntivo de emoción
- El subjuntivo de irrealidad
- Escribir con el subjuntivo: la carta personal
  Séptima entrada del cuaderno
- El subjuntivo con antecedente indefinido, dudoso o inexistente
- Las palabras-enlace (conjunciones) y el subjuntivo de irrealidad, proyección futura e hipótesis

- La voz pasiva con **ser**
- Para pensar críticamente
- La **se** con valor medio (la pasiva refleja)
- La narración impersonal
  Octava entrada del cuaderno
- Los relacionantes **lo cual** y **lo que**
- La narración con diálogo
- Estrategias de la comunicación escrita (4)
  El discurso indirecto
  Instrucciones para la narración con diálogo
- Chateemos

INTRODUCCIÓN AL SUBJUNTIVO

El indicativo es el modo de la palabra-acción (verbo) que se usa para expresar la realidad, o sea lo que pasa, pasó o va a pasar. Consiste en los siguientes tiempos, aquí representados mediante la primera persona del singular:

El presente: canto, como, vivo

El pretérito absoluto: canté, comí, viví

El imperfecto: cantaba, comía, vivía

El futuro: cantaré, comeré, viviré

El condicional: cantaría, comería, viviría

El pretérito (presente) perfecto: he cantado, he comido, he vivido

El pluscuamperfecto: había cantado, había comido, había vivido

El antepretérito, que se usa muy raramente: hube cantado, hube comido, hube vivido

El futuro perfecto: habré cantado, habré comido, habré bebido

El condicional perfecto: habría cantado, habría comido, habría bebido

Por el contrario, el **subjuntivo** es el modo de la palabra-acción (verbo) que se emplea para referirse a **lo dudoso, lo posible, lo deseado, lo necesario** o **lo relacionado con emociones.** Cuando digo "Juan viene mañana", pienso en ese hecho como algo concreto que va a suceder. Sin embargo, cuando señalo "Dudo que Juan venga mañana", estoy vacilando ante esa realidad, presentándola como algo que puede o no suceder. Por eso empleo el subjuntivo en la segunda cláusula ("que Juan venga mañana").

Aunque puede utilizarse en otras estructuras, por lo general el subjuntivo aparece en cláusulas subordinadas porque su uso depende del significado de la palabra-acción (verbo) que se emplea en la cláusula principal. Es decir, cuando escribo "Dudo que Juan venga mañana", utilizo el subjuntivo **venga** en la cláusula subordinada porque he expresado duda (**dudo**) en la cláusula principal.

EJEMPLOS:

Cláusula principal	Cláusula subordinada
Osvaldo y su esposa desean	que cenemos con ellos.
Es posible	que mi amiga Rocío compre un coche nuevo.
No creen	que tú seas parienta mía.
Tenemos miedo de	que vosotros os enferméis.

EL PRESENTE DE SUBJUNTIVO

Según se observa en el siguiente cuadro, el presente de subjuntivo se forma por medio de la primera persona singular del presente de indicativo de casi todas las palabras-acción (verbos). Para hallar la base del presente de subjuntivo, se elimina la **-o** final de la primera persona singular del presente de indicativo:

Infinitivo	1ª persona del presente de indicativo	Base de la palabra-acción (verbo)	Terminaciones del presente de subjuntivo
cantar	yo cant**o**	cant →	**-e, -es, -e, -emos, -éis, -en**
comer	yo com**o**	com →	**-a, -as, -a, -amos, -áis, -an**
vivir	yo viv**o**	viv →	**-a, -as, -a, -amos, -áis, -an**

A continuación se incluyen ejemplos del presente de subjuntivo de varias palabras-acción (verbos):

Infinitivo de la palabra-acción (verbo)	Forma *yo* del presente de indicativo	Presente del subjuntivo
bailar	bail**o**	bail**e**, bail**es**, bail**e**, bail**emos**, bail**éis**, bail**en**
beber	beb**o**	beb**a**, beb**as**, beb**a**, beb**amos**, beb**áis**, beb**an**
escribir	escrib**o**	escrib**a**, escrib**as**, escrib**a**, escrib**amos**, escrib**áis**, escrib**an**
tener	teng**o**	teng**a**, teng**as**, teng**a**, teng**amos**, teng**áis**, teng**an**
salir	salg**o**	salg**a**, salg**as**, salg**a**, salg**amos**, salg**áis**, salg**an**
estudiar	estudi**o**	estudi**e**, estudi**es**, estudi**e**, estudi**emos**, estudi**éis**, estudi**en**
traer	traig**o**	traig**a**, traig**as**, traig**a**, traig**amos**, traig**áis**, traig**an**
ver	ve**o**	ve**a**, ve**as**, ve**a**, ve**amos**, ve**áis**, ve**an**
seguir	sig**o**	sig**a**, sig**as**, sig**a**, sig**amos**, sig**áis**, sig**an**
huir	huy**o**	huy**a**, huy**as**, huy**a**, huy**amos**, huy**áis**, huy**an**
coger	coj**o**	coj**a**, coj**as**, coj**a**, coj**amos**, coj**áis**, coj**an**
vencer	venz**o**	venz**a**, venz**as**, venz**a**, venz**amos**, venz**áis**, venz**an**
oír	oig**o**	oig**a**, oig**as**, oig**a**, oig**amos**, oig**áis**, oig**an**
caber	quep**o**	quep**a**, quep**as**, quep**a**, quep**amos**, quep**áis**, quep**an**
conocer	conozc**o**	conozc**a**, conozc**as**, conozc**a**, conozc**amos**, conozc**áis**, conozc**an**

- El presente de subjuntivo de todas las palabras-acción (verbos) cuya base incluye el diptongo **ie** o **ue** son irregulares en la primera (**nosotros**) y la segunda persona (**vosotros**) del plural. Repare en los ejemplos siguientes:

IE (VERBOS -AR/-ER)

Infinitivo de la palabra-acción (verbo)	Forma *yo* del presente de indicativo	Presente del subjuntivo
cerrar	cierr**o**	cierre, cierres, cierre, **cerremos**, **cerréis**, cierren
perder	pierd**o**	pierda, pierdas, pierda, **perdamos**, **perdáis**, pierdan

UE (VERBOS -AR/-ER)

Infinitivo de la palabra-acción (verbo)	Forma *yo* del presente de indicativo	Presente del subjuntivo
volar	vuel**o**	vuele, vueles, vuele, **volemos**, **voléis**, vuelen
poder	pued**o**	pueda, puedas, pueda, **podamos**, **podáis**, puedan

¡Ojo!

El presente de subjuntivo de **jugar** se conjuga de la siguiente manera: juegue, juegues, juegue, juguemos, juguéis, jueguen.

IE (VERBOS -IR)

Infinitivo de la palabra-acción (verbo)	Forma *yo* del presente de indicativo	Presente del subjuntivo
sentir	sient**o**	sienta, sientas, sienta, **sintamos**, **sintáis**, sientan
preferir	prefier**o**	prefiera, prefieras, prefiera, **prefiramos**, **prefiráis**, prefieran

UE (VERBOS -IR)

Infinitivo de la palabra-acción (verbo)	Forma *yo* del presente de indicativo	Presente del subjuntivo
dormir	duerm**o**	duerma, duermas, duerma, **durmamos**, **durmáis**, duerman
morir	muer**o**	muera, mueras, muera, **muramos**, **muráis**, mueran

- Las palabras-acción (verbos) que terminan en **-car**, **-gar** y **-zar** sufren cambios ortográficos que se deben a la necesidad de mantener la consistencia de sonidos. Observe los ejemplos a continuación:

Infinitivo de la palabra-acción (verbo)	Forma *yo* del presente de indicativo	Presente del subjuntivo
tocar	toc**o**	to**que**, to**ques**, to**que**, to**quemos**, to**quéis**, to**quen**
apagar	apag**o**	apa**gue**, apa**gues**, apa**gue**, apa**guemos**, apa**guéis**, apa**guen**
alcanzar	alcanz**o**	alcan**ce**, alcan**ces**, alcan**ce**, alcan**cemos**, alcan**céis**, alcan**cen**

En realidad, hay sólo seis palabras-acción (verbos) verdaderamente irregulares en el presente de subjuntivo. Son las únicas que no se basan en la primera persona singular del presente del indicativo. Estas palabras-acción (verbos) son **dar**, **ir**, **ser**, **haber**, **estar** y **saber**.

Infinitivo de la palabra-acción (verbo)	Forma *yo* del presente de indicativo	Presente del subjuntivo
dar	**doy**	**dé, des, dé, demos, deis, den**
ir	**voy**	**vaya, vayas, vaya, vayamos, vayáis, vayan**
ser	**soy**	**sea, seas, sea, seamos, seáis, sean**
haber	**he**	**haya, hayas, haya, hayamos, hayáis, hayan**
estar	**estoy**	**esté, estés, esté, estemos, estéis, estén**
saber	**sé**	**sepa, sepas, sepa, sepamos, sepáis, sepan**

EJERCICIO 1

a. Complete los espacios en blanco con la forma correcta del presente de subjuntivo.

1. Es necesario que Juliana _____ (venir) temprano mañana.

2. La profesora duda que yo _____ (tomar) las cosas seriamente.

3. Insistimos en que nuestros hijos _____ (leer) todas las noches.

4. Quieren que (nosotros) _____ (salir) enseguida.

5. Es probable que (tú) _____ (llegar) antes que yo.

6. Ojalá que vosotros _____ (tener) mucho cuidado en la carretera.

7. Deseo que ustedes _____ (buscar) bien por todas partes.

8. No creen que _____ (ser) buena idea correr tanto.

9. ¡Parece mentira que Norberto no _____ (saber) quién es Jennifer López!

10. Prefieren que (nosotros) no _____ (divertirse) demasiado.

11. Te recomiendo que _____ (estudiar) más para el examen.

12. Es imposible que ella me _____ (querer).

13. El médico no piensa que ustedes _____ (cuidarse) lo suficiente.

14. Esperan que vosotros _____ (conocer) a Marcos y a su esposa en la fiesta.

15. No es verdad que yo _____ (sentirse) mal.

16. Lamentas que ese politicastro siempre _____ (convencer) a los ingenuos con sus mentiras.

b. De acuerdo con el modelo, forme oraciones complejas con las frases que se le facilitan. Note que la cláusula subordinada tiene que estar en el subjuntivo.

Modelo: Mis amigos desean. / Los acompaño.

    R.: *Mis amigos desean que los acompañe.*

1. Es dudoso. / Nosotros vamos al cine.

    _____

2. Mi cuñado quiere. / Lo llamo esta noche.

    _____

3. Es mejor. / Me escribes un correo electrónico.

    _____

4. Os piden. / Os portáis bien en la escuela.

    _____

5. A mi padre no le gusta. / Me quejo tanto.

    _____

6. Es lamentable. / Lola y Matías no pueden asistir a la ceremonia.

    _____

SI YO FUERA HISPANOPARLANTE . . . (4)

En el capítulo preliminar, vimos que muchos hispanoparlantes cometen errores básicos de ortografía debido sobre todo a problemas relacionados con la fonética, o sea con los sonidos del idioma. Pero hay también otros problemas de escritura causados por la analogía, es decir, por suponer que si un grupo de palabras evidencia ciertas características, otras de la misma familia también siguen el mismo patrón (*pattern*). Asimismo, la hipercorrección, o sea, enmendar lo ya correcto, produce errores del mismo tipo. A continuación anotamos algunos lapsos típicos:

Se dice "haya", no "haiga":

Es común oír a hispanoparlantes que se equivocan al usar esta forma del presente de subjuntivo. El error se debe sencillamente a esto: si el presente de subjuntivo de "hacer" es "haga", entonces ¿por qué no va a ser "haiga" el de la palabra-acción (verbo) "haber". Claro, todos sabemos que "haber" es irregular y el presente de subjuntivo es "haya".

La primera persona del presente de subjuntivo de *dar* **es "dé", no "de":**

"Ojalá que Marcelo te dé los veinte pesos".

El presente de subjuntivo de "haber" se escribe con "y", no con "ll":

"Esperan que no haya mucha gente en la fiesta".

El presente de subjuntivo de "ir" también se escribe con "y":

"Deseamos que vayas con nosotros al cine".

El presente de subjuntivo de "prever" es "prevea", no "preveya":

"Conviene que preveamos lo que puede pasar".

Asimismo, es importante tener presente que en el español escrito:

a. **Se usa el subjuntivo después de expresiones de posibilidad:**

En el español conversacional, no es raro entre los hispanoparlantes, sobre todo entre los bilingües, utilizar el presente o el futuro después de expresiones de posibilidad (*"Es probable que el avión llegará a tiempo"). Lo correcto en estos casos es utilizar el subjuntivo ("Es probable que el avión llegue a tiempo"). Por ejemplo, en un foro de la red que versa sobre gramática española, una joven hispanoparlante planteaba a los foreros esta pregunta: ¿Qué es más correcto? "Puede que tendrás que buscarlo en otra tienda" o "Puede que tengas que buscarlo en otra tienda". En el español escrito hay una sola posibilidad: la segunda.

b. **Se usa el subjuntivo después de las expresiones de emoción:**

En el español conversacional según lo practican los hispanohablantes bilingües, se escucha también el indicativo después de ciertas expresiones de emoción: "¡Qué triste que se enferma tan a menudo!" en lugar de "¡Qué triste que se enferme tan a menudo!"; "¡Lástima que yo no tengo dinero!" en lugar de "¡Lástima que yo no tenga dinero!" Procede usar el subjuntivo en el español escrito.

EJERCICIO 2

a. El siguiente párrafo incluye una serie de errores de ortografía o uso relacionados con el subjuntivo. Identifíquenlos en parejas y escriban abajo las correcciones adecuadas.

exijan

En mi opinión, es bien probable que los estudios universitarios ~~exigen~~ demasiado de los estudiantes. Ello se debe en parte a que casi todos los profesores piensan que sus alumnos *tengan* tienen sólo una clase: la suya. No hay maestro ni maestra, por ejemplo, que no ponga demasiada tarea y luego de malas notas si los estudiantes no la devuelven a tiempo. También los profesores se especializan en programar los exámenes para el mismo día que sus colegas o para hacer que coincidan las fechas de entrega de los trabajos más largos y complicados. Es lamentable que no ~~haiga~~ *haya* más consideración con los pobres alumnos, quienes pasan días atroces debido al amontonamiento de trabajo.

hayan

Me molesta también que los profesores nunca entienden que los estudiantes tienen que ganar dinero para pagar la matrícula, alquilar un apartamento, comprar gasolina y otras cosas. Eso significa que no pueden estudiar todo el tiempo. Es necesario que hayen empleos fuera de la universidad. En fin, es lástima que los profesores son tan insensibles. Por eso, ¡cuánto me alegro de que no les pagan mucho! *Sean*

_____

_____

_____

_____

_____

_____

_____

_____

_____

_____

_____

b. En parejas, escriban oraciones con el presente de subjuntivo conforme a las estructuras facilitadas.

1. Puede / que / Carlota y yo / salir / este / noche / a cenar

   _____

2. Ser / triste / que / mucho / adolescentes / no / prever / el / consecuencias / de / su / acciones

   _____

3. Ser / dudoso / que / haber / sol / en / Washington / en / enero

   _____

4. ¿A / ti / te / reventar / que / el / precio / de / el / gasolina / subir / a / diario?

   _____

5. Ser / extraño / que / el / hijos / no / llamar / a / su / madres / el / segundo / domingo / de / mayo

   _____

EL SUBJUNTIVO DE INFLUENCIA

Se usa el subjuntivo en oraciones subordinadas cuando la cláusula principal expresa **voluntad** o **deseo**, es decir, cuando en ella la palabra-acción (verbo) dominante indica la influencia que alguien o algo ejerce o desea ejercer sobre el sujeto de la cláusula subordinada. Cuando escribo "Don Juan quiere que doña Inés se case con él", la palabra-acción (verbo) **quiere** señala el deseo de don Juan de ejercer su influencia en doña Inés.

EJEMPLOS:

Oración con el subjuntivo	Traducción
Le ruego que tenga cuidado.	*I beg you to be careful.*
Preferimos que no fumen en la casa.	*We prefer that you not smoke in the house.*
Es importante que aprendamos a conducir.	*It's important that we learn to drive.*
Mi tía desea que la visite.	*My aunt wants me to visit her.*

La influencia se expresa siempre de un sujeto a otro sujeto, es decir, alguien o algo trata de afectar a otra persona, animal o cosa que es el sujeto de la cláusula subordinada. Observe cuidadosamente la siguiente estructura:

> *sujeto 1* + *palabra-acción (verbo) de influencia* + *sujeto 2* + *que* + *palabra-acción (verbo) en el subjuntivo*

EJEMPLOS:

Oración con el subjuntivo	Traducción
Quiero que bailes conmigo.	*I want you to dance with me. (I want that you dance with me.)*
La profesora exige que hagamos la tarea.	*The professor demands that we do the homework.*

Es muy importante recordar que si no hay cambio de sujeto, o sea, si un sujeto no trata de ejercer su influencia sobre otro, entonces se usa el infinitivo.

EJEMPLOS:

Oración con el infinitivo	Traducción
Quieren bañarse.	*They want to take a bath.*
Necesitas hacer las cosas a tiempo.	*You need to do things on time.*

Hay muchas expresiones que indican voluntad, mandato o influencia y que, por lo tanto, exigen el uso del subjuntivo en la cláusula subordinada. A continuación se incluyen algunas de uso frecuente.

Las expresiones de influencia que se incluyen acto seguido responden a la siguiente fórmula:

Expresión de influencia + que + cláusula subordinada con el subjuntivo

EJEMPLOS:

a. Le prohibo a mi hijo de dieciséis años que maneje solo de noche.
b. Es mejor que no les digas nada.

querer	desear	insistir en
prohibirle (a alguien)	ser necesario	ser mejor
ser bueno	ser malo	sugerir
insinuarle (a alguien)	ser imprescindible	rogarle (a alguien)
decirle (a alguien)	escribirle (a alguien)	invitar (a alguien) a
pedirle (a alguien)	proponerle (a alguien)	imponerle (a alguien)
hacer	advertirle (a alguien)	aconsejarle (a alguien)
preferir	recomendarle (a alguien)	dejar (a alguien)
permitirle (a alguien)	oponerse a	exigir (exigirle a alguien)
mandarle (a alguien)	ordenarle (a alguien)	ser indispensable
ser preciso	ser importante	convenir
estar mal (o bien)	ser útil	ser conveniente
forzar (a alguien)	necesitar	impedirle (a alguien)

ALERTA 42

Decir se usa a veces para informar y no para mandar. En ese caso, se emplea el indicativo en la cláusula subordinada. **Ejemplos:** Me dicen que es difícil esa asignatura (*They tell me that subject is difficult*); El médico le dice que está enfermo (*The doctor tells him that he is sick*). Contraste esas oraciones con éstas: Me dicen que estudie mucho (*They tell me to study a lot*); El médico le dice que se cuide (*The doctor tells him to take care of himself*).

EJERCICIO 3

a. Complete los espacios en blanco con la forma correcta del **presente de subjuntivo** o con el **infinitivo** (forma **-ar/-er/-ir**) de la palabra-acción (verbo) entre paréntesis.

1. Mis padres desean que yo les _avise_ (avisar) si voy a llegar tarde.
2. Felipe quiere _estudiar_ (estudiar) en Chile.
3. Me dice el médico que (yo) _coma_ (comer) menos.
4. Te pedimos que nos _ayudes_ (ayudar) a cargar unos muebles.
5. Nos prohíben que _fumemos_ (fumar) en las aulas.
6. Conviene siempre _conducir_ (conducir) a la velocidad adecuada.
7. Os recomiendo que _____ (irse) antes de las nueve.
8. La tía Sagrario prefiere _____ (andar) en moto.

9. Señor García, le ruego que usted _____ (concluir) cuanto antes el trabajo.

10. Está muy mal que Rosendo y Azucena no _____ (querer) visitar a sus parientes de Boston.

11. El congreso se opone a que las tropas _____ (quedarse) en el Medio Oriente por mucho tiempo.

12. Es necesario _____ (llegar) temprano para coger sitio.

13. La profesora Lobato deja sus alumnos _____ (entregar) la tarea al final de la clase.

14. Es dudoso que (nosotros) _____ (poder) terminar antes de las cinco.

15. Vamos a exigirle al camarero que nos _____ (traer) agua.

b. En parejas, escriban oraciones con las estructuras y las palabras-acción (verbos) que se les facilitan.

MODELO: Desear que   ***R.:*** *Deseamos que nuestros padres compren un coche nuevo.*

1. querer que

   Quiero que mi hermana consiga otro perro

2. ser bueno que

   es _Sea bueno que mi hermano reciba_

3. decirle (a alguien) que amigos sus repuestas de las univer sidade

   Me dicen que vaya más al gimnasio m.

4. mandar que

   Mis hermanos mandan que los padres les visiten

5. insistir en que

   Inisto en que mi amigo estudie más para el examen

c. Divídanse en parejas y entrevístense brevemente a base de las siguientes preguntas personales. Luego, escriban las respuestas.

MODELO:

   Sara: ¿Te pide tu compañero de cuarto que no hagas mucho ruido por la noche?

   Ismael: Sí, mi compañero de cuarto me pide que no haga mucho ruido por la noche.

   Sara escribe: *El compañero de cuarto de Ismael le pide que no haga mucho ruido por la noche.*

1. ¿Prefieres trabajar en un restaurante, en una librería o en una tienda?

   Prefiero que trabaje en un restaurante

2. ¿Prefieren tus padres que trabajes en un restaurante, en una librería o en una tienda?

Mis padres prefieren que yo trabaje en un restaurante

3. ¿Deseas terminar tus estudios antes de casarte?

Sí, deseo terminar mis estudios antes de casarme

4. ¿Desean tus padres que termines tus estudios antes de casarte?

Mis padres desean que termine mis estudios antes de casarme

5. ¿Qué quieres ser después de terminar los estudios?

Quiero ser un médico después de terminar los estudios

6. ¿Qué quieren tus padres que seas después de terminar los estudios?

Mis padres quieren que sea alegre

7. ¿Es importante ganar mucho dinero para vivir bien?

Para mí, no es importante ganar mucho dinero para vivir bien

8. ¿Quieren tus padres que ganes mucho dinero en el futuro?

Mis padres quieren que gane mucha alegría en el futuro

9. ¿Tus amigos te piden que les prestes dinero?

A veces mis amigos me piden que les preste dinero

10. ¿Tú les pides a tus padres que te presten dinero?

A veces les pido que me presten dinero

ALERTA 43

La palabra-exclamación (interjección) **ojalá** se usa para expresar lo mismo deseo que emoción. Por lo tanto, siempre va seguida del subjuntivo. Es importante recordar también que la palabra puede ir acompañada de **que**. **Ejemplos:** Ojalá tengas mucha suerte; Ojalá que todos estén bien.

EL SUBJUNTIVO DE EMOCIÓN

Se usa el subjuntivo cuando la palabra-acción (verbo) de la cláusula principal expresa emoción.

EJEMPLOS:

Oración con el subjuntivo	Traducción
Nos preocupa mucho que el coche esté a punto de romperse.	*We are very worried that the car is about to break down.*
¿Te gusta que la gente se tiña el pelo de azul?	*Do you like people to dye their hair blue?*
Es maravilloso que haga buen tiempo hoy.	*It's wonderful that the weather is nice today.*
¿Estáis contentos de que el jefe no venga hoy?	*Are you happy that the boss is not coming today?*

Al igual que con las estructuras de influencia ya explicadas, si no hay cambio de sujeto por lo regular, se usa el infinitivo, aunque según se observa en los ejemplos es posible también usar el subjuntivo en las claúsulas subordinadas de este tipo.

Oración con el infinitivo o el subjuntivo	Traducción
Me alegro de poder asistir al concierto.	*I am glad I can go to the concert.*
Me alegro de que yo pueda asistir al concierto.	*I am glad I can go to the concert.*
Se sorprenden de no tener hambre.	*They are surprised that they are not hungry.*
Se sorprenden de que no tengan hambre.	*They are surprised that they are not hungry.*

ALERTA 44

En contraste con el inglés, la palabra-enlace (conjunción) **que** no es optativa estructuras como "alegrarse de que", "temer que", "sentir que", "sorprenderse de que", etc. **Ejemplos:** Lamentan que su equipo pierda tantos partidos (*They are sorry [that] their team loses so many games*).

Las expresiones de emoción que se incluyen abajo responden a la siguiente fórmula:

Expresión de emoción + que + cláusula subordinada con el subjuntivo

EJEMPLOS:

   a. Es triste que haya tanta gente que pase hambre en el mundo.
   b. Detestamos que los políticos mientan para ganar elecciones.

alegrarse de	sentir	esperar
temer	ofenderse de	maravillarse de
sorprenderle a uno	molestarle a uno	lamentar
indignarle a uno	ser triste	encantarle a uno
ser horrible	ser maravilloso	ser terrible
fastidiarle a uno	detestar	gustarle a uno
disgustarle a uno	preocuparle a uno	tener miedo de
estar contento/a de	ser sorprendente	sentir pánico de
escandalizarle a alguien	ser bello (hermoso, bonito)	estar mal

---

ALERTA 45

Es importante recordar que **esperar** y **temer** pueden ser sinónimos de **pensar** y, por lo tanto, no expresar emoción. En esos casos van acompañados del indicativo. **Ejemplos:** Esperan que van a salir bien en el examen de matemáticas (*They expect to do well on the math exam*); Temo que no comiste lo suficiente ayer (*I suspect that you did not eat enough yesterday*).

EJERCICIO 4

a. Complete los espacios en blanco con la forma correcta del **presente de subjuntivo** o con el **infinitivo** (forma **-ar/-er/-ir**) de la palabra-acción (verbo) entre paréntesis.

1. ¡Es lástima que Alejandro no me _____ (telefonear) nunca!

2. Ojalá que (vosotros) _____ (sentirse) mejor.

3. Siento mucho que te _____ (doler) la cabeza.

4. Mis abuelos están contentos de que (yo) les _____ (escribir) una vez al mes.

5. A Isabel le encanta _____ (patinar) en el hielo.

6. ¿Os ofende que (nosotros) no _____ (querer) cenar con vosotros?

7. A Maribel le fastidia que su suegra _____ (ponerse) a criticarla.

8. Mi hermana mayor detesta _____ (charlar) con personas que no conoce bien.

9. ¿A tu esposa le gusta que tú _____ (saber) cocinar?

b. En parejas, escriban oraciones con las estructuras y las palabras-acción (verbos) que se les facilitan.

MODELO: temer   **R.:** *Tememos que llueva hoy.*

1. esperar

Esperamos que haga bien hoy

2. ojalá

Ojalá que tenga buenas notas al final del semestre

3. me sorprende

Me sorprende que mi hermano esté tanto exitoso

4. a ti te preocupa

A ti te preocupa que no vaya a la escuela de medicina

5. es lástima

Es lástima que mi amigo repruebe el examen

6. les encanta

Les encanta que Florida siempre esté soleado

7. nos disgusta

Nos disgusta que el agua ola mal

ALERTA 46

En español, por lo regular **sentir** es sinónimo de **lamentar**, o sea expresa una emoción. En contraste con el inglés *to feel*, no se utiliza para indicar opinión. En esos casos, hay que emplear **creer** o **pensar**. **Ejemplos:** *I feel that the plane is not going to arrive on time* se traduce "Creo (pienso) que el avión no va a llegar a tiempo"; *They feel that the lesson is too difficult* se traduce "Creen (piensan) que la lección es muy difícil".

c. En parejas, háganse preguntas sobre lo que les gusta y lo que les molesta de sus amigos o amigas. Luego, pónganse de acuerdo sobre cuatro cosas que les gustan y cuatro cosas que les molestan en común. Las respuestas siempre tienen que seguir las estructuras **Me gusta que . . .** o **Me molesta que. . . .**

MODELO:

¿Qué te gusta de tus amigos?	1. Me gusta que mi amiga Marta me trate con respeto.
	2. Me gusta que mi compañera de cuarto vaya al cine conmigo.
¿Qué te molesta de tus amigos?	1. Me molesta que mi amigo Erik sea tan tonto.
	2. Me molesta que mis amigos fumen en mi coche.

| *Gustos y molestias compartidos* → | 1. Nos gusta que nuestras compañeras de cuarto vayan al cine con nosotras. |
| | 2. Nos molesta que nuestros amigos fumen en el coche. |

Gustos individuales

1. _____
2. _____
3. _____
4. _____
5. _____
6. _____
7. _____
8. _____

Molestias individuales

1. _____
2. _____
3. _____
4. _____
5. _____
6. _____
7. _____
8. _____

Gustos compartidos	Molestias compartidas
1. _____	1. _____
2. _____	2. _____
3. _____	3. _____
4. _____	4. _____

EL SUBJUNTIVO DE IRREALIDAD

Cuando la cláusula principal expresa irrealidad (lo dudoso, lo posible, lo que no es verdad), se usa el subjuntivo en la cláusula subordinada.

EJEMPLOS:

Oración con el subjuntivo	Traducción
Dudan que usted sea tan valiente como dice.	*They doubt that you are as brave as you say you are.*
Es posible que me corte el pelo esta tarde.	*It's possible that I may get my hair cut this afternoon.*
No es cierto que Eliana cante mejor que yo.	*It's not true that Eliana sings better than I.*

Por el contrario, **si se expresa seguridad** en la cláusula principal, se usa el indicativo en la cláusula subordinada.

Oración con el indicativo	Traducción
Es verdad que Bill Gates tiene mucho dinero.	*It's true that Bill Gates has a lot of money.*
Sus padres están convencidos de que Luis no quiere graduarse de la universidad.	*Luis's parents are convinced that he doesn't want to graduate from the university.*
Estoy seguro de que voy a ir a España.	*I'm sure that I'm going to Spain.*

Las palabras-acción (verbos) **creer**, **pensar** y **dudar** presentan problemas muy particulares. En esencia, puede decirse que, por lo regular, **creer** y **pensar** exigen el uso del **indicativo** mientras que **dudar** exige el uso del **subjuntivo**. Por el contrario, **no creer** y **no pensar** exigen el uso del **subjuntivo** mientras que **no dudar** exige el uso del **indicativo**. Los siguientes cuadros explican los contrastes.

Creer → Indicativo	No creer → Subjuntivo
Creen que yo no sé la verdad.	No creen que yo sepa la verdad.
Creemos que Alfonso llega hoy.	No creemos que Alfonso llegue hoy.

Pensar → Indicativo	No pensar → Subjuntivo
Nuestra jefa piensa que trabajamos lo suficiente.	Nuestra jefa no piensa que trabajemos lo suficiente.
Vosotros pensáis que va a llover hoy.	Vosotros no pensáis que vaya a llover hoy.

No dudar → Indicativo	Dudar → Subjuntivo
No dudamos que bailas bien.	Dudamos que bailes bien.
La abogada no duda que su cliente es inocente.	La abogada duda que su cliente sea inocente.

Las preguntas con **creer** (**no creer**), **pensar** (**no pensar**) y **dudar** (**no dudar**) admiten el subjuntivo o el indicativo de acuerdo con el grado de duda o de seguridad que se quiera expresar.

Creer → Poca duda: indicativo	Creer → Mucha duda: subjuntivo
¿Crees que yo hablo demasiado?	¿Crees que yo hable demasiado?

Pensar → Poca duda: indicativo	No pensar → Mucha duda: subjuntivo
¿Piensan que es buena idea llevar abrigo?	¿Piensan que sea buena idea llevar abrigo?

Dudar → Poca duda: indicativo	Dudar → Mucha duda: subjuntivo
¿Duda usted que la candidata dice la verdad?	¿Duda usted que la candidata diga la verdad?

ALERTA 47

La explicación que se ofrece sobre los usos de **creer** (**no creer**), **pensar** (**no pensar**) y **dudar** (**no dudar**) se basa en el patrón normal de la lengua española. Sin embargo, es posible que un hablante nativo utilice el **indicativo** con **no creer**, **no pensar** y **dudar**, o que emplee el **subjuntivo** con **creer**, **pensar** y **no dudar**. Todo depende del **grado de duda o seguridad** que quiera expresar. Algo parecido ocurre en el caso de **negar/no negar** (véase al respecto la explicación del capítulo 4). No obstante, se recomienda que—para evitar errores—se respete el sistema sugerido.

La mayor parte de las expresiones impersonales (**ser** + palabra modificadora [adjetivo] o palabra-concepto [sustantivo]) exigen el uso del subjuntivo en la cláusula subordinada.

EJEMPLOS:
   a. Es mentira que no estudiemos lo suficiente.
   b. Es dudoso que los Iturrioz compren la casa de enfrente.
   c. Es importante que llegues a tiempo.
   d. No es posible que alguien tenga tan mala suerte.

Sin embargo, hay algunas excepciones importantes, como las que aparecen en el siguiente cuadro.

Expresión	Oración afirmativa → Indicativo	Oración negativa → Subjuntivo
es verdad	Es verdad que tengo frío.	No es verdad que tenga frío.
es cierto	Es cierto que hoy es martes.	No es cierto que hoy sea martes.
es evidente	Es evidente que ese pájaro canta.	No es evidente que ese pájaro cante.
es obvio	Es obvio que Pepe lleva peluca.	No es obvio que Pepe lleve peluca.
es seguro	Es seguro que va a haber un huracán este verano.	No es seguro que vaya a haber un huracán este verano.
es claro	Es claro que limpian bien el piso.	No es claro que limpien bien el piso.

ALERTA 48

Las expresiones impersonales de probabilidad (**es posible**, **es probable**, etc.) siempre exigen el uso del subjuntivo en la cláusula subordinada, inclusive si son negativas (**no es posible, no es probable,** etc.). **Ejemplos:** Es posible que el tren salga a tiempo; No es probable que te visite esta semana.

EJERCICIO 5

a. Complete los espacios en blanco con la forma correcta del **presente de subjuntivo**, con el **presente de indicativo** o con el **infinitivo** (forma **-ar/-er/-ir**) de la palabra-acción (verbo) entre paréntesis.

1. Es probable que (yo) _____ (tener) muchas dificultades con esta tarea.

2. Dudan que sus familiares _____ (mudarse) pronto.

3. Lourdes piensa que este cuadro _____ (ser) muy bonito.

4. Es seguro que tú _____ (ir) a ganar el premio.

5. ¿Cómo? ¿No crees que en español "a la tabla de surf" también se le _____ (decir) "tabla hawaiana"?

6. Es verdad que hoy _____ (hacer) mucho frío.

7. Pensamos _____ (salir) inmediatamente.

8. No es cierto que vosotros _____ (dormirse) siempre en las reuniones.

9. Es imposible _____ (aprender) tanto en una noche.

10. No dudamos que ustedes _____ (estar) cansados.

b. De acuerdo con el modelo, forme oraciones complejas con las frases que se le facilitan. Determine cuándo hay que usar el indicativo y cuándo el subjuntivo.

MODELO: es posible / nieva mucho este invierno

> **R.:** *Es posible que nieve mucho este invierno.*

1. la doctora Ruiz cree / tengo pulmonía

   _____

2. no es probable / Mercedes y Rubén traen los refrescos

   _____

3. Wilfredo y yo dudamos / les gusta esa película

   _____

4. es imposible / incluís a todo el mundo en la lista

   _____

5. el director no acepta / somos ejemplares

   _____

6. es evidente / no te peinas nunca

   _____

¿…?

c. En parejas, escriban respuestas a las siguientes preguntas.

1. ¿Crees que es buena idea madrugar los sábados?

   No creo que sea buena idea madrugar los sábados

2. ¿Es posible que el equipo de baloncesto de la universidad gane todos sus partidos este año?

   Sí, Es posible que él gane todos sus partidos este año

3. ¿Dudas que los coches eléctricos funcionen mejor que los coches de gasolina?

   No dudo que ellos funcionan mejor que los coches de gasolina

4. ¿Opinas que el español sea importante como lengua comercial hoy en día?

Opino que el español es importante como lengua comercial hoy en día

5. ¿No piensas que la gasolina cuesta demasiado?

Pienso que la gasolino cuesta demasiado

6. ¿Es verdad que es barato asistir a la universidad?

No es verdad que sea barato asistir a la Universidad

7. ¿Es probable que el mundo se acabe en el año 2525?

No es probable que el mundo se acabe en el año 2525

8. ¿Es obvio que a toda la gente le gusta el cine?

Sí, es obvio que a toda la gente le gusta la cine.

ESCRIBIR CON EL SUBJUNTIVO: LA CARTA PERSONAL

Muchos escritos expresan ambigüedad temporal; es decir, son textos que miran hacia el pasado, que comentan el presente o se proyectan hacia el futuro al mismo tiempo. Uno de los ejemplos más comunes de este tipo de escrito es la carta personal. Con mucha frecuencia escribimos cartas para contar lo pasado. Al redactarlas, sin embargo, expresamos a veces lo que hacemos en el momento mismo de la escritura y hasta incorporamos en ellas a la persona a quien nos dirigimos, manifestando deseos que tienen que ver con el futuro, con nuestras emociones y con nuestra voluntad.

Séptima entrada del cuaderno

Escriba una carta personal de aproximadamente 200 a 250 palabras a un amigo o una amiga. En ella, emplee el presente de subjuntivo en por lo menos cinco oraciones. Subraye (*underline*) las oraciones en las que se usa el subjuntivo. No olvide que debe escribir a doble espacio.

Querida Marisol:

¿Cómo estás? La verdad es que estoy ocupadísima estos días. Mi mamá insiste en que la ayude en la tienda. Mi hermana me pide que cuide a sus hijos los sábados. Asimismo, en mi clase de español la profesora nos exige que escribamos composiciones muy complicadas.

Para darte una idea, la semana pasada trabajé en la tienda cinco días desde las tres de la tarde hasta las nueve de la noche. El sábado estuve en casa de mi hermana todo el día. Como este semestre tengo cuatro clases por la mañana, tuve que levantarme diariamente a las siete. Puedes imaginarte la cantidad de tarea que me asignan. Es posible que un día de éstos me vuelva loca de tanto trabajo, así que dudo que pueda visitarte este semestre.

Por cierto, ¡el viaje que planeas para el verano me parece maravilloso! Es estupendo que tengas todo el mes de junio para viajar por Galicia con tu compañera de cuarto. Os recomiendo que en Santiago visitéis el Museo del Pueblo Gallego. A mí me gustó mucho, sobre todo el Panteón de Gallegos Ilustres, donde está la tumba de la poeta Rosalía de Castro.

Me alegro mucho de que penséis pasar por aquí al regreso. Os espero con entusiasmo. Ojalá que me mandes algunas tarjetas postales durante el mes de junio.

Te abraza fuertemente tu amiga,
Concha

(Total: 224 palabras)

EL SUBJUNTIVO CON ANTECEDENTE INDEFINIDO, DUDOSO O INEXISTENTE

Cuando la cláusula principal incluye un **antecedente indefinido**, **dudoso** o **inexistente**, se usa el subjuntivo en la cláusula subordinada. Recuerde que un antecedente es simplemente la persona, animal, cosa o concepto a que se refiere o que modifica la cláusula subordinada. Ahora bien, la noción de indefinición no se basa necesariamente en las palabras o estructuras empleadas, sino que depende la mayor parte de las veces de la intención o actitud del hablante. Repare en los ejemplos a continuación para determinar las diferencias. Al hacerlo, tenga presente que **CP** significa "cláusula principal" y **CS** quiere decir "cláusula subordinada".

CP con antecedente indefinido	CS con el subjuntivo	Traducción
Busco un secretario	que sepa alemán.	*I'm looking for a (any) secretary who knows German.*
Queremos un televisor	que funcione.	*We want a (any) TV that works.*
¿Conoces un mecánico	que repare transmisiones?	*Do you know a (any) mechanic who repairs transmissions?*
Necesitamos unos libros	que tengan mapas de Puerto Rico.	*We need (any) books that have maps of Puerto Rico.*

Las estructuras a continuación contienen oraciones subordinadas con el indicativo porque el hablante percibe el antecedente como definido, es decir, como existente.

CP con antecedente definido	CS con el indicativo	Traducción
Busco al secretario	que sabe alemán.	*I'm looking for the secretary who knows German.*
Queremos el televisor	que funciona.	*We want the TV that works.*
¿Conoces al mecánico	que repara transmisiones?	*Do you know the mechanic who repairs transmissions?*
Necesitamos unos libros	que tienen mapas de Puerto Rico.	*We need the books (books that we know exist) that have maps of Puerto Rico.*

ALERTA 49

Con las palabras-acción (verbos) como **buscar**, **necesitar**, **requerir**, **querer**, etc., se usa la **a** personal cuando el antecedente es una persona conocida, o sea, cuando el antecedente es definido. Si es indefinido, se omite la **a** personal. **Ejemplos:** Busco una mujer que sea discreta (**una mujer** es antecedente indefinido); Busco a una mujer que es discreta (**a una mujer** es antecedente definido porque se trata de una mujer particular, acaso conocida por el hablante).

Tres antecedentes posibles o dudosos de uso frecuente son **alguien**, **algo** y **alguno** (**alguna, algunos, algunas**).

CP con antecedente indefinido	CS con el subjuntivo	Traducción
Buscamos a alguien	que baile sevillanas.	*We are looking for someone who dances sevillanas.*
¿Tienes algún dinero	que me puedas prestar?	*Do you have any money that you could lend me?*
Voy a comprarle a mi padre algo	que le guste.	*I'm going to buy my father something (not yet decided) that he will like.*

Si el hablante percibe estos antecedentes como definidos, se usa el indicativo en la oración subordinada.

CP con antecedente definido	CS con el indicativo	Traducción
Buscamos a alguien	que baila sevillanas.	*We are looking for someone (a known person) who dances sevillanas.*
Tengo algún dinero	que te puedo prestar.	*I have some money that I can lend you.*
Voy a comprarle a mi padre algo	que le gusta.	*I'm going to buy my father something (a known item) that he likes.*

Cuando la cláusula principal incluye un antecedente negativo, o sea, desconocido o inexistente, siempre se usa el subjuntivo en la cláusula subordinada. Tres antecedentes comunes de este tipo son **nada**, **nadie** y **ninguno** (**ninguna, ningunos, ningunas**).

CP con antecedente negativo	CS con el indicativo	Traducción
No hay nadie	que coma más que tú.	*Nobody eats more than you.*
No veo nada	que quiera comprar.	*I don't see anything that I want to buy.*
¿No encuentras ninguna camisa	que te sirva?	*You can't find a shirt that fits you?*

Ejercicio 6

a. Divídanse en parejas y entrevístense a base de las siguientes preguntas personales. Luego, escriban las respuestas.

Modelo:

Marisol: ¿Buscas un novio que tenga mucho dinero?

Ángeles: No, no busco un novio que tenga mucho dinero.

Marisol escribe: Ángeles no busca un novio que tenga mucho dinero.

1. ¿Tienes algún amigo que hable japonés?

   No tengo algún amigo que hable japonés
   ningún

2. ¿Conoces a alguien que viaje a menudo a Alaska?

   Sí, conozco a alguien que viaja a Menudo
   a Alaska

3. ¿Hay una tienda cerca de la universidad donde vendan libros usados?

   _____

4. ¿Comes con frecuencia en algún restaurante que esté sucio y la comida sea mala?

   _____

5. ¿Cuál es una película que te parezca romántica?

   _____

6. ¿Tienes un trabajo que pague bien?

   _____

7. ¿Hay algún profesor o profesora que te caiga muy mal?

   _____

8. En cambio, ¿hay algún profesor o profesora que te caiga muy bien?

   _____

b. En parejas, escriban oraciones con las estructuras que se les facilitan.

MODELO: Mis amigos buscan . . . que . . .

   R.: *Mis amigos buscan un coche que cueste poco.*

1. No hay nadie que . . .

   _____

2. Necesitamos . . . que . . .

   _____

3. ¿Hay alguien que . . . ?

   _____

4. Conozco a . . . que . . .

   _____

5. ¿No veis nada que . . . ?

   _____

6. Nuestros padres tienen algunas . . . que . . .

   _____

7. No hay ningún . . . que . . .

   _____

LAS PALABRAS-ENLACE (CONJUNCIONES) Y EL SUBJUNTIVO DE IRREALIDAD, PROYECCIÓN FUTURA E HIPÓTESIS

Con ciertas expresiones que enlazan dos oraciones se puede usar el indicativo o el subjuntivo en la cláusula subordinada de acuerdo con el significado. Si se quiere indicar **resultado, realidad** o **norma** (concepto de *as a general rule*), se usa el **indicativo** en la cláusula subordinada (es decir, después de la expresión que enlaza); si se quiere indicar **irrealidad, posibilidad, duda** o **proyección futura**, se usa el **subjuntivo** en la cláusula subordinada. A continuación se muestra cómo funcionan ciertas palabras-enlace (conjunciones) de acuerdo con el paradigma descrito.

- **Aunque** es una de las expresiones más comunes para indicar tanto realidad como irrealidad de acuerdo con el contexto.

Ejemplos de realidad (información) vs. irrealidad (proyección futura, duda)

Expresión-enlace	Oraciones	Explicación
aunque	Aunque estoy muerta de hambre, no voy a comer en ese restaurante.	Realidad: simple información
	Aunque esté muerta de hambre, nunca voy a comer en ese restaurante.	Irrealidad: proyección futura (*even if I am; uncertain future*)
	Aunque hace buen día, no voy a salir.	Realidad: simple información
	Aunque haga buen día mañana, no voy a salir.	Irrealidad: proyección futura (*even if it is; uncertain future*)
	Aunque Estefanía quiere a David, no piensa casarse con él.	Realidad: simple información
	Aunque Estefanía quiera a David, no piensa casarse con él.	Irrealidad: duda, pues no se sabe si Estefanía lo quiere (*even if*)

- Hay expresiones temporales que exigen el uso del subjuntivo cuando apuntan al futuro, es decir, si se trata de una acción que todavía no se ha realizado y que puede realizarse:

cuando	hasta que	mientras
después de que	tan pronto como	así que
en cuanto		

Ejemplos de posibilidad futura vs. resultado, realidad o norma

Expresión-enlace temporal	Oraciones	Explicación
cuando	Comimos cuando llegó mi tío.	Realidad
	Siempre como cuando tengo hambre.	Norma
	Piensan comer cuando lleguen los invitados.	Posibilidad o proyección futura

Expresión-enlace temporal	Oraciones	Explicación
hasta que	Los niños jugaron hasta que se cansaron.	Realidad
	Todos los días, mis hijos juegan hasta que se cansan.	Norma
	Supongo que los niños van a jugar hasta que se cansen.	Posibilidad o proyección futura

Expresión-enlace temporal	Oraciones	Explicación
mientras	El perro ladraba mientras la gente pasaba.	Realidad
	Por lo general, hago ejercicios mientras veo la tele.	Norma
	Sus padres van a seguir contentos mientras Alexis saque buenas notas.	Posibilidad o proyección futura

Expresión-enlace temporal	Oraciones	Explicación
después de que _so that_	Su hermana se casó después de que consiguió trabajo.	Realidad
	Siempre me levanto después de que suena el despertador.	Norma
	Pensamos mudarnos a Orlando después de que yo me gradúe.	Posibilidad o proyección futura

Expresión-enlace temporal	Oraciones	Explicación
as soon as ↙ así que/en cuanto/tan pronto como	Lo vimos así que (tan pronto como, en cuanto) salió del aeropuerto.	Realidad
	Todos los días cenamos así que (tan pronto como, en cuanto) llega mi compañera del trabajo.	Norma
	Vamos a buscarlo así que (tan como, en cuanto) nos llame por teléfono.	Posibilidad o proyección futura

EJERCICIO 7

a. Complete los espacios en blanco con el presente de indicativo, el pretérito absoluto de indicativo o el presente de subjuntivo.

1. Te prometo que en cuanto (yo) _____ (tener) tiempo, voy a visitarte.

2. Vamos a estudiar después de que (nosotros) _____ (acabar) de cenar.

3. Cuando Eduardo _____ (salir) de compras, siempre gasta mucho.

4. Mis jefes no reconocieron a nuestra clienta aunque (yo) se la

   _____ (presentar) a ellos la semana pasada.

5. Tan pronto como la profesora Casanova _____ (comprar) un coche nuevo, se fue a visitar Nueva York.

6. Ramón y Alejandro esperaron a sus novias hasta que (ellas) _____ (salir) del trabajo.

7. ¿Es verdad que escuchas música cuando _____ (estar) malhumorado?

8. La compañera de Guillermina dice que se va a vivir a Roma en cuanto (ella) _____ (graduarse) de la universidad.

9. Nadie quiere salir conmigo aunque (yo) _____ (ser) millonario, guapo, inteligente e interesante.

10. Estoy seguro de que la ingeniera Montilla no va a ponerse en contacto conmigo hasta que (yo) la _____ (llamar).

11. Ustedes se enferman cuando _____ (comer) demasiado.

12. Aunque ayer nos _____ (garantizar) que siempre tenía mala suerte, acabamos de enterarnos que el señor Portuondo se sacó la lotería.

13. Queremos ir a esquiar tan pronto como _____ (nevar) este invierno.

14. No voy a casarme contigo aunque (tú) me _____ (prometer) el sol, la luna y las estrellas.

15. Rita y Sandra discutieron después de que el mesero les _____ (llevar) la cuenta.

b. Conteste las siguientes preguntas, utilizando las palabras-enlace (conjunciones) y el tiempo indicado la palabra-acción (verbo). Preste atención especial a la concordancia.

1. ¿Qué haces cuando recibes una mala nota?

   _____

2. ¿Vas a regresar a tu apartamento o residencia estudiantil tan pronto como se termine esta clase?

   _____

3. ¿Lloraste después de que tus padres te dejaron en la universidad?

   _____

4. ¿Piensas casarte aunque no estés enamorado/a?

   _____

5. ¿Estudias sólo hasta que te aburres?

   _____

6. Por lo general, ¿hablas por teléfono mientras caminas?

   _____

c. Complétense las oraciones siguientes de una manera original.

1. Así que _____, se lo voy a comunicar a la directora.

2. Tan pronto como _____, me puse en contacto con las autoridades.

3. No piensan marcharse hasta que _____.

4. Cuando _____, nos enfadamos mucho.

5. Van a acabar de hacer la tarea en cuanto _____.

6. Siempre te levantas después de que _____.

d. Escriba oraciones originales en el subjuntivo con las palabras-enlace (conjunciones) indicadas.

1. aunque

   <u>Aunque me quede dormido tarde, voy a despertarme temprano.</u>

2. después de que

   Quiero conseguir un buen trabajo después de que pueda pescar mucho.

3. en cuanto

   Voy a alquilar un apartamento en cuanto reciba una carta de aceptación por la escuela de medicina.

4. hasta que

   Pienso que mi padre trabaja hasta que esté muy viejo.

• Con ciertas palabras-enlace (conjunciones), siempre se usa el subjuntivo, ya que por su significado ponen en duda la realidad de la acción verbal o, en el caso de **antes de que**, apuntan necesariamente a un futuro posible. Éstas son las siguientes:

en caso de que (*in case*)	sin que (*without*)
con tal que (*provided that, as long as*)	a menos que (*unless*)
para que (*so that*)	antes de que (*before*)
a fin de que (*so that*)	

EJEMPLOS:

a. Pienso llamar a Hassan en caso de que quiera acompañarnos.
b. Vamos a salir sin que nos vea la niña.
c. Vuestros padres dicen que os van a mandar dinero con tal que lo uséis para pagar el alquiler.
d. Nunca van al médico a menos que sea imprescindible.
e. El entrenador explica claramente la estrategia para que los jugadores la entiendan bien.
f. ¿Puedes encender la televisión antes de que empiece nuestro programa favorito?
g. Les gritan a fin de que presten atención.

¡Ojo!

Si en este tipo de oración la cláusula principal se encuentra en el pasado (pretérito absoluto o imperfecto), por ejemplo, lo más frecuente es que se emplee el imperfecto de subjuntivo en la cláusula subordinada según se explica en el capítulo 4. **Ejemplos:** Les gritaron a fin de que prestaran atención; El entrenador explicó claramente la estrategia para que los jugadores la entendieran bien.

Si no hay cambio de sujeto, se usa el infinitivo después de **sin**, **antes de**, **en caso de** y **para**.

EJEMPLOS:

   a. Elena se va siempre sin despedirse.
   b. Maridito mío, por favor, tienes que terminar de lavar los platos antes de poner la televisión.
   c. En caso de necesitar dinero, me puedes mandar un e-mail.
   d. Debes salir pronto para llegar a tiempo al trabajo.

De manera que y **de modo que** son sinónimos de **para que** y **a fin de que**. Sin embargo, en contraste con **para que** y **a fin de que**, se usan con el indicativo para expresar resultado. En esos casos, hay una coma entre la cláusula principal y la subordinada.

EJEMPLOS:

Expresión-enlace temporal	Oraciones	Explicación
de manera que/de modo que	Los caballos tenían sed, de manera que (de modo que) bebieron agua.	Resultado (*therefore*)
	La clase de botánica es muy difícil, de manera que (de modo que) tenemos que estudiar mucho.	Resultado (*therefore*)
	Deben salir temprano de manera que (de modo que) puedan comprar los boletos.	Posibilidad o proyección futura (*so that*)

ALERTA 50

Así que se usa también como sinónimo de **de manera (modo) que**. En esos casos, indica que la oración afectada es consecuencia de lo que se dijo antes. **Ejemplo:** Tenemos prisa, así que debes terminar de vestirte inmediatamente.

EJERCICIO 8

   a. Complete los espacios en blanco con el infinitivo o el presente de subjuntivo.

   1. Mi hermana siempre se va sin que (yo) la _____ (ver).

   2. Vinieron para _____ (hablar) con la madre de los González.

3. Traigo el paraguas en caso de que _____ (llover).

4. Sergio debes pagar la cuenta para que (ellos) no _____ (pensar) que somos ladrones.

5. El representante de los obreros afirma que éstos están dispuestos a trabajar hasta la medianoche con tal que la empresa les _____ (pagar) un poco más.

6. Te voy a castigar a menos que (tú) les _____ (pedir) perdón a los vecinos.

7. Si no se apuran, se van a quedar sin _____ (desayunar).

8. Yosay va a regalarme un traje nuevo para que (yo) _____ (ir) bien vestido a su boda.

9. Te doy los libros a fin de que los _____ (devolver) a la biblioteca.

10. Los estudiantes piensan escaparse antes de que _____ (entrar) el profesor.

11. Hace mucho frío. Conviene abrigaros de manera que no _____ (coger) una pulmonía.

12. El hombre se niega a comprar el coche sin que lo _____ (revisar) un mecánico con anterioridad.

13. Se recomienda no comer demasiado antes de _____ (meterse) en el agua.

14. Hijo, te vamos a comprar unos esquís acuáticos nuevos con tal que _____ (sacar) buenas notas este año.

b. Complétense las oraciones siguientes de una manera original.

1. Gerardo piensa estudiar en la Argentina el año próximo a menos que _____.

2. La senadora Mendiola anunció que se va a retirar de la política en caso de _____.

3. Vuestra compañera de cuarto pasa la aspiradora todos los días para que _____.

4. Yo no tenía hambre, de modo que _____.

5. Sugieren que los llamemos antes de que _____.

6. Todos los días esos chicos van a clase sin _____.

c. Escriba oraciones originales en el subjuntivo con las palabras-enlace (conjunciones) indicadas.

1. sin que

Pesco sin que tenga ningún problema.

2. para que

Estudio mucho para que saque buenas notas.

3. con tal que

Mis padres pagan mi alquiler con tal de que me concentre en los estudios.

4. antes de que

Necesito vestirme antes de que salga.

d. Complete el siguiente ejercicio de repaso de las palabras-enlace (conjunciones) presentadas en este capítulo. Llene los espacios en blanco con el presente de indicativo, el pretérito absoluto de indicativo, el infinitivo o el presente de subjuntivo.

1. ¿Por qué no me llamas mañana en caso de que te _____ (ser) posible asistir a la fiesta?

2. Elizabeth dice que quiere comprar una motocicleta cuando _____ (tener) dinero.

3. Ayer los clientes esperaron frente a la tienda hasta que los dueños _____ (abrir) la puerta.

4. El avión debe despegar antes de que _____ (empezar) la tormenta.

5. ¿Pensáis salir de viaje tan pronto como _____ (despertarse)?

6. Los ladrones entraron sin _____ (hacer) ruido.

7. Queremos viajar por toda Europa en cuanto _____ (terminarse) las clases.

8. ¿Es verdad que te casaste con Arturo exactamente un año después de que (ustedes) _____ (conocerse)?

9. Pues claro que (yo) _____ (votar) cuando hay elecciones.

10. La señora Magdalena acaba de darnos cinco euros para que (nosotros) le _____ (comprar) pan y leche.

11. ¿Te echaron de la fiesta aunque no _____ (hacer) nada malo?

12. Te voy a regalar un celular a fin de _____ (poder) localizarte fácilmente.

13. Vosotros debéis prestarle atención al médico a menos que _____ (querer) morir jóvenes.

14. No voy al Polo Norte contigo aunque (tú) me lo _____ (pedir) de rodillas.

15. Comieron antes de _____ (marcharse).

16. Mi amiga Ruth siempre baila con Iván aunque (él) le _____ (caer) muy mal a ella.

17. Les voy a contar una historia verdadera para que (ustedes) no _____ (decir) mentiras nunca más.

LA VOZ PASIVA CON *SER*

En español, como en inglés, hay una voz activa y una voz pasiva. La voz activa es aquella en la que un actor realiza una acción que afecta a una persona, animal, cosa o concepto. Cuando escribo "El mecánico reparó el coche", "el mecánico" es el sujeto o actor; "reparó" es la acción que el mecánico realizó; y "el coche" es lo reparado, o sea, lo afectado por la palabra-acción (verbo). Esta es la estructura normal de la oración. Sin embargo, también existe una voz pasiva que, en cierta forma, representa la inversión de esta estructura normal porque el énfasis cambia del sujeto o actor a la persona, animal, cosa o concepto afectado. Se usa entonces la siguiente fórmula.

sujeto pasivo	ser	participio pasivo	por	agente de pasiva
El coche	fue	reparado	por	el mecánico.

Observe que el actor, o sea, el mecánico, ahora ocupa el último lugar en la oración. Es el agente que se identifica mediante la palabra **por**. Mientras tanto, el objeto afectado por la palabra-acción (verbo), es decir **el coche**, pasa al primer lugar dentro de la estructura. La palabra-acción (verbo) en pretérito, **reparó**, se ha convertido en la frase pasiva **fue reparado**.

A pesar de que este tipo de construcción es correcta en español, no se usa con la misma frecuencia que en inglés. El español es una lengua activa. Los hispanohablantes evitan casi siempre la construcción *ser* + **participio pasivo**, sobre todo en la conversación diaria.

Hay que recordar cuatro aspectos relacionados con la construcción pasiva:

- Aunque la mayor parte de los participios pasivos son regulares, o sea, terminan en **-ado** (palabras-acción/que acaban en **-ar**) o **-ido** (palabras-acción[/]que acaban en **-er** o **-ir**), otros son irregulares. En el siguiente cuadro se incluyen algunos de uso muy frecuente:

abierto (abrir)	escrito (escribir)	puesto (poner)	resuelto (resolver)
cubierto (cubrir)	frito (freír)	roto (romper)	visto (ver)
dicho (decir)	muerto (morir)	hecho (hacer)	vuelto (volver)
descrito (describir)			

ALERTA 51

El participio pasivo de las palabras-acción (verbos) compuestas (o sea, **prefijo + infinitivo**) normalmente **conserva la irregularidad** del infinitivo de que procede. **Ejemplos:** revolver → revuelto; devolver → devuelto; encubrir → encubierto; prever → previsto; componer → compuesto; deshacer → deshecho.

- En la construcción pasiva, el participio (forma **-ado/-ido**) debe concordar en género y número con el sujeto de pasiva; **ser** concuerda en número.

   EJEMPLOS:

   a. Los libros fueron escritos por Luisa Valenzuela.
   b. La bicicleta fue arreglada por mi tío.
   c. Las listas fueron preparadas por el secretario de la presidenta.

- Es posible omitir el agente de la construcción pasiva cuando éste se desconoce o no se considera importante.

   EJEMPLOS:

   a. El edificio fue construido el año pasado.
   b. Las maletas nunca fueron localizadas.

- Aunque es posible crear construcciones pasivas en cualquier tiempo de **ser**, lo más frecuente es que se utilice el **pretérito absoluto**. A continuación aparecen ejemplos en que se utiliza la voz pasiva en otros tiempos de la palabra acción (verbo).

   EJEMPLOS:

   a. La fiesta es organizada por la asociación de ex alumnos.
   b. Dudo que el prisionero sea trasladado a otra celda.
   c. Las papas nunca eran sazonadas como es debido por el cocinero.

EJERCICIO 9

a. Convierta la oración activa en pasiva según el modelo.

   MODELO: Rosaura leyó la novela.   **R.:** *La novela fue leída por Rosaura.*

   1. La familia Arrabal compró el piso.

   _____

   2. El jardinero recogió las flores.

   _____

   3. Una boliviana compuso esa hermosa balada.

   _____

   4. Estoy seguro de que los corredores kenyatas batieron muchos récords olímpicos.

   _____

5. El editor incluyó el poema en la antología.

_____

6. Esa pareja alquiló la motocicleta.

_____

b. En parejas, creen oraciones pasivas con los elementos facilitados. Presten atención a la concordancia y cambien el infinitivo al participio pasivo cuando sea necesario.

1. el / ecuación / ser (**pretérito absoluto**) / resolver / por / el / alumna / más / inteligente

_____

2. ese / novelas / ser (**pretérito absoluto**) / escribir / por / un / escritora / paraguayo

_____

3. el / discurso / ser (**pretérito absoluto**) / pronunciar / por / el / líder / de / el / cámara de representantes

_____

4. el / meriendas / ser (**pretérito absoluto**) / repartir / por / el / asistentes de vuelo

_____

5. el / coches / mal / estacionado / ser (**pretérito absoluto**) / multar / por / el / policía

_____

PARA PENSAR CRÍTICAMENTE

Cuando se escribe como cuando se habla, inclusive si lo que se produce son estructuras básicas y hasta espontáneas como la descripción y la narración, se sigue siempre un procedimiento crítico. Hasta ahora lo hemos presentado en sus matices más elementales, que consisten en la selección de lo que se quiere decir y en la organización lógica del texto. Ya en los dos últimos capítulos, sin embargo, hemos discutido de manera un tanto superficial aspectos más complejos del arte de escribir, como son el punto de vista narrativo, la diferencia entre lo objetivo y lo subjetivo y la manera en que uno puede expresar ideas indirectamente, ocultándose tras la voz de otro. Todo esto significa pensar críticamente sobre el arte de escribir y, al mismo tiempo, tener más consciencia de lo que se persigue cuando se redacta y del posible efecto de las palabras.

Pongamos en práctica ahora nuestra capacidad para definir y analizar conceptos. Con ese objetivo, realícese en clase el siguiente ejercicio, que requiere reflexionar de manera individual y colectiva.

EJERCICIO 10

a. Divídanse primero en grupos de cuatro o cinco de acuerdo con las instrucciones de la profesora o del profesor. Ésta o éste le asignará a cada grupo uno de los siguientes colores:

rojo
azul
negro
blanco
verde

Luego, individualmente y en silencio, cada miembro/a del grupo debe escribir rápidamente siete oraciones sobre el color que le toque en suerte. Al hacerlo, debe pensar en una idea general, como la que se detecta en el modelo a continuación:

El amarillo

1. El amarillo es un color alegre.
2. Representa todas las virtudes, pues es el color del sol.
3. Por eso yo lo relaciono con la primavera, que es cuando el sol comienza a imponerse sobre las sombras del invierno.
4. Es también el color del dinero, debido a que el oro es amarillo.
5. En ese sentido, se asocia con la Señora Fortuna.
6. Invariablemente, entonces, el amarillo trae buena suerte al significar vida y dinero.
7. ¡Dichosas las personas que se pasan la vida vestidas de amarillo!

Abajo, escriba siete oraciones sobre el color que le ha tocado a su grupo:

1. _____

2. _____

3. _____

4. _____

5. _____

6. _____

7. _____

b. Ahora, en grupos, léanse las oraciones que han escrito sobre el color que les tocó en suerte. Después de que todos hayan leído las suyas, escriban una pregunta que represente más o menos las ideas que se advierten sobre el color. Por ejemplo, si se piensa en las siete oraciones sobre el amarillo que aparecen anteriormente, podría hacerse la siguiente pregunta: "¿Por qué es el amarillo el color más positivo de todos?"

Una vez determinada la pregunta, escojan siete de las mejores oraciones escritas por el grupo y armen un mini-texto coherente que, luego, un individuo seleccionado por el grupo leerá ante toda la clase.

Escribab el ejercicio crítico que crearon como grupo en el espacio provisto a continuación.

_____

_____

_____

_____

_____

_____

_____

_____

_____

_____

LA *SE* CON VALOR MEDIO (LA PASIVA REFLEJA)

La partícula **se** tiene un uso especial que se conoce como valor medio o pasiva refleja. Esta construcción, que se emplea con mucha frecuencia tanto en el español hablado como en el escrito, no es totalmente activa ni totalmente pasiva. Dicha estructura depende de un signo o señal introductoria: la **se** media o pasiva refleja. Ésta precede a una palabra-acción (verbo) que concuerda con un sujeto que es animal, cosa o concepto: Se rompió el espejo (*The mirror got broken*); Se pierden las llaves con frecuencia (*The keys frequently get lost*).

Para entender bien esta estructura, puede establecerse cierto paralelo con el inglés. Por ejemplo, si uno quiere expresar en español una idea como *They sell bread in the bakery*, el hablante tiene por lo menos dos opciones. Una sería utilizar la misma construcción activa impersonal que se utiliza en inglés: Venden pan en la panadería. En este caso, el sujeto implícito **ellos** (*they*) se refiere a esa persona o grupo de personas no identificadas que controla la panadería. La segunda opción sería emplear una construcción media o pasiva refleja con **se**, la cual está más cerca de la voz pasiva en inglés: Se vende pan en la panadería (*Bread is sold in the bakery*).

Otro ejemplo semejante sería las maneras de traducir la oración, *In Spain, they used to close the stores at one o'clock*. Se puede usar en español la misma estructura que en inglés: En España cerraban las tiendas a la una. Teóricamente, sería posible utilizar la construcción pasiva **ser + participio**: En España las tiendas eran cerradas a la una (*In Spain, stores used to be closed at one o'clock*). Esta construcción es de uso infrecuente en español, sobre todo porque no interesa el actor, es decir, la persona que ejecuta la acción. Lo más frecuente sería utilizar la construcción media con **se**: En España se cerraban las tiendas a la una (*In Spain, they used to close the stores at one o'clock*).

- La construcción media o pasiva refleja se basa en la siguiente fórmula:

se + palabra-acción (verbo) que concuerda + sujeto inanimado (cosa, con el sujeto concepto o animal)

EJEMPLOS:

   a. Se abrió la puerta.
   b. Se sabían tus mentiras.
   c. Se vende una bicicleta casi nueva.
   d. Ojalá que se exterminen todas las cucarachas.
   e. En este hotel se cambian las sábanas diariamente.

No se usa la construcción media con **se** cuando se identifica el agente de la acción. En esos casos se emplea la voz pasiva (**ser + participio**). **Ejemplo:** Las puertas son cerradas por Andrés. No se dice *"Se cierran las puertas por Andrés".

ALERTA 52

Hasta cierto punto, el orden de la oración es flexible en las construcciones medias o pasivas reflejas. **Ejemplo:** Se pintan de rojo las paredes = Las paredes se pintan de rojo.

- Si el sujeto de la construcción media o pasiva refleja es una persona o varias personas, la estructura cambia considerablemente. En esos casos, la palabra-acción (verbo) está siempre en singular, y el sujeto de pasiva se identifica mediante la palabra indicadora (preposición). Se utiliza la siguiente fórmula:

se + palabra-acción (verbo) + a + sujeto animado (persona, por en singular lo regular)

EJEMPLOS:

   a. En los Estados Unidos no se ayuda lo suficiente a los pobres.
   b. Se escuchó con entusiasmo al orador.
   c. Se necesitaba tranquilizar a los futuros padres porque estaban muy nerviosos.

EJERCICIO 11

   a. Cree estructuras medias (**se** + palabra-acción, o sea verbo) según las indicaciones.

   MODELO: *Se comen* (**comer**; presente de indicativo) muchos caramelos en Halloween.

1. _____ (**escribir**; presente de indicativo) ocho composiciones durante el semestre.

2. El condominio _____ (**alquilar**; pretérito de indicativo) en un dos por tres.

3. _Se Condenaror_ (**condenar**; pretérito de indicativo) a veinte años de cárcel a los delincuentes.

4. Aquí _se hacen_ (**hacer**; presente de indicativo) reparaciones de todo tipo.

5. Es necesario que _se siembre_ (**sembrar**; presente de subjuntivo) más maíz este año.

6. _Se compran_ (**comprar**; presente de indicativo) automóviles chocados.

7. _Se veían_ (**ver**; imperfecto de indicativo) las montañas a lo lejos.

8. Dudo que _se eligan_ (**elegir**; presente de subjuntivo) a los mismos senadores este año.

9. Las ventanas siempre _se abrían_ (**abrir**; imperfecto de indicativo) cuando hacía viento.

10. Todavía no _se fregaron_ (**fregar**; pretérito de indicativo) los platos.

b. En parejas, escriban oraciones medias con (**se** + palabra-acción/verbo) a base de las estructuras que se ofrecen a continuación.

MODELO: Cerraron la puerta.   **R.:** *La puerta se cerró.*

1. Castigaron al niño por portarse mal en la escuela.

   _____

2. Necesitan dinero para financiar el proyecto.

   se necesitan dininero

3. Es mejor que escriban la carta en inglés.

   se escribieron

4. Van a fabricar siete casas nuevas en este barrio.

   _Siete c___ se va a fabricar_

5. Entrenaban a los futbolistas de la selección nacional desde hacía un mes.

   _____

6. Hicieron los zapatos en Indonesia.

   _____

7. Rompen las copas finas con facilidad.

   _____

8. Es posible que examinen a los estudiantes el mes que viene.

   _____

La narración con diálogo   **191**

c. En parejas, lean el siguiente pasaje. Luego, cambien la voz pasiva (**ser + -ado/-ido**) por la construcción media (**se** + palabra-acción/verbo) para completar los espacios en blanco.

Modelo: La piedra **fue tirada**.   **R.:** *Se tiró la piedra.*

> Mi novio y yo fuimos al cine el otro día para ver una película extranjera que **era titulada** *La estepa peligrosa*. **Fue filmada** en Groenlandia, en un glaciar donde **son encontrados** muchos osos blancos. La película **fue premiada** en el famoso festival de cine de Lagunilla. Además, la protagonista del filme, Doménikka Stanilavski, **fue galardonada** con un *Globo de Matías Pérez*, el premio más importante que **es concedido** a un actor en ese festival, trátese de un hombre o de una mujer. También **fue reconocido** por su labor al director, Jordi Rabal Ripoll.
>
> A decir verdad, la película no nos gustó a nosotros ni al resto del público. No **fueron aplaudidos** ni el director ni los actores, cosa rara en estos festivales. Por eso dudamos que **sean vendidas** muchas entradas de ahora en adelante. En nuestra opinión, *La estepa peligrosa* **va a ser retirada** de las pantallas dentro de muy poco.

Mi novio y yo fuimos al cine el otro día para ver una película extranjera que _se tituló_ *La estepa peligrosa*. _Se filmó_ en Groenlandia, en un glaciar donde _se encontraron_ muchos osos blancos. La película _se premió_ en el famoso festival de cine de Lagunilla. Además, _se galardonó_ a la protagonista del filme, Doménikka Stanilavski, con un *Globo de Matías Pérez*, el premio más importante que _se concedía en_ a un actor en ese festival, trátese de un hombre o de una mujer. También _se reconoció_ por su labor al director, Jordi Rabal Ripoll.

A decir verdad, la película no nos gustó a nosotros ni al resto del público. No se _aplaudieron_ ni al director ni a los actores, cosa rara en estos festivales. Por eso dudamos que se vendieron an _se vendieran_ muchas entradas de ahora en adelante. En nuestra opinión, *La estepa peligrosa* se va a ser retiró _retirar_ de las pantallas dentro de muy poco.

- A veces las estructuras medias o pasivas reflejas se personalizan mediante la palabra sustituidora (pronombre) que representa el complemento indirecto (**me**, **te**, **le**, **nos**, **os**, **les**). De esa manera se identifica a la entidad responsable de la acción o afectada por ella:

Construcción con *se*	Construcción con *se* + complemento indirecto
Se perdía el perro con frecuencia.	Se nos perdía el perro con frecuencia. (*We lost the dog often.*)
Se rompió el vaso.	Se me rompió el vaso. (*I broke the glass.*)
Se cayó el búcaro.	A Ana se le cayó el búcaro. (*Ana dropped the vase.*)
Se quemaron los plátanos.	Se te quemaron los plátanos. (*You burned the plantains.*)
Es probable que se acabe la gasolina.	Es probable que se les acabe la gasolina. (*It is likely that they will run out of gas.*)

EJERCICIO 12

a. De acuerdo con el modelo, identifique por medio de la palabra sustituidora complementaria (pronombre de complemento **me**, **te**, **le**, **nos**, **os**, **les**) la entidad responsable de la acción o afectada por ella.

MODELO: **Se olvidó** el problema (a él).   *R.: Se le olvidó el problema.*

1. **Se perdieron** los zapatos. (**a ellos**)
   les

2. **Se ponchó** la goma del coche. (**a mí**)
   me

3. ¡Pobre de ti! **Se murió** la cotorra. (**a ti**)

4. **Se fue** el autobús. (**a vosotros**)
   os

5. **Se apagaron** las luces. (**a nosotros**)

b. En parejas, creen oraciones semejantes a las anteriores con las palabras-acción (verbos) que se les facilitan.

echar a perder *se rechó a perder la lección*

romper *se rompieron las ventanas*

caer *se cayo la abuela* ~~fall~~

acabar *se acabó la serie de televisión*

dormir *se durmió el perro*

arruinar *se arruinó el banco*

LA NARRACIÓN IMPERSONAL

En el capítulo 2 se presentó la narración de tipo personal o subjetivo, es decir, de primera persona, así como la narración de tipo impersonal u objetivo, o sea, de tercera persona. Se explicó que la narración impersonal establece una distancia mayor entre la voz que escribe y la persona que lee. Por eso, este método de narrar sugiere imparcialidad, precisión y hasta un mejor conocimiento de los hechos que se cuentan.

Una de las estrategias más comunes para escribir en tercera persona en español se basa en la construcción media y la impersonal (ver las páginas 77–79 del capítulo 1), ambas de las cuales consisten en el uso de **se** + palabra-acción (verbo). De esa manera, se excluye casi en absoluto la voz personal que invariablemente queremos buscar en una historia.

Octava entrada del cuaderno

Escriba una narración impersonal (es decir, en tercera persona) de aproximadamente 200 a 250 palabras sobre cualquier evento pasado. En ella, debe haber por lo menos tres oraciones con la **se** media. Subraye las construcciones medias (**se** + palabra-acción/verbo). No olvide que debe escribir a doble espacio.

Examine cuidadosamente el ejemplo a continuación. Note que hay más de tres construcciones medias. Observe también como la voz personal casi desaparece, pues se oculta en la objetividad de la tercera persona y la construcción **se** + palabra-acción (verbo).

Una fiesta de sorpresa

El año pasado se celebraron las bodas de plata de Andrés y Myriam Suárez, los padres de mi amiga Sonia, así que ella y sus hermanos Rico y Eugenio decidieron sorprenderlos. Con la ayuda de varios conocidos, se organizó una gran fiesta. Se invitó a familiares y amigos. Se decidió que el día quince de agosto se debía llamar por teléfono a Andrés y Myriam para invitarlos al cine y sacarlos de la casa. Se escogió a Matt y Barb Zimmerman-Roberts porque ellos salen juntos mucho. Se determinó que había que recogerlos a las tres de la tarde para tenerlos de vuelta a eso de las seis y cuarto. Media hora antes, se abrieron las puertas de la casa a unas veinte personas.

Como no había suficientes muebles, cubiertos ni platos, se alquilaron sillas y mesas plegables. También se compraron muchos platos de cartón, así como cubiertos y vasos de plástico. La comida se pidió de un restaurante libanés que les gusta mucho a Myriam y a Andrés. Además, se trajeron refrescos, vino blanco y tinto y champaña.

A eso de las seis y diez, se oyó gritar a Rico: "Es hora de esconderse para que mis padres no se den cuenta de nada". Precisamente en ese momento, se escucharon los pasos de Matt, Barb, Myriam y Andrés. Cuando se abrió la puerta, los invitados gritaron: "¡Feliz aniversario!" Horas más tarde, aún se hablaba de la agradable sorpresa que se llevaron los padres de Sonia.

(Total: 244 palabras)

LOS RELACIONANTES *LO CUAL* Y *LO QUE*

Los relacionantes **lo cual** y **lo que** son formas neutras (o sea, no tienen género ni número) que se usan para referirse a ideas completas o abstracciones, nunca a una palabra-concepto (sustantivo) específica. A continuación se muestra el modo correcto de utilizar ambas formas. Note que **lo que** siempre puede sustituir a **lo cual**, pero no al revés.

Lo cual (*which*)

Características:

1. Se usa para referirse a toda una idea expresada anteriormente o a una oración completa.

2. Se usa después de palabras indicadoras (o sea preposiciones como **de**, **con**, **por**, **a**, etc.) para referirse a toda una idea expresada anteriormente o a una oración completa.

3. Es una forma neutra, es decir, no tiene masculino ni femenino ni plural.

4. Siempre es posible reemplazar **lo cual** por **lo que**.

a. Se refiere a todo un concepto expresado anteriormente o a toda la oración que expresa la idea.

   1. Loló es muy terca, **lo cual** no sorprende a nadie porque su papá también lo es. (**Lo cual** se refiere a toda la oración **Loló es muy terca**.)

   2. Dicen que la inteligencia es superior a la fuerza, **lo cual** no me convence en absoluto. (**Lo cual** se refiere a toda la idea de que la inteligencia es superior a la fuerza.)

b. Se usa después de palabras indicadoras (preposiciones como **a**, **por**, **en**, **con**, etc.) para referirse a toda una idea expresada anteriormente o a una oración completa.

   1. El cinco de mayo se conmemora la batalla de Puebla, por **lo cual** todo el pueblo mexicano está de fiesta. (**Lo cual** se refiere a toda la oración **El cinco de mayo se conmemora la batalla de Puebla** y sigue a la palabra indicadora **por**.)

   2. El médico le comunicó a la señora Ramírez que los resultados del examen habían sido negativos, con **lo cual** se sintió mucho más tranquila. (**Lo cual** se refiere a toda la oración **los resultados del examen habían sido negativos** y sigue a la palabra indicadora **con**.)

Lo que (*which, what, that, that which*)

Características:

1. Como **lo cual**, se usa para referirse a toda una idea expresada anteriormente o a una oración completa.

2. Como **lo cual**, se usa después de palabras indicadoras (o sea preposiciones como **de**, **con**, **por**, **a**, etc.) para referirse a toda una idea expresada anteriormente o a una oración completa.

3. Como **lo cual**, es una forma neutra; es decir, no tiene femenino ni plural.

4. En contraste con **lo cual**, se usa como sujeto neutro (*what*) para aludir a una idea no expresada en la oración.

5. En contraste con **lo cual**, se usa después de palabras indicadoras (preposiciones como **de**, **con**, **por**, **a**, etc.) para referirse a uno o varios

a. Se refiere a todo un concepto expresado anteriormente o a toda la oración que expresa la idea.

   1. Loló es muy terca, **lo que** no sorprende a nadie porque su papá también lo es. (**Lo que** se refiere a toda la oración **Loló es muy terca**.)

   2. Dicen que la inteligencia es superior a la fuerza, **lo que** no me convence en absoluto. (**Lo que** se refiere a toda la idea de que la inteligencia es superior a la fuerza.)

b. Se usa después de palabras indicadoras (preposiciones como **a**, **por**, **en**, **con**, etc.) para referirse a toda una idea expresada anteriormente o a una oración completa.

   1. El cinco de mayo se conmemora la batalla de Puebla, por **lo que** todo el pueblo mexicano está de fiesta. (**Lo que** se refiere a toda la oración **El cinco de mayo se conmemora la batalla de Puebla** y sigue a la palabra indicadora **por**.)

   2. El médico le comunicó a la señora Ramírez que los resultados del examen habían sido negativos, con **lo que** se sintió mucho más tranquila. (**Lo que** se refiere a toda la oración **los resultados del examen habían sido negativos** y sigue a la palabra indicadora **con**.)

(Continuado)

conceptos no expresados concretamente en la oración.

c. Puede usarse como sujeto neutro. A veces este sujeto forma parte de un complemento directo y se traduce como *what* y, en ocasiones, *that*.

1. **Lo que** pasó fue que la bicicleta se le rompió. (**Lo que** equivale a *what* y opera como sujeto neutro de **pasó**. En este caso, es imposible reemplazar **lo que** con **lo cual**.)

2. Mis abuelos me contaron todo **lo que** sufrieron durante la guerra. (**Lo que** equivale a *that* y se refiere a una serie de hechos no identificados concretamente. En este caso, es imposible reemplazar **lo que** con **lo cual**.)

3. Vas a escuchar **lo que** te digo. (**Lo que** equivale a *what* y funciona como complemento directo. Por eso la palabra sustituidora / pronombre de complemento **lo** puede reemplazar la expresión **lo que te digo**: Vas a escuchar**lo**.)

d. Se usa después de las palabras indicadoras (preposiciones como **a**, **de**, **en**, **por**, etc.) para referirse a uno o varios conceptos no expresados concretamente en la oración.

1. No saben de **lo que** se trata. (**Lo que** equivale a *what* y se refiere a un concepto implícito que el hablante no expresa. En este caso, es imposible reemplazar **lo que** con **lo cual**.)

2. El mensajero viene por **lo que** le prometiste a su supervisora. (**Lo que** equivale a *what* y se refiere a un concepto implícito que el hablante no expresa. En este caso es imposible reemplazar **lo que** con **lo cual**.)

Ejercicio 13

a. Indique con una X en cuáles de las siguientes oraciones es imposible usar **lo cual**.

Oración	Imposible
1. Lo que pasa es que vosotros nunca llegáis a tiempo.	☐
2. Va a llover mañana, lo que no nos sorprende en absoluto.	☐
3. Todo lo que le dijo su tía era la pura verdad.	☐
4. Se me echó a perder el silenciador del coche, por lo que tengo que ir a pie a la universidad.	☐
5. La rampa de estacionamiento está repleta hoy, lo que hace imposible el aparcar.	☐
6. No entiendo nada de lo que dice ese anunciador de televisión.	☐

b. En parejas, escriban oraciones con **lo que** y **lo cual**, valiéndose de los elementos facilitados. Presten atención especial a la concordancia.

1. a / Reynaldo / no / gustarle (**presente de indicativo**) / nada / bailar / ¿**lo que** o **lo cual**? / le / molestar (**presente de indicativo**) / a / su / amigas

   _____

2. ¿**lo que** o **lo cual**? / tú / les / hacer (**pretérito absoluto**) / a / tu / parientes / salvadoreño / estar (**pretérito absoluto**) / muy / mal

   _____

3. el / doctora / Corrientes / siempre / explicarnos (**presente de indicativo**) / todo / ¿**lo que** o **lo cual**? / no / entender / acerca / de / el / enfermedades (**presente de indicativo de** _nosotros_)

   _____

4. el / policía / aparecerse (**pretérito absoluto**) / en / nuestro / apartamento / a / el / dos de / el / madrugada / con / ¿**lo que** o **lo cual**? / acabarse (**pretérito absoluto**) / el / fiesta

   _____

c. En parejas, escriban oraciones conforme a lo indicado.

1. **lo que** como sujeto neutro

   _____

2. **por lo cual**

   _____

3. **lo cual** después de coma (,) para referirse a toda una idea o a una oración completa

   _____

4. **lo que** después de una de estas palabras indicadoras (preposiciones): **de, a, por, con, en**

   _____

ALERTA 53

Cuyo (**cuya**, **cuyos**, **cuyas**) (_whose, of whom, of which_) es un relacionante que tiene valor posesivo. Por eso, concuerda en género y número con lo poseído, es decir, con la palabra-concepto (sustantivo) que lo sigue. **Ejemplos:** El coche **cuya** llanta delantera derecha (_whose right front tire_) está pinchada es el mío; El señor Robles, **cuyos** hijos (_whose children_) viven muy lejos ahora, siempre está triste; La chica con **cuya** madre (_with whose mother_) fuimos al cine se llama Catalina. Igual que en inglés, este relacionante es de uso poco frecuente, sobre todo en la lengua hablada.

LA NARRACIÓN CON DIÁLOGO

Muchas veces, se incluye diálogo en una narración para hacerla más dramática e interesante. En esos casos, es necesario presentar correctamente el diálogo de manera directa, o sea, hacerlo a base de expresiones que se adapten al tono que uno quiere comunicar. Esto suele hacerse mediante ciertas palabras-acción (verbos). Otras veces, el diálogo se presenta de manera indirecta por medio esencialmente de la siguiente fórmula: **palabra-acción (verbo) + *que* + información reportada**. A continuación aparecen algunas de las palabras-acción (verbos) y estructuras más comunes.

Palabra-acción (verbo)	Traducción	Ejemplo
decir	*to say, tell*	El hombre dijo, "Tengo los documentos".
observar	*to say, observe*	La mujer observó, "Los documentos son falsos".
responder	*to answer*	"¡Mentira! Son verdaderos", le respondí.
suplicar	*to beg, to plead*	Le supliqué, "Por Dios, no te vayas".
gruñir	*to growl*	El jefe gruñó, "Es necesario trabajar más seriamente".
confesar	*to confess*	Confesaron: "Somos culpables".
exclamar	*to exclaim*	La joven exclamó, "¡Me voy porque me da la gana!"
contestar	*to answer*	Me contestaron, "No te podemos prestar el dinero".
contar	*to tell*	Adolfo comenzó a contar muy seriamente: "Ayer iba para casa de la abuelita cuando me encontré con un lobo enorme y . . ."
explicar	*to explain*	El agente les explicó, "El avión va a llegar tarde, debido a la tormenta".
preguntar	*to ask*	"¿Y tú?", le pregunté, "¿Sabes cuándo sale el tren?"
gritar	*to shout*	Os gritó, "¡Cuidado!"

(Continuado)

susurrar	to whisper	El espectador malhumorado susurró, "Vámonos, que esta obra no sirve".
quejarse	to complain	El herido se quejó amargamente, "¡Ay! ¡Qué agonía!"
sugerir	to suggest	El médico sugirió, "Deben cuidarse mucho más".
murmurar	to say softly	La niña murmuró, "Mamá, ¿dónde estás?"
rogar	to beg, to plead	Me rogó, "Por favor, hay que tener mucho cuidado cuando se baila para no pisar al compañero".

Ejercicio 14

a. Use las palabras-acción (verbos) facilitadas para cambiar el tono de la oración principal de acuerdo con las indicaciones.

La locutora dijo, "Compren este excelente producto".

exclamar	suplicar	responder
confesar	susurrar	quejarse
gritar		

1. La locutora _____, "Compren este excelente producto".
   (Pedir con mucha humildad como solicitando un favor.)

2. La locutora _____, "Compren este excelente producto".
   (Decir en voz muy baja para que sólo alguien que está muy cerca pueda oír.)

3. La locutora _____, "Compren este excelente producto".
   (Declarar con mucho entusiasmo.)

4. La locutora _____, "Compren este excelente producto".
   (Contestar una pregunta.)

5. La locutora _____, "Compren este excelente producto".
   (Decir en voz muy alta y con tono casi ofensivo.)

b. Utilice las palabras-acción (verbos) que se ofrecen abajo para introducir una oración original en discurso directo.

explicar   _____

sugerir   _____

contestar   _____

ESTRATEGIAS DE LA COMUNICACIÓN ESCRITA (4)

El discurso indirecto

Según se ha explicado, el diálogo hace un texto más realista, interesante o hasta dramático. Se trata de un procedimiento muy eficaz para amenizar un escrito. Conviene también tener presente, sin embargo, que un efecto parecido se puede conseguir a base de lo que se llama **discurso indirecto**. El discurso indirecto consiste en presentar el diálogo en una oración subordinada con **que**, la cual se presenta por medio de expresiones informativas como las que se vieron anteriormente, o sea, palabras-acción (verbos) como **decir, exclamar, explicar, gritar, aclarar, declarar.** El discurso indirecto permite que el diálogo sólo se insinúe o se exprese de manera oblicua, pues se hace parte de la estructura narrativa. Repare en los siguientes ejemplos para observar la manera en que el discurso directo puede convertirse en indirecto:

- Mi hermano me dice, "**Me siento** enfermo". → Mi hermano me dice **que se siente** enfermo.
- Las jóvenes gritaron, "¡**Tenemos** mucho miedo!" → Las jóvenes **gritaron que tenían** mucho miedo.

Note que en el segundo ejemplo se usa el imperfecto en la oración en discurso indirecto. Se hace así porque el tiempo está subordinado al pretérito de la oración principal. En el caso del discurso directo, la oración "Tenemos mucho miedo" es una cita textual, es decir, una repetición fuera del tiempo de lo que dijeron las jóvenes en el pasado.

Es importante observar que, a veces, las oraciones en discurso indirecto exigen el uso del subjuntivo si la oración principal indica necesidad o voluntad, o sea, si comunica un tipo de mandato (*command*). Por supuesto, en los casos en que esta situación se plantea en el pasado, hay que utilizar el imperfecto o el pluscuamperfecto del subjuntivo, tiempos que se explican en los capítulos 4 y 5. Note los siguientes ejemplos:

- La profesora les dice a los alumnos que **entreguen** la tarea a tiempo.
- El médico le exigió a mi padre que **dejara** de fumar.

EJERCICIO 15

a. Convierta en indirectas las oraciones en discurso directo.

1. El policía le sugirió a la mujer, "No debe conducir tan rápido".

   _____

2. Los jóvenes confiesan, "Comemos demasiados perros calientes".

   _____

3. La maestra les repite a los niños, "Seis por seis son treinta y seis".

   _____

4. El público les gritó a las futbolistas, "¡Tienen que marcar un gol!"

   _____

5. El letrero dice, "Se prohíbe pintar en las paredes".

   _____

b. En parejas, lean la siguiente mini-narración con diálogo. Luego, conviertan en indirectas las oraciones en discurso directo

Paloma y Raquel, dos buenas amigas de la universidad, conversan sobre las dificultades que tienen en una clase de historia de México mientras caminan hacia el estacionamiento. Ambas están muy quejosas de su profesor, el doctor Remberto Pardiez.

Raquel le dice a Paloma, "Me parece que el profesor Pardiez es demasiado exigente". Luego le explica, "Nos asigna demasiada tarea todos los días". Paloma le responde, "Tienes toda la razón". Después añade, "Pide que sus alumnos lean por lo menos 150 páginas para cada clase". Raquel se lleva las manos a la cabeza, pues está muy alterada. Grita, "¡El profesor Pardiez está completamente loco!" Después opina, "Deberían de recluirlo en un manicomio". Paloma exclama, "Sólo sé que el primer examen va a ser horrible".

Después de compartir sus lamentaciones, las dos amigas se despiden junto a sus respectivos coches. Cuando ya están dentro de ellos, Raquel baja la ventanilla porque quiere decirle algo a Paloma. Ésta hace lo mismo. Raquel, muy sonriente, le avisa, "Es importante que recuerdes que hay fiesta mañana en casa de Amjad". Paloma le contesta, "Lo sé bien y no me la pienso perder". Arrancan sus coches y se van.

A continuación, escriba de nuevo la narración con diálogo, pero utilice el discurso indirecto donde convenga.

_____

_____

_____

_____

_____

_____

_____

_____

_____

_____

_____

_____

_____

_____

_____

_____

ALERTA 54

Recuerde que **preguntar** significa _to ask a question_ mientras que **pedir** significa _to ask for, to request_. **Ejemplos:** Le pregunté dónde estaba la perra; Nos preguntó la hora; Te pidió dinero prestado; Les pedimos ayuda a los profesores. **Nunca**, **nunca**, **nunca** se pueden ***preguntar preguntas**. Uno sólo **pregunta** o **hace preguntas**.

A continuación se ofrece el esquema cronológico de una narración impersonal basada en un acontecimiento ficticio. En este caso, la persona que escribió el relato escogió organizar las oraciones de antemano para hacer más fácil el proceso de escritura. Note que incluso intercala diálogo en algunas oraciones con el objeto de hacer más dinámica la narración que luego va a escribir.

Esquema de lo que le ocurrió a un empleado de la compañía de electricidad al ir a medir el contador de una cliente

Lista de ideas y acontecimientos que se piensan incluir

1. El empleado de la compañía eléctrica se llamaba Ramón Ibáñez.
2. El lunes de la semana pasada pasó por la casa de una mujer.
3. La mujer se llamaba Rosalinda Pereira.
4. Iba a medir el consumo de electricidad del mes.
5. Tocó a la puerta para pedir permiso.
6. Rosalinda salió en bata de casa.
7. Acababa de salir de la ducha y no había terminado de secarse.
8. Ramón le preguntó, "¿Me permite usted que revise el contador de electricidad?"
9. Rosalinda le contestó, "Le ruego que tenga cuidado, pues no quiero que me pise las flores".
10. Ramón Ibáñez respondió con fingida cortesía, "¡A sus órdenes, señora!"
11. Dijo, "Un empleado de la compañía de electricidad siempre respeta los deseos del cliente".
12. Pensó para sus adentros, "¡Qué flores ni flores!"
13. Ramón caminó hasta el contador y se inclinó.
14. Rozó con una mano el rosal de Rosalinda.
15. Ramón se hincó y, violento, pisó la mata.
16. Se rompieron dos ramas.
17. Exclamó, "¡Jolines! Espero que a esta mujer se le muera el rosal".
18. Se oyó un gran zumbido.
19. Ramón dio la vuelta.
20. Vio un enjambre de avispas que iba a atacarlo.
21. Se escuchó un grito, "¡Ay! ¡Ojalá que no me coman vivo!"
22. Salió huyendo sin pensarlo ni un segundo más.
23. Las avispas lo perseguían enojadas.
24. Ramón trataba de escapar cuando escuchó a Rosalinda.
25. Rosalinda le gritaba desde la puerta, "¡Señor! ¡Insisto en que no me cobre nada este mes después de lo que hizo!"

Cómo se indicó en el capítulo anterior, el próximo paso es determinar un título. Muchas veces hay que pensar en varios títulos antes de encontrar el más adecuado. En este caso, se consideraron los siguientes títulos:

Títulos posibles

1. El rosal de Rosalinda
2. Las avispas
3. Lo costosa que es la electricidad
4. El empleado, el rosal y las avispas
5. Una anciana malvada llamada Rosalinda
6. Por qué las mujeres no deben andar en bata de casa
7. La tragedia del rosal
8. El empleado bondadoso

1. ¿Cuál de estos títulos le parece mejor? ¿Por qué?

   _____

2. ¿Cuál de los títulos le parece peor? ¿Por qué?

   _____

3. ¿Cuál de los títulos es más descriptivo? ¿Por qué?

   _____

4. ¿Cuál de los títulos es más poético? ¿Por qué? ¿Cuál le parece más prosaico o vulgar? ¿Por qué?

   _____

5. ¿Se le ocurre a usted un título mejor?

   _____

Ahora, lea cuidadosamente la versión definitiva de la historia. Repare en que la persona que escribió el relato ha cambiado muchas oraciones, haciéndolas a veces más complejas para evitar la repetición y la monotonía. También ha ampliado el diálogo, añadiendo palabras modificadoras (adjetivos) y exclamaciones. El resultado es una narración más dramática y sugestiva.

El empleado, el rosal y las avispas

El lunes de la semana pasada, el empleado de la compañía eléctrica, Ramón Ibáñez, pasó por la casa de Rosalinda Pereira. Iba a medir el consumo de electricidad de ese mes, pues se lo exigía un trabajo en el cual frecuentemente se encontraba con personas malhumoradas, perros agresivos y obstáculos peligrosos.

Antes de revisar el contador, tocó a la puerta para pedir permiso. Rosalinda abrió en bata de casa, pues acababa de salir de la ducha y no había terminado de secarse. En efecto, el pelo se le notaba mojado debajo de la toalla que llevaba amarrada a la cabeza. Ramón le preguntó un poco sonriente, "Buenos días, señorita. ¿Me permite usted que revise el contador de electricidad?" Rosalinda le contestó, "Bien, puede hacerlo, pero le ruego que tenga cuidado, pues no quiero que me pise las flores que están alrededor". El contador respondió con fingida cortesía, "¡A sus órdenes, señora! Aunque un empleado de la compañía de electricidad tenga prisa, siempre respeta los deseos del cliente". Sin embargo, Ramón pensó para sus adentros, "¡Qué flores ni flores! Tengo demasiado trabajo y calor para reparar en la salud de las plantas".

Ramón caminó hasta el aparato para leerlo. Al inclinarse, rozó con una mano el rosal que Rosalinda tenía sembrado junto al contador. Ramón se hincó y, molesto, pisó con violencia la mata. Se rompieron dos ramas llenas de botones. Entonces Ramón exclamó, "¡Jolines! ¡Espero que a esta mujer se le muera el maldito rosal!" En ese momento, se oyó un gran zumbido. Ramón dio la vuelta y vio un enjambre de avispas dispuestas a atacarlo. De repente, se escuchó un grito que rompió la tranquilidad de la tarde: "¡Ay! ¡Ojalá que no me coman vivo!" Sin pensarlo ni un segundo más, Ramón Ibáñez salió huyendo. Detrás de él iban las avispas que lo perseguían enojadas. Mientras Ramón trataba de escapar, Rosalinda le gritaba desde la puerta, "¡Señor! ¡Señor! Insisto en que no me cobre nada este mes después de lo que le hizo a mi hermoso rosal".

(Total: 338 palabras)

EJERCICIO 17

a. En parejas, contesten las siguientes preguntas.

1. ¿Les parece que esta narración está bien estructurada?

_____

2. ¿Desde qué punto de vista se narra? ¿Qué impresión causa esto en los lectores?

_____

3. ¿Qué les parece el uso del diálogo en la narración? ¿Es eficaz? ¿Por qué?

_____

4. ¿Qué opinión tienen ustedes de Ramón Ibáñez? Expliquen.

_____

5. ¿Cómo piensan ustedes que es Rosalinda? Expliquen.

_____

6. ¿Qué papel tienen las avispas en la historia? Expliquen.

_____

7. ¿Creen ustedes que es razonable lo que pide Rosalinda al final? Aclare n su impresión.

_____

Lea con cuidado la versión en primera persona de la misma narración. Repare en los cambios de tono y vocabulario.

Me llamo Ramón Ibáñez, y soy empleado de la compañía eléctrica. El lunes de la semana anterior pasé por la casa de una señora muy terca e insistente. Iba a medir el consumo de electricidad de ese mes, pues me lo exigía un trabajo en el cual frecuentemente me encuentro con personas malhumoradas, perros agresivos y obstáculos peligrosos.

Antes de revisar el contador, toqué a la puerta para pedir permiso. La señora abrió en bata de casa. Parecía que acababa de salir de la ducha y no había terminado de secarse. La miré de arriba a abajo y observé que el pelo se le notaba mojado debajo de la toalla que llevaba amarrada a la cabeza. Le pregunté cortésmente, "Buenos días, señorita. ¿Me permite usted que revise el contador de electricidad?" La mujer me contestó, "Bien, puede hacerlo, pero le ruego que tenga cuidado, pues no quiero que me pise las flores que están alrededor". Le respondí sonriente, "¡A sus órdenes, señora! Aunque un empleado de la compañía de electricidad tenga prisa, siempre respeta los deseos del cliente". Sin embargo, pensé para mí: "¡Qué flores ni flores! Tengo demasiado trabajo y calor para reparar en la salud de las plantas".

Caminé hasta el aparato para leerlo. Al inclinarme, rocé con una mano el rosal que la dichosa mujer tenía sembrado junto al contador. Me hinqué y, molesto, pisé la mata sin querer. Se rompieron dos ramas llenas de botones. Entonces exclamé, "¡Jolines! ¡Espero que a esta mujer se le muera el maldito rosal!" En ese momento, oí un gran zumbido. Di la vuelta y vi un enjambre de avispas dispuestas a atacarme. Aunque soy un hombre muy valiente, grité asustado, "¡Ay! ¡Ojalá que no me coman vivo!" Sin pensarlo ni un segundo más, salí huyendo. Detrás de mí iban las avispas que me perseguían enojadas.

Mientras escapaba, escuché que la sinvergüenza me gritaba desde la puerta, "¡Señor! ¡Señor! Insisto en que no me cobre nada este mes después de lo que le hizo a mi hermoso rosal". ¡Qué día tan fatal, y qué mujer más pesada y escandalosa! *(Total: 347 palabras)*

b. En parejas, contesten las siguientes preguntas.

1. Identifiquen todas las palabras y frases que no aparecen en la primera versión.

_____

2. ¿Les parece que es necesario cambiar el título de esta versión? Si así lo piensan, ¿qué título le darían?

_____

3. ¿Cómo ha cambiado el tono de la narración? Explique.

_____

4. ¿Por qué piensan que ha cambiado el tono de la narración?

_____

5. ¿Cambia la imagen de alguno de los personajes entre una narración y la otra? ¿Por qué?

_____

6. ¿Cuál de las dos versiones les satisface más? ¿Por qué?

_____

7. ¿Les gustaría a ustedes añadirle o quitarle algo a esta narración? ¿Qué?

_____

EJERCICIO 18

a. Lea la siguiente narración.

Una gran tragedia deportiva

Cuando yo tenía diecisiete años, jugaba la primera base para el equipo de béisbol de mi instituto. Bateaba en quinto lugar porque, como era grande y fuerte, le pegaba duro a la pelota. Durante la temporada de mi último año, fui el líder del equipo en jonrones y carreras impulsadas. Aunque soy muy modesto y nunca hago alarde de mis proezas, cuando mis admiradores me preguntaban qué tal iba la temporada, tenía que responderles, "Excelente. Soy el mejor de todos. Los invito a que vengan a verme para que se asombren".

Un día, jugábamos contra nuestro máximo rival, los Mapaches de Salsipuedes. Era un equipo formidable, con atletas altos y corpulentos. Siempre bateaban mucho y jugaban bien a la defensiva. Sin embargo, este día nuestro mejor lanzador, un zurdo llamado Vicente Reyes, pitcheaba un buen partido. Yo lo ayudaba mucho desde la primera base. Cada vez que notaba que se ponía un poco nervioso, le gritaba: "Hay que lanzar con más cuidado. ¿Quieres que perdamos este encuentro?" U: "Ojalá que empieces a tirar la bola más bajo. ¿Deseas que te peguen un jonrón?" Mis palabras tuvieron efecto porque cuando llegamos a la última entrada perdíamos solamente tres por dos. No había nada más que un out, y teníamos corredores en segunda y tercera cuando me tocó batear. En cuanto vieron que me acercaba al plato dispuesto a romper la pelota, su mánager salió del dugout para cambiar al pítcher. Puso a un derecho flaquito que tiraba con muy poca velocidad. Me puse contentísimo. Susurré: "¡Pobrecito! Seguro que la primera pelota que me lances va a terminar a mil metros de aquí".

Me preparé para batear. El flaquito tiró una curvita suave que obviamente era bola. No obstante, oí que el umpiri chillaba, "Strike". Lo miré con mala cara, pero no dije nada. Pensé para mí: "Es posible que este árbitro sea un cretino". Mientras reflexionaba, me di cuenta de que el próximo lanzamiento ya estaba en camino. Le tiré con todas mis fuerzas, pero abaniqué. Parece que un poquito de arena se me metió en el ojo o que el viento alejó algo la pelota de mi bate. De todos modos, no estaba preocupado. Me quedaba un strike, y sabía que con uno era suficiente. Por eso amenacé al lanzador: "Ojalá que Dios te proteja. La próxima bola sale del terreno".

El pítcher, aterrorizado, en lugar de lanzar una recta por arriba del jon como hacen los valientes, tiró otra curva que estaba afuera por lo menos medio metro. Empecé a decirle, "¡Cobarde! Espero que no tengas tanto miedo la ...," cuando escuché detrás de mí, "¡Strike tres! ¡Fuera!"

Con los ojos encendidos, le grité al umpiri: "¿Qué dice? ¿Está ciego?" El umpiri exclamó: "¿Quiere que lo eche del juego?" Le contesté: "No me importa, bandido. ¿Cuánto le pagaron por cantarme out?" Respondió ofendido: "¡Fuera! Le recomiendo que se dé una ducha fría". No pude más. Lo insulté con furia. Entre cinco compañeros y nuestro entrenador, me sacaron del terreno. El próximo bateador fue out, y perdimos el partido tres por dos.

Han pasado once años, y todavía recuerdo con resentimiento ese juego. Aún detesto al cobarde pítcher y a ese umpiri desvergonzado. Lo incomprensible es que todo el mundo me echó la culpa de la derrota, sólo porque me ponché cuatro veces ese juego. No entendieron que incluso un jugador superior como yo necesita que los umpiris colaboren y no hagan trampas como ese que me amargó la vida para siempre.

(Total: 583 palabras)

b. Conteste las siguientes preguntas sobre el contenido de la historia.

1. ¿Era buen jugador de béisbol el narrador? ¿En qué se basa usted para afirmarlo?

   _____

2. ¿Qué les decía el narrador a sus amigos y amigas?

   _____

3. ¿Por qué daba miedo el equipo de los Mapaches de Salsipuedes?

   _____

4. ¿Qué le decía el narrador al lanzador de su equipo para animarlo? ¿Deben decirse cosas así a un lanzador?

   _____

5. ¿Cuál era la situación cuando le tocó batear al narrador?

   _____

6. ¿Cómo lanzaba el pítcher flaquito según el narrador?

   _____

7. De acuerdo con el narrador, ¿por qué no le pudo dar al segundo lanzamiento del flaquito?

   _____

8. ¿Por qué se enfadó el narrador con el umpiri?

   _____

9. ¿Qué cosas le dijo el narrador al umpiri?

   _____

10. ¿Cómo respondió el umpiri?

    _____

11. ¿Cómo terminó el partido?

    _____

12. ¿Por qué recuerda siempre este juego el narrador?

    _____

c. En parejas, contesten las siguientes preguntas de tipo general.

1. ¿Les parece que esta narración tiene una estructura coherente? Expliquen.

   _____

2. ¿Desde qué punto de vista se cuenta esta historia? ¿Es efectivo este enfoque? ¿Por qué?

   _____

3. ¿Cómo cambiaría la narración de estar escrita en tercera persona? Explique.

_____

4. ¿Qué opinión del narrador se llevan los lectores? ¿Es un tipo simpático?

_____

5. ¿Qué les parece el umpiri? ¿Es una persona justa?

_____

6. ¿Es eficaz el uso del diálogo intercalado? ¿Por qué?

_____

7. ¿Qué palabras relacionadas con el béisbol aprendieron ustedes? Enumérenlas.

_____

d. Usando como modelo el "Esquema de lo que le ocurrió a un empleado de la compañía de electricidad al ir a medir el contador de una cliente", prepare un esbozo sintetizador de la narración sobre el béisbol. Debe consistir solamente en quince oraciones breves que resuman adecuadamente la esencia del contenido. Recuerde que en este caso el esquema tiene que estar en la primera persona.

1. _____

2. _____

3. _____

4. _____

5. _____

6. _____

7. _____

8. _____

9. _____

10. _____

11. _____

12. _____

13. _____

14. _____

15. _____

e. En parejas, preparen un esbozo a base de los esquemas individuales que elaboraron fuera de clase. Además, seleccionen un título para la narración.

Título: _____

1. _____

2. _____

3. _____

4. _____

5. _____

6. _____

7. _____

8. _____

9. _____

10. _____

11. _____

12. _____

13. _____

14. _____

15. _____

f. En hoja aparte, escriba un resumen preciso en tercera persona de la narración sobre el béisbol. El resumen debe consistir en 150 a 175 palabras. Presente el resumen mecanografiado a doble espacio (fuente de doce puntos o más).

Instrucciones para la narración con diálogo

Primer paso

1. Proponga un título para una narración sobre un acontecimiento real o inventado.

2. Indique el punto de vista (primera persona o tercera persona) que ha seleccionado para contar la historia, y explique brevemente por qué lo ha escogido.

3. Escriba el esquema de la narración. El esquema debe consistir en por lo menos veinticinco oraciones simples o compuestas. Puede usar como modelo el esquema de la narración titulada "El empleado, el rosal y las avispas" (pág. 203). La narración debe incluir diálogo, y por lo menos tres oraciones que formen parte del diálogo intercalado deben estar en el subjuntivo. No escriba oraciones demasiado complejas.

Segundo paso

1. Una vez que la profesora o el profesor corrija y les devuelva las veinticinco oraciones, organícelas para formar una narración coherente de aproximadamente 300 a 400 palabras. Puede usar como modelo la narración titulada "El empleado, el rosal y las avispas" (págs. 204–05) o "Una gran tragedia deportiva" (págs. 208–09). Cuando sea necesario, utilice la lista de "Palabras de transición" del capítulo 2 (págs. 126) para enlazar las oraciones de una manera lógica.

2. Entregue la versión preliminar de la narración **mecanografiada a doble espacio**. Utilice una fuente de **doce puntos** o más.

Tercer paso

1. Después de que la profesora o el profesor revise y le devuelva la versión preliminar de la narración con diálogo, haga todas las correcciones necesarias. Tenga en cuenta las sugerencias del profesor o la profesora.

2. Después de hacer todas las correcciones, entregue la versión final **mecanografiada a doble espacio**. Utilice una fuente de **doce puntos** o más.

CHATEEMOS

Eugenio Diestro y Gloria Siniestra discuten en esta charla electrónica nada menos que la importancia del subjuntivo en español.

GLORIA SINIESTRA: Eugenio, como tenía una pregunta sobre el uso del subjuntivo con la expresión "urge que", anteayer por la tarde, después de nuestra clase con la doctora Ibáñez, me puse a revisar el foro lingüístico "DudasYMasDudas.com". Allí me encontré con un forero de nombre de Julio César Siempre Invicto. Cuando leí lo que decía, me imaginé que ese forero tenías que ser tú. ¿Tengo razón?

EUGENIO DIESTRO: Ah, ¿así que tú eres Juana de Arco la Vengadora? Debí suponérmelo al ver la manera tan agresiva en que le contestabas a mi alter ego Julio César. Sabrás que participo mucho en ese foro. Me encanta que los otros foreros respeten mis opiniones, pues yo nunca me equivoco.

GLORIA SINIESTRA: Vaya arrogancia, amigo. ¿Y qué lío te traes tú con el subjuntivo?

EUGENIO DIESTRO: Mira, mantengo que si el español va a convertirse en una lengua progresista y de importancia comercial, es imprescindible que la Real Academia de la Lengua Española se dé cuenta de que el subjuntivo no tiene razón de ser en el mundo actual. Conviene que la Academia erradique ese modo verbal tan impráctico.

GLORIA SINIESTRA: Estás loquísimo, Eugenio. ¡Qué tonterías dices!

EUGENIO DIESTRO: Mi querida antagonista, ya en inglés (la lengua comercial por excelencia) el subjuntivo está a punto de desaparecer. Espero que te unas a esta cruzada para eliminar el subjuntivo.

GLORIA SINIESTRA: Ay, hijito, ¿conoces el refrán español que dice "Por la boca muere el pez"? Mi respuesta a tus sandeces se basa en tu emilio y dice sólo así: "me traten", "respeten", "te enteres", "se dé", "erradique", "sepas" y "te unas". Al buen entendedor pocas palabras bastan.

Y tú, ¿qué opinas?

CAPÍTULO **4**

La exposición argumentativa

EL IMPERFECTO DE SUBJUNTIVO

En el capítulo anterior se estudió el presente de subjuntivo. Se explicó que el subjuntivo es el modo de la palabra-acción (verbo) que se emplea para referirse a lo dudoso, lo posible, lo deseado, lo necesario, lo relacionado con las emociones. Al comentar el presente de subjuntivo, se discutió el uso de esta forma verbal en oraciones subordinadas para referirse a acciones que ocurren o pueden ocurrir. Por ejemplo, una oración como "Quieren que Elena baile mañana" se refiere a un deseo que, si se realiza, va a ser en el futuro (**mañana**) mientras que una oración como "Dudo que tú tengas hambre en este momento" se refiere a una duda presente (**en este momento**). En este capítulo vamos a estudiar la manera de expresar duda, posibilidad, deseo, necesidad, emoción, etc. a base de tres circunstancias: (1) el pasado; (2) el pasado mirando hacia el futuro; (3) la condición posible o contraria a la realidad. Para hacerlo es necesario aprender otras formas del subjuntivo. A continuación se ofrecen ejemplos de las tres circunstancias que se van a aclarar a lo largo del capítulo:

1. El profesor Rosales dudó que yo **estudiara** mucho para el examen.
2. Sergio y su esposa deseaban que **cenáramos** con ellos el martes que viene.
3. Si nuestro coche **estuviera** roto, lo llevaríamos al mecánico.

El imperfecto de subjuntivo es la forma más común de este modo, o sea, la que se emplea con mayor frecuencia. Se crea por medio de la **tercera persona plural del pretérito absoluto**. Para hallar la base del imperfecto de subjuntivo, se elimina **-ron** de la tercera personal plural del pretérito absoluto, y se añade la terminación adecuada. Una característica particular del imperfecto de subjuntivo es que tiene dos terminaciones: **-ra** y **-se**. Para simplificar y evitar errores, es mejor utilizar consistentemente sólo la forma **-ra**. Ésta es la más común en el español moderno, tanto en el hablado como en el escrito. En el siguiente cuadro se ofrecen ejemplos del imperfecto de subjuntivo de las palabras-acción (verbos) que acaban en **-ar**, **-er** e **-ir**.

Infinitivo	3ra persona plural del pretérito	Base de la palabra-acción (verbo)	Terminaciones del imperfecto del subjuntivo
cant**ar**	ellos cant**aron**	canta →	-ra, -ras, -ra, -ramos, -rais, -ran
		canta →	-se, -ses, -se, -semos, -seis, -sen
com**er**	ellos comi**eron**	comie →	-ra, -ras, -ra, -ramos, -rais, -ran
		comie →	-se, -ses, -se, -semos, -seis, -sen
viv**ir**	ellos vivi**eron**	vivie →	-ra, -ras, -ra, -ramos, -rais, -ran
		vivie →	-se, -ses, -se, -semos, -seis, -sen

Como se observa en el cuadro a continuación, las fórmulas son válidas inclusive si las palabras-acción (verbos) son irregulares (casos de **andar**, **saber** y **decir**):

Infinitivo	3ra persona plural del pretérito	Imperfecto del subjuntivo
hab**lar**	habla**ron**	habla**ra**, habla**ras**, habla**ra**, hablá**ramos**, habla**rais**, habla**ran**
		habla**se**, habla**ses**, habla**se**, hablá**semos**, habla**seis**, habla**sen**
beb**er**	bebie**ron**	bebie**ra**, bebie**ras**, bebie**ra**, bebié**ramos**, bebie**rais**, bebie**ran**
		bebie**se**, bebie**ses**, bebie**se**, bebié**semos**, bebie**seis**, bebie**sen**
exist**ir**	existie**ron**	existie**ra**, existie**ras**, existie**ra**, existié**ramos**, existie**rais**, existie**ran**
		existie**se**, existie**ses**, existie**se**, existié**semos**, existie**seis**, existie**sen**
and**ar**	anduvie**ron**	anduvie**ra**, anduvie**ras**, anduvie**ra**, anduvié**ramos**, anduvie**rais**, anduvie**ran**
		anduvie**se**, anduvie**ses**, anduvie**se**, anduvié**semos**, anduvie**seis**, anduvie**sen**
sab**er**	supie**ron**	supie**ra**, supie**ras**, supie**ra**, supié**ramos**, supie**rais**, supie**ran**
		supie**se**, supie**ses**, supie**se**, supié**semos**, supie**seis**, supie**sen**
dec**ir**	dije**ron**	dije**ra**, dije**ras**, dije**ra**, dijé**ramos**, dije**rais**, dije**ran**
		dije**se**, dije**ses**, dije**se**, dijé**semos**, dije**seis**, dije**sen**
ped**ir**	pidie**ron**	pidie**ra**, pidie**ras**, pidie**ra**, pidié**ramos**, pidie**rais**, pidie**ran**
		pidie**se**, pidie**ses**, pidie**se**, pidié**semos**, pidie**seis**, pidie**sen**

EJERCICIO 1

a. Complete los espacios en blanco con la forma correcta del imperfecto de subjuntivo.

1. Era necesario que los chicos _____ (asistir) a clase con regularidad.

2. El médico dudaba que yo _____ (hacer) ejercicios todos los días.

3. La ingeniera insistió en que se _____ (diseñar) mejor el puente.

4. Querían que (nosotros) _____ (marcharse) inmediatamente.

5. Era imposible que el equipo _____ (jugar) peor, pero se las arregló para lograrlo.

6. Sus abuelos deseaban que Luisa _____ (divertirse) mucho en el extranjero.

7. Ojalá que ustedes _____ (saber) todas las respuestas.

8. Lamentaron mucho que (yo) _____ (salir) mal en el examen de anatomía.

9. A su novio le molestó que (ella) _____ (querer) ir al cine con nosotros.

10. ¿Es verdad que preferías que (nosotros) te _____ (servir) langosta?

11. Os recomendé que _____ (coger) otra carretera.

12. Era increíble que (ellos) _____ (tener) tanta mala suerte.

13. Le dije a ese pícaro que _____ (irse) enseguida de mi casa.

14. El maestro os rogó que vosotros _____ (comportarse) mejor.

15. Nunca sospeché que Rolandito me _____ (ser) infiel.

16. La tía le pidió a su sobrina que no _____ (andar) descalza por la calle.

17. El mesero nos dijo que esperaba que _____ (comer) bien.

18. Me imagino que él quería que (nosotros) le _____ (dar) una buena propina.

b. De acuerdo con el modelo, forme oraciones complejas con las frases que se le facilitan. Note que la oración subordinada tiene que estar en el subjuntivo.

Modelo: Sus amigos deseaban. / Herminia los acompañó.

    R.: *Sus amigos deseaban que Herminia los acompañara.*

1. Me pareció increíble. / Tú saliste mal en el examen.

_____

2. Vuestros padres os rogaron. / Condujisteis con cuidado.

_____

3. Dudábamos. / El tren llegó a tiempo.

_____

4. Le pedí a mi tía Claudia. / Me hizo un favor.

_____

5. Al árbitro no le gustaba. / Los jugadores se quejaban siempre.

_____

6. Fue imperdonable. / Dormimos mal en ese hotel tan caro.

_____

PARA PENSAR CRÍTICAMENTE

Según se aclaró en el capítulo anterior, por lo general el pensamiento crítico emerge de una pregunta que nos hacemos o que se nos hace y a la cual tratamos de dar una respuesta coherente. Muchas veces estas preguntas son retóricas, es decir suponen una respuesta invariable. Por ejemplo, supongamos que a alguien se le pide que conteste detalladamente a lo siguiente: "¿Crees que es fácil tocar el violín?" Se da por sentado que la respuesta va a ser negativa, exigiendo una serie de oraciones relacionadas con la dificultad de tocar cualquier instrumento, con la disciplina que se necesita, con el carácter peculiar del violín en sí y demás.

Por otra parte, una pregunta como "¿Piensas que si uno come mucho a diario va a subir de peso?"—la cual parece superficialmente una perogruyada (o sea, una tontería)—bien podría suscitar respuestas positivas y negativas basadas en análisis muy diferentes. Alguien daría por sentado que así es y escribiría sobre como el consumo excesivo de calorías causará inevitablemente que se suba de peso. Acaso expondría la necesidad general de controlar lo que se come, sobre todo aquello que contiene grasas, azúcares, etc. Por otra parte, algún abogado del demonio (devil's advocate) se enfrentaría con el mismo tema afirmando de manera rotunda un "no necesariamente", para luego explicar que todo es una cuestión metabólica o si se prefiere genética. Hay personas que pueden comer cuanto quieren sin preocuparse de subir de peso.

En fin, hay preguntas y hay preguntas, así como hay respuestas y hay respuestas. A continuación se presentan dos ejercicios interrelacionados cuya función es hacer reflexionar críticamente sobre una variedad de asuntos.

EJERCICIO 2

a. Divídanse en grupos de cuatro o cinco personas. La profesora o el profesor les asignará una de las preguntas que se incluyen abajo. Luego escriban en conjunto cuatro ideas que formen parte del cuerpo de una respuesta posible. Asimismo, denle un título posible a la composición que resultaría de este breve esbozo. El título bien puede ser tan sencillo como una respuesta negativa o afirmativa a la pregunta en cuestión.

¿Piensan que el consumo de sodas representa un gran problema en nuestra sociedad?

¿Le conviene a los Estados Unidos invadir a Arabia Saudita con el objeto de controlar la producción de petróleo en ese país?

¿Son las mujeres las únicas capacitadas para criar niños?

¿Opinan que el boxeo debe prohibirse en el mundo actual?

¿Es recomendable multar a los conductores que ponen la música demasiado alto en los coches?

¿Se necesita tener más de dos partidos políticos viables en los Estados Unidos?

---

1. _____

2. _____

3. _____

4. _____

b. Después de escritas las respuestas, intercámbienlas con el grupo a la derecha. Una vez realizado esto, cada grupo debe escribir una mini-composición de cien palabras en base a las oraciones y el tema que le ha tocado en suerte.

_____

_____

_____

_____

_____

_____

_____

_____

_____

_____

_____

EL IMPERFECTO DE SUBJUNTIVO EN ORACIONES SUBORDINADAS

El imperfecto de subjuntivo se usa en las oraciones subordinadas del mismo modo que el presente de subjuntivo. La diferencia entre ambos tiempos es que si el presente de subjuntivo apunta al presente o al futuro en relación con la palabra-acción (verbo) o la expresión que aparece en la cláusula principal, el imperfecto de subjuntivo se refiere al pasado, a un presente o futuro visto desde el pasado o hasta a un pasado contemplado desde el presente. En los cuadros que siguen, se explican las relaciones temporales más frecuentes que determinan el uso del presente de subjuntivo o del imperfecto de subjuntivo en la oración subordinada.

¡Ojo!

Al examinar la lista de posibilidades que se ofrece a continuación, es importante tener presente que consiste sólo en las estructuras de uso más frecuente. Hay muchas otras relaciones posibles entre los tiempos que se usan en las cláusulas principales y las ideas que se expresan con el subjuntivo en las cláusulas subordinadas.

El presente de subjuntivo	
Cláusula principal	*que* + **cláusula subordinada**
Presente de indicativo	*que* + **presente de subjuntivo** → **acción futura**
La niña quiere . . .	que la llevemos al parque.
*****	*****
Presente de indicativo	*que* + **presente de subjuntivo** → **acción presente**
La bibliotecaria Alfonsina no cree . . .	que leamos lo suficiente cada día.

(*Continuado*)

Futuro de indicativo o *ir a* + infinitivo	***que* + presente de subjuntivo → acción futura**
Nos vamos a alegrar de . . .	que se termine esta película de pesadilla.
Pretérito (presente) perfecto de indicativo	***que* + presente de subjuntivo → acción futura**
Los parientes de Luisa han exigido . . .	que los traten con más consideración.
* * * * *	* * * * *
Pretérito (presente) perfecto de indicativo	***que* + presente de subjuntivo → acción presente**
El médico ha puesto en duda . . .	que mi abuelito no fume.
Mandato	***que* + presente de subjuntivo → acción futura**
Díganles a sus amigos . . .	que se porten bien en la fiesta.
Expresión impersonal	***que* + presente de subjuntivo → acción presente**
Es probable . . .	que nadie sepa lo que pasó.
Expresión impersonal	***que* + presente de subjuntivo → acción futura**
Es muy posible . . .	que nuestro vuelo no salga a tiempo.

En el segundo cuadro se aclaran los nexos temporales más frecuentes cuando se emplea el imperfecto de subjuntivo en una cláusula subordinada.

El imperfecto de subjuntivo	
Cláusula principal	***que* + cláusula subordinada**
Pretérito absoluto de indicativo	***que* + imperfecto de subjuntivo → acción pasada**
Nos sorprendió . . .	que el joven gritara de ese modo.
* * * * *	* * * * *
Pretérito absoluto de indicativo	***que* + imperfecto de subjuntivo → futuro del pasado**
Mis padres le rogaron a mi hermana . . .	que los visitara durante el verano.
Imperfecto de indicativo	***que* + imperfecto de subjuntivo → acción pasada**
El abogado cuestionaba . . .	que su cliente le dijera toda la verdad.
* * * * *	* * * * *
Imperfecto de indicativo	***que* + imperfecto de subjuntivo → futuro del pasado**
Los niños deseaban . . .	que los Reyes Magos les trajeran muchos regalos.
Presente de indicativo	***que* + imperfecto de subjuntivo → acción pasada**
Espero . . .	que no le mintieran a la directora.
Pluscuamperfecto de indicativo	***que* + imperfecto de subjuntivo → futuro del pasado**
La tía de René le había pedido . . .	que le comprara algo en Francia, pero a él se le olvidó.
Expresión impersonal	***que* + imperfecto de subjuntivo → acción pasada**
Es increíble . . .	que nadie se enterara de nada.
Expresión impersonal	***que* + imperfecto de subjuntivo → futuro del pasado**
Fue insólito . . .	que te sacaras la lotería por segunda vez.

En el tercer cuadro se contrasta el uso del presente de subjuntivo y del imperfecto de subjuntivo después de palabras-enlace (conjunciones) que sugieren modo, condición o tiempo.

Contraste entre el presente de subjuntivo y el imperfecto de subjuntivo	
Cláusula principal	**Palabra-enlace + cláusula subordinada**
Presente de indicativo	*aunque* **+ presente de subjuntivo** → **irrealidad, proyección futura**
Voy a viajar por toda Latinoamérica . . .	aunque no tenga mucho dinero.
Imperfecto de indicativo	*aunque* **+ imperfecto de subjuntivo** → **irrealidad, proyección futura vista desde el pasado**
Iba a viajar por toda Latinoamérica . . .	aunque no tuviera mucho dinero.
*****	*****
Presente de indicativo	*cuando* **+ presente de subjuntivo** → **posibilidad o proyección futura**
Piensan hablar con el entrenador . . .	cuando sea posible.
Imperfecto de indicativo	*cuando* **+ imperfecto de subjuntivo** → **posibilidad o proyección futura vista desde el pasado**
Pensaban hablar con el entrenador . . .	cuando fuera posible.
*****	*****
Presente de indicativo	*para que* **+ presente de subjuntivo** → **proyección futura**
Alquilan las películas . . .	para que sus amigos las vean.
Pretérito absoluto de indicativo	*para que* **+ presente de subjuntivo** → **proyección futura vista desde el pasado.**
Alquilaron las películas . . .	para que sus amigos las vieran.

¡Ojo!

Recuerde que con ciertas palabras-enlace (conjunciones) que indican condición, tiempo o modo, se puede usar el indicativo para referirse a resultado o norma. Esto ocurre lo mismo en el presente que en el pasado. En caso de duda, revise la explicación del capítulo 3, páginas 177–78.

EJERCICIO 3

a. Cambie el presente de subjuntivo al imperfecto de subjuntivo de acuerdo con el modelo.

MODELO: El médico desea que el paciente se cuide más.

   R.: *El médico deseaba que el paciente se cuidara más.*

1. El policía duda que Alicia siempre conduzca a la velocidad indicada.

   El policía dudaba que Alicia siempre _____ a la velocidad indicada.

2. Vuestros compañeros lamentan que estéis enfermos.

   Vuestros compañeros lamentaban que _____ enfermos.

3. Mi padre insiste en que yo tenga más cuidado al escribir.

   Mi padre insistió en que yo _____ más cuidado al escribir.

4. Es increíble que los vendedores nos llamen tanto a la hora de comer.

   Era increíble que los vendedores nos _____ tanto a la hora de comer.

5. Compran una pala nueva en caso de que nieve mucho este invierno.

   Compraron una pala nueva en caso de que _____ mucho este invierno.

6. Busco a alguien que sepa la dirección del Museo de la Canción Yucateca.

   Buscaba a alguien que _____ la dirección del Museo de la Canción Yucateca.

7. La ingeniera nos recomienda que reparemos el puente.

   La ingeniera nos recomendó que _____ el puente.

8. No nos pensamos despertar hasta que suene la alarma del despertador.

   No nos pensábamos despertar hasta que _____ la alarma del despertador.

ALERTA 55

Como norma, **nunca** se emplea el presente de subjuntivo en la cláusula subordinada después de cualquier tiempo pasado en la cláusula principal. O sea, no se dice *"Quería que el ómnibus llegue a tiempo" sino "Quería que el ómnibus llegara a tiempo".

---

b. Complete los espacios en blanco con la forma correcta del presente de subjuntivo o del imperfecto de subjuntivo de acuerdo con el contexto.

1. Es probable que (yo) _____ (sacar) buenas notas el próximo semestre.

2. Se alegraron de que su hija no _____ (lesionarse) seriamente en el partido de hockey sobre hielo.

3. La profesora dijo que prefería que (nosotros) _____ (escribir) todas las composiciones en el ordenador.

4. Hay que recordar que tus padres trabajaron mucho para que (tú) _____ (poder) asistir a la universidad.

5. Vamos a sugerirle al cocinero que no le _____ (echar) tanta sal a la sopa de plátano.

6. Queremos que Eduardo y tú _____ (venir) a la fiesta esta noche.

7. Nos entristeció mucho que _____ (perderse) la gata de Mariola.

8. El peluquero dudaba que yo _____ (tener) suficiente dinero para pagarle. Por eso no me cortó el pelo.

9. Seguro que tan pronto como vosotros _____ (sacarse) la lotería, vais a comprar un yate.

10. Lamentaron mucho que (yo) _____ (salir) mal en el examen de anatomía.

11. ¿Es verdad que cuando estudiabas en el instituto, los miembros de tu

    grupo te exigieron que _____ (ponerse) un arete en la lengua?

12. Parece mentira que los clientes de este restaurante siempre

    _____ (tratar) tan mal a los meseros.

13. Ángel nunca contestaba a menos que _____ (saber) la respuesta.

c. De acuerdo con el modelo, forme oraciones complejas con las frases que se le facilitan. Noten que la oración subordinada tiene que estar en el imperfecto de subjuntivo.

MODELO: Mis amigos deseaban. / Los acompañé al teatro.
   R.: Mis amigos deseaban que los acompañara al teatro.

1. La directora de la escuela dudaba. / Yo estuve enfermo la semana pasada.

   _____

2. La esposa de Jaime quería. / Ellos viajaron a Bolivia.

   _____

3. Era posible. / La computadora no funcionaba bien.

   _____

4. Vuestros padres os rogaron. / Les tradujisteis el anuncio.

   _____

5. A mi conejito Pilín no le gustaba. / Le daba comida de perros.

_____

6. Fue lamentable. / Tú no fuiste al baile.

_____

INTRODUCCIÓN A LA ARGUMENTACIÓN

Discutir es una actividad normal entre los seres humanos. Consiste básicamente en enfrentar nuestras ideas sobre un asunto a las de otra persona u otras personas. Las discusiones pueden ser amistosas y racionales, pero también pueden ser apasionadas y hasta violentas de acuerdo con el tema, con nuestras emociones y con el entusiasmo con que exponemos las ideas. Casi siempre las discusiones son verbales, o sea, forman parte de la conversación diaria. A veces, sin embargo, discutimos por escrito. Ese tipo de escrito se llama **argumentación**. Igual que en el lenguaje hablado, la argumentación adquiere diferentes matices según la intención o el estado de ánimo de quien escribe. Por lo general, sin embargo, el texto argumentativo debe organizarse de manera coherente en torno a la introducción inicial de una idea, el desarrollo de nuestra impresión sobre la misma y una conclusión lógica. Ello tiene como objeto hacer que el escrito parezca racional y convincente.

EJERCICIO 4

a. En muchos países del mundo, la edad mínima para conducir es de veintiún años. Se considera que sólo a partir de esa edad los hombres y las mujeres poseen la madurez suficiente para conducir con responsabilidad y respetar las leyes de tránsito. Por eso, también en los Estados Unidos hay quienes proponen que la edad mínima para conducir se suba a los veintiún años. En parejas, anoten cinco argumentos a favor de esta propuesta. Luego, anoten cinco argumentos en contra de ella.

Ideas a favor

1. _____
2. _____
3. _____
4. _____
5. _____

Ideas en contra

1. _____
2. _____
3. _____
4. _____
5. _____

b. De acuerdo con las instrucciones del profesor o de la profesora, divídanse en grupos para discutir la propuesta de que la edad mínima para conducir en los Estados Unidos se suba a los veintiún años. Los grupos deben formarse para potenciar el debate; es decir, ciertos miembros del grupo van a asumir la posición afirmativa mientras que otros tienen que asumir la negativa. Antes de que comience el debate, el grupo mismo debe nombrar a una jueza o a un juez. Esta persona es responsable de evaluar la discusión y, al final, debe comunicar su veredicto al grupo y a los otros miembros de la clase, resumiendo los puntos de vista expuestos que determinaron la decisión.

Novena entrada del cuaderno

En aproximadamente **200 a 250 palabras**, explíquele a un amigo o a una amiga su punto de vista sobre el siguiente tema: ¿debe prohibirse el hablar por teléfono móvil (teléfono celular) mientras uno maneja un automóvil? A continuación se incluye un modelo relacionado más o menos con el tema.

Favor de no hablar por teléfono móvil en público

Hoy en día, es imposible caminar por una universidad, un aeropuerto o un centro comercial sin observar a alguien que habla por teléfono móvil. Así, muchas conversaciones indiscretas se hacen públicas. En más de una oportunidad he oído a una persona que anda junto a mí discutir problemas económicos o chismear descaradamente o hasta revelar serios problemas amorosos. Todo eso me hace sentir incómoda.

Es increíble que los seres humanos sean tan egoístas y tengan tan poco respeto por el espacio personal de los demás. En ocasiones he llegado a pensar que alguien se dirige a mí debido a su proximidad y a que habla en voz demasiado alta. Hasta ahora no he participado en ninguno de estos monólogos telefónicos. Sólo sé que me ponen muy furiosa. Uno de estos días es probable que interrumpa alguna conversación para expresar mi parecer sobre el tema discutido.

Esta preocupación mía me lleva a proponer esto: hay que prohibir el hablar por teléfono móvil mientras se circula por los lugares públicos. Dudo que haya tanta necesidad de hablar en presencia de otros. Debemos respetar el derecho de los demás y encontrar sitios privados para conversar por el móvil. (Total: 198 palabras)

EL CONDICIONAL SIMPLE

El condicional (forma **-ría** de la palabra-acción, o sea del verbo) indica lo que debe pasar (*would happen*). Las formas regulares del condicional se adaptan a la siguiente fórmula:

Infinitivo de la palabra-acción (verbo)	Terminación (-ía/-ías/-ía/-íamos/-íais/-ían)
bailar	(yo) bailar**ía**
	(tú) bailar**ías**
	(él, ella, usted) bailar**ía**
	(nosotros) bailar**íamos**
	(vosotros) bailar**íais**
	(ellos, ellas, ustedes) bailar**ían**
beber	(yo) beber**ía**
	(tú) beber**ías**
	(él, ella, usted) beber**ía**
	(nosotros) beber**íamos**
	(vosotros) beber**íais**
	(ellos, ellas, ustedes) beber**ían**
vivir	(yo) vivir**ía**
	(tú) vivir**ías**
	(él, ella, usted) vivir**ía**
	(nosotros) vivir**íamos**
	(vosotros) vivir**íais**
	(ellos, ellas, ustedes) vivir**ían**

Algunas palabras-acción (verbos) son irregulares tanto en el condicional como en el futuro. Estos son algunos ejemplos de uso frecuente:

poner	pon**dría**, pon**drías**, pon**dría**, pon**dríamos**, pon**dríais**, pon**drían**
hacer	ha**ría**, ha**rías**, ha**ría**, ha**ríamos**, ha**ríais**, ha**rían**
decir	di**ría**, di**rías**, di**ría**, di**ríamos**, di**ríais**, di**rían**
tener	ten**dría**, ten**drías**, ten**dría**, ten**dríamos**, ten**dríais**, ten**drían**
salir	sal**dría**, sal**drías**, sal**dría**, sal**dríamos**, sal**dríais**, sal**drían**
venir	ven**dría**, ven**drías**, ven**dría**, ven**dríamos**, ven**dríais**, ven**drían**
querer	quer**ría**, quer**rías**, quer**ría**, quer**ríamos**, quer**ríais**, quer**rían**
caber	cab**ría**, cab**rías**, cab**ría**, cab**ríamos**, cab**ríais**, cab**rían**
haber	hab**ría**, hab**rías**, hab**ría**, hab**ríamos**, hab**ríais**, hab**rían**
valer	val**dría**, val**drías**, val**dría**, val**dríamos**, val**dríais**, val**drían**
saber	sab**ría**, sab**rías**, sab**ría**, sab**ríamos**, sab**ríais**, sab**rían**
poder	pod**ría**, pod**rías**, pod**ría**, pod**ríamos**, pod**ríais**, pod**rían**

He aquí algunos ejemplos del uso correcto del condicional simple.

EJEMPLOS:

a. Yo no comería esa manzana.   *I would not eat that apple.*

b. Comprarían el carro, pero dicen que no tienen suficiente dinero.   *They would buy the car, but they say that they do not have enough money.*

c. Le dijo al profesor que se examinaría al día siguiente.   *He told the professor that he would take the exam the following day.*

ALERTA 56

Es importante recordar que cuando *would* se utiliza en inglés para referirse a una acción repetida o habitual, hay que usar el imperfecto en español. **Ejemplos:** *They would go to the movies every Sunday* → Iban al cine todos los domingos; *We would eat often at that restaurant* → Comíamos con frecuencia en ese restaurante.

El condicional también se emplea para expresar probabilidad en el pasado.

EJEMPLOS:

a. El caballo tendría mucha sed.   *The horse was probably very thirsty.*

b. Me imagino que irían a Guatemala en avión.   *I imagine that they probably traveled to Guatemala by plane.*

c. ¿Qué hora sería cuando llegó él?   *What time could it have been when he arrived?*

EJERCICIO 5

a. Complete los espacios en blanco con la forma correcta del condicional simple.

1. ¿Te _____ (gustar) cenar conmigo esta noche?

2. De ser posible, (nosotros) _____ (querer) salir para eso de la una.

3. ¿Vosotros _____ (hacer) lo que os pidiéramos?

4. Yo no _____ (cantar) en público nunca.

5. La maestra dijo que (ella) _____ (escribir) los ejercicios en la pizarra.

6. Estoy seguro de que la tía Sagrario _____ (ponerse) esa falda amarilla con una blusa naranja.

7. De estar enfermo, (tú) _____ (tener) fiebre.

8. Ustedes jamás me _____ (decir) mentiras, ¿verdad?

9. Mira, Hilda, te repito que yo jamás _____ (salir) con ese pariente de tu novio.

b. Cambie la frase con el pretérito o el imperfecto + **posiblemente** por el condicional de probabilidad.

MODELO: Posiblemente le escribió a su mamá.   **R.:** *Le escribiría a su mamá.*

1. Tatiana y Erik posiblemente se enamoraron en 2004 o 2005.

   _____

2. Posiblemente estabas duchándote cuando sonó el teléfono.

   _____

3. El perro de mi vecino posiblemente empezó a ladrar a las tres de la madrugada.

   _____

4. Me imagino que yo posiblemente me encontraba en el trabajo a esa hora.

   _____

5. Supongo que nosotras dos posiblemente leímos esa novela cinco veces.

   _____

EL IMPERFECTO DE SUBJUNTIVO Y EL CONDICIONAL EN ORACIONES CONDICIONALES

- El condicional se usa para formar la siguiente construcción: **si + -ra/-se, -ría**.

   EJEMPLOS:

Si tuviera dinero, iría al cine.	*If I had money, I would go to the movies.*
Si dejara de llover, jugaríamos al golf.	*If it stopped raining, we would play golf.*
Nos llamarían si supieran algo.	*They would call us if they knew anything.*

- La construcción **si + -ra/-se, -ría** se usa para expresar irrealidad o la poca posibilidad de que una acción se realice. Es importante tener presente que se puede usar **si** con otros tiempos de la palabra-acción (verbo), como el presente de indicativo, el pretérito, el imperfecto, etc., pero en esos casos no se pone énfasis en la irrealidad.

   EJEMPLOS:

   a. Si tuviera hambre, comería. (Se implica que la persona que habla no tiene hambre; o sea, se señala la irrealidad del hecho de tener hambre.)
   b. Si fueras más inteligente, sacarías mejores notas. (Se pone en duda la realidad de que la persona con quien se habla sea muy inteligente.)
   c. Me casaría con Beatriz si fuera tan rica como Oprah Winfrey. (Se pone en duda la realidad de que Beatriz sea tan rica como Oprah Winfrey.)

ALERTA 57

Nunca, nunca, nunca se usa el presente de subjuntivo después de **si**; o sea, es imposible decir *"Si tenga tiempo, iría a la discoteca". Hay que escribir, "Si tuviera tiempo, iría a la discoteca". Tampoco se pueden usar después de **si** los siguientes tiempos: pretérito (presente) perfecto de subjuntivo (**haya + -ado/-ido**), futuro de indicativo (**cantaré, comeré, viviré**, etc.), futuro perfecto de indicativo (**habré + -ado/-ido**).

- Con **como si** (*as if*) se usa el imperfecto de subjuntivo para referirse al pasado, al presente o al futuro.

  EJEMPLOS:
  - **a.** Se expresa como si estuviera enojado. (*He talks as if he were angry.* [En este momento, o sea, en el presente])
  - **b.** Ayer lo saludé como si lo conociera. (*Yesterday I greeted him as if I knew him.* [En el pasado])
  - **c.** Te garantizo que la abogada nos va a tratar como si fuéramos tontos. (*I guarantee that the lawyer will treat us as if we were fools.* [En el futuro])

EJERCICIO 6

a. Complete los espacios en blanco con una de las formas que se ofrecen en la segunda parte del cuadro. Observe que no siempre hay que usar el condicional o el imperfecto de subjuntivo. Todo depende del contexto.

Oración condicional	Opciones
1. Si Paco fumara menos, no _____ tanto.	a. tose b. tosería
2. Si _____ temprano al centro, encontrarías aparcamiento.	a. llegas b. llegaras
3. Si tengo hambre, _____ por Burger King.	a. paso b. pasaría
4. Si _____ a Colombia, visitaríamos Cartagena.	a. viajáramos b. viajábamos
5. El hombre gritaba como si _____ loco.	a. estuviera b. estaba
6. Si los chicos llegaban tarde a clase, la señorita Patricia los _____.	a. castigaría b. castigaba
7. Hijita, si no miraras tanto la televisión, _____ más ejercicios.	a. hacías b. harías

b. Forme oraciones condicionales (**si + -ra, -ría**), uniendo las ideas que se ofrecen abajo.

Modelo: Tengo sed. / Bebo agua.   **R.:** *Si tuviera sed, bebería agua.*

1. Andas más rápido. / Llegas a tiempo a clase.

_____

2. Ester sabe la verdad. / Se molesta conmigo.

_____

3. Rompéis los platos favoritos de mamá. / Nunca os deja usarlos nuevamente.

_____

4. No dormimos ocho horas cada noche. / Estamos siempre cansados.

_____

5. Julián se pone la corbata roja, verde y violeta. / Se ve muy ridículo.

_____

6. Tus hermanos comen menos. / Adelgazan rápidamente.

_____

7. Me voy de fiesta todos los fines de semana. / No tengo dinero para comprar una motocicleta nueva.

_____

8. Usted tiene dolor de estómago. / Toma un antiácido.

_____

c. Escriba frases completas con **si + imperfecto de subjuntivo o el condicional simple** para completar los espacios en blanco.

1. Si tuviera un millón de dólares, comraría una casa

2. Si estuviera digno de confianza, te diría la verdad.

3. Si tuviera que bailar, hiciera la salsa

4. Si tuviera tiempo, hablaría con ellos.

5. Si fuera la profesora de esta clase, enseñaría la ciencia

6. Si pudiera viajar, iríamos a la India.

7. Tú hablas como si tuviera la experiencia

d. Este ejercicio consiste en la creación de una caja de sorpresas. Cada estudiante va a escribir **su propia oración condicional** en dos hojas de papel. La primera parte de cada oración (**si + -ra**) debe escribirse en una hoja, mientras que la segunda parte (la que incluye el condicional simple) debe escribirse en otra. Cuando terminen, es necesario colocar los fragmentos con **si + -ra** en la caja de sorpresas designada **A** y los fragmentos con el condicional simple en la caja designada **B**. Después, siguiendo el orden indicado por la profesora o el profesor, cada estudiante va a ir escogiendo fragmentos en las cajas de sorpresas. Cuando todos los estudiantes tengan fragmentos, los van a leer ante la clase en la forma de oraciones condicionales.

SI YO FUERA HISPANOPARLANTE . . . (5)

Tanto el condicional como el imperfecto de subjuntivo presentan problemas peculiares para el hispanoparlante. He aquí algunos.

a. **La ortografía en el caso del condicional:**

Sobre todo entre los hispanohablantes que no han hecho estudios superiores, con frecuencia se advierten problemas ortográficos relacionados con el tratar de hacer regulares las formas irregulares del condicional. En otras palabras, se escucha a veces *"hacería" donde cabe "haría" o "retenería" en lugar de "retendría".

b. **"Si tenga" donde hay que usar "si tuviera":**

Este es un defecto bastante común en el español conversacional. Uno oye comúnmente *"No sé si tenga hambre" en lugar de "No sé si tengo hambre".

c. El presente de subjuntivo con "como si":

Otro lapso frecuente es utilizar el presente de subjuntivo, el presente de indicativo u otro tiempo de indicativo con la construcción "como si". O sea, decir *"Actúa como si usted no comprenda lo que pasa" o *"Actúa como si usted no comprende lo que pasa" cuando procede utilizar el imperfecto de subjuntivo: "Actúa como si usted no comprendiera lo que pasa".

d. "Si + imperfecto de indicativo" en lugar del imperfecto de subjuntivo:

Uno escucha a veces construcciones como ésta: "Si Jazmín no estudiaba no sacaría buenas notas". Lo correcto, por supuesto, es "Si Jazmín no estudiara no sacaría buenas notas". Este defecto se advierte mucho con el imperfecto de indicativo de *ser* ("era") debido a la terminación.

EJERCICIO 7

a. Corrija los defectos evidentes en las siguientes oraciones.

1. Renée no sabe si ~~venga~~ o no a la fiesta del viernes.
   R   viene

2. ¿De dónde crees que ~~provenería~~ el error?
   provendría

3. Si Ricardo ~~era~~ valiente, no correría siempre que hay líos.
   fuera

4. Los políticos se expresan como si lo ~~sepan~~ absolutamente todo.
   supiesen

b. En parejas, inventen tres errores semejantes a los descritos arriba que ustedes se imaginan que pueden cometer los hispanoparlantes. Luego escriban la versión correcta de la oración.

1. Error: Como si tiene el dinero
   Corrección: Como si tuviera el dinero

2. Error: _____
   Corrección: _____

3. Error: _____
   Corrección: _____

LA EXPOSICIÓN

Exponer es expresar ideas en prosa de manera coherente y precisa. Estos escritos tienen como objetivo informar, discutir, valorar, resumir, sugerir, explicar, etc. En contraste con la descripción y la narración, la exposición supone un orden mucho más fijo, más pensado, pues lo importante es que el texto proceda de manera lógica. Por lo general, consta de una serie indefinida de párrafos presentados por uno inicial que incluye la tesis o idea principal. Este tipo de texto exige también una conclusión que enlace las ideas expuestas en los otros párrafos y que, al mismo tiempo, repita la tesis.

a. En parejas, consideren los siguientes temas y escriban cinco ideas que ustedes compartan sobre cada uno.

El fútbol norteamericano en las universidades de los Estados Unidos

1. _____

2. _____

3. _____

4. _____

5. _____

Los concursos de belleza

1. _____

2. _____

3. _____

4. _____

5. _____

La importancia de conocer otros países y culturas

1. _____

2. _____

3. _____

4. _____

5. _____

b. Ahora, en parejas, seleccionen uno de los tres temas y contesten las siguientes preguntas.

1. Si ustedes tuvieran que escribir una exposición sobre este tema, ¿cuál sería el título?

_____

2. ¿Cuál sería la tesis o idea central?

_____

3. ¿Cuáles serían tres ideas que ustedes usarían para apoyar la tesis?

_____

4. ¿Cuál sería la conclusión?

_____

Décima entrada del cuaderno

En aproximadamente **150 a 200 palabras**, exponga sus ideas sobre uno de los siguientes temas que se discutieron en clase: (1) el fútbol norteamericano en las universidades de los Estados Unidos; (2) los concursos de belleza; (3) la importancia de conocer otros países y culturas. Recuerde que el escrito tiene que consistir en una tesis o idea central, en por lo menos un párrafo de apoyo y en una conclusión. A continuación se incluye un modelo basado en otro tema semejante. Note que se ha subrayado la tesis o idea central.

Por qué fuman los jóvenes

A pesar de que el gobierno y la Liga contra el Cáncer realizan campañas constantes contra el tabaquismo, muchos jóvenes se hacen adictos al tabaco a muy temprana edad. La gente se pregunta por qué se inician en este vicio. Aunque nadie posea una respuesta definitiva, <u>los expertos coinciden en que los jóvenes fuman sobre todo por dos razones.</u>

Primero, con frecuencia el enviciamiento se debe al influjo de las amistades. Los muchachos y muchachas de trece o catorce años sienten una gran necesidad de pertenecer a grupos sociales. Si estos compañeros insisten en que fumen, los jóvenes suelen probar el tabaco.

Segundo, los adolescentes también experimentan con el cigarrillo para que sus amigos los admiren por su rebeldía e individualidad. Se imaginan que el fumar los hace parecer mayores y más independientes. Mediante este vicio quieren demostrar que ya sus padres no los controlan. Desean que todos sepan que pronto van a romper las barreras del hogar.

Desgraciadamente, por las dos razones mencionadas los jóvenes adquieren un hábito muy feo y perjudicial. Es posible que este enviciamiento los acompañe la vida entera porque dejar de fumar es mucho más difícil que comenzar a hacerlo. **(Total: 198 palabras)**

OTROS USOS DEL SUBJUNTIVO

Aunque el subjuntivo se usa casi siempre en oraciones subordinadas o condicionales, hay algunas excepciones como las dos que aparecen abajo. Ambas son muy comunes.

- Se usa el subjuntivo con las expresiones **quizá** o **quizás**, **tal vez** y **acaso** cuando el hablante quiere poner énfasis en la duda o la posibilidad. Por el contrario, se usa el indicativo cuando hay menos duda. Observe que **quizá** o **quizás**, **tal vez** y **acaso** significan exactamente lo mismo. Por eso en cada uno de los ejemplos es posible utilizar cualquiera de esas expresiones.

   EJEMPLOS:

   a. No tengo reloj, pero **quizá** (**quizás**, **acaso**, **tal vez**) **sean** las nueve de la noche. (El hablante tiene duda.)
   b. **Acaso** (**quizá** o **quizás**, **tal vez**) el coche estaba roto. (El hablante está bastante seguro de lo que sugiere.)
   c. **Tal vez** (**acaso**, **quizá** o **quizás**) no tuviera dinero, y por eso no quiso viajar con nosotros a Canadá. (El hablante tiene duda.)

- **Quisiera**, **debiera** y **pudiera** se usan a veces como fórmulas de cortesía que no tienen valor subjuntivo. En efecto, se pueden sustituir por el condicional simple y a veces por el presente de indicativo o el imperfecto de indicativo. La fórmula con **-ra** se considera la más cortés de todas.

   EJEMPLOS:

   a. ¿**Pudiera** (**podría**, **puede**, **podía**) usted decirme dónde está el Museo Nacional de Antropología?
   b. No **quisiéramos** (**querríamos**, **queremos**, **queríamos**) ofenderlos, pero la verdad es que no nos gusta mucho la comida tailandesa, así que no vamos a cenar con ustedes esta noche.
   c. **Debieras** (**deberías**, **debes**, **debías**) tratar con más respeto a tus mayores.

EJERCICIO 9

a. Conteste las preguntas de acuerdo con las indicaciones. Utilice el subjuntivo cuando hay duda y el indicativo cuando hay menos duda.

   MODELO: ¿Qué fruta prefiere Migdalia? (mango, acaso [duda])
   Acaso prefiera el mango.

   1. ¿Qué hora es? (las dos y pico, tal vez [duda])

   _____

   2. ¿Cuántos años tenía don Ignacio cuando murió? (setenta o setenta y dos, quizás [duda])

   _____

   3. ¿Cuándo salió el avión para Puerto Vallarta? (acaso, a las cuatro [menos duda])

   _____

4. ¿Qué equipo de béisbol va a ganar la Serie Mundial este año? (tal vez, los Cachorros de Chicago [duda])

_____

5. ¿Cuánto cuesta un coche eléctrico? (quizá, treinta mil dólares [menos duda])

_____

b. Haga preguntas para las respuestas que se le facilitan, utilizando la forma **-ra** para expresar cortesía.

MODELO: Sí, debo llamar con más frecuencia a mi hermanito.

    R.: _¿No debieras llamar con más frecuencia a tu hermanito?_

1. No, no quiero ir al cine contigo.

_____

2. Sí, podemos abrir la tienda mañana.

_____

3. Sí, los alumnos deben esforzarse más.

_____

4. Sí, ellos quieren visitar Nicaragua.

_____

c. En parejas, creen oraciones originales de acuerdo con las instrucciones.

1. tal vez (duda)

Tal vez el semestre vaya a estar facil

2. quisiéramos (cortesía)

Quisiéramos estar corteses, pero dirías algo grosero

3. quizás (menos duda)

Quizás vamos a trabajar todo el verano

4. debieran (pregunta cortés)

Debieran preguntar con mucha cortesía si quisiera más dinero

5. acaso (duda)

Acaso fuera a llover todos los días esta semana

6. pudierais (pregunta cortés)

¿Pudierais aplaudir cuando yo completo mi discurso?

PARA Y POR

Las palabras indicadoras (preposiciones) **para** y **por** presentan problemas especiales para el angloparlante. Esto se debe a que en inglés una sola expresión, *for*, tiene casi todos los valores expresados en español por **para** y **por**. En términos generales, **para** indica el fin, la intención, el destino, el uso o la meta de una acción. **Por** señala la causa, el motivo o la razón de una acción.

Para

• **Para** → idea básica de finalidad o destino

En su sentido más amplio, **para** indica **destino** o **fin**. Conviene pensar en una flecha (→) que apunta hacia un objetivo concreto.

EJEMPLOS:

   a. Vamos **para** → Boston. (con dirección a, destino)
   b. Marcos estudia **para** → ingeniero. (finalidad, objetivo)
   c. Trabaja horas extra **para** → pagarle los estudios a su hijo. (con el fin de, objetivo)
   d. Este bolso es un regalo **para** → mi madre. (está destinado a)
   e. La caja verde es sólo **para** → ropa, no **para** → zapatos. (está destinada a)

De acuerdo con esta idea general, **para** tiene significados más específicos, los cuales se señalan a continuación acompañados de ejemplos representativos.

Señala propósito	*in order to*

   a. Estudio mucho **para** sacar buenas notas.
   b. Hablaron con la profesora **para** explicarle sus dificultades.
   c. **Para** preparar una buena paella marinera, hay que tener muchas gambas y calamares.

Expresa movimiento en una dirección específica.	*toward*

   a. Mis padres salieron **para** Inglaterra.
   b. Nos vamos a mudar **para** el este.
   c. ¿A qué hora pensabais marcharos **para** la fiesta?

Indica un plazo determinado o un momento futuro en el tiempo que el hablante siente que es definido.	*deadline or precise moment in time*

   a. El examen es **para** el martes.
   b. José Luis y Estela quieren casarse **para** octubre de 2010.
   c. Hay que entregar el trabajo **para** mañana.

Expresa en la opinión de.	*according to, in someone's opinion*

   a. **Para** mí que el médico no sabe lo que dice.
   b. **Para** Josefa y Karen, todos los hombres son tontos.

| **Indica el receptor o el destinatario.** | *the one for whom something is intended* |

a. La carta es **para** el gerente.
b. El hueso es **para** la perra de mi tía.

| **Apunta la función o propósito de algo; utilidad.** | *purpose* |

a. Esta taza es **para** té, no **para** jabón.
b. ¡Silencio! Las bibliotecas son **para** estudiar.

| **Expresa comparación.** | *for, considering* |

a. La niña está bastante alta **para** su edad.
b. **Para** ser tan viejo, baila muy bien la salsa. Seguro que de joven era muy fiestero.

| **Indica capacidad.** | *having room for, having capacity for* |

a. Es una plaza de toros **para** cinco mil personas.
b. Queremos una mesa **para** cuatro.

| ***Estar para*** **+ (infinitivo) indica que una acción está a punto de ocurrir.** | *action about to take place* |

a. El autobús está **para** salir.
b. La familia estaba **para** comer cuando llegó la visita.

| ***Trabajar para*** **+ (persona o lugar) señala el individuo o la empresa que contrata a alguien.** | *employer* |

a. Arturo trabaja **para** su madre.
b. Nosotros trabajamos **para** PÉMEX.

En español, existen muchas expresiones o frases hechas con *para* que son de uso común

para siempre	Lo voy a recordar para siempre.
estar para chuparse el dedo	El pastel estaba para chuparse el dedo.
no ser para tanto	No te pongas así porque se rompió la copa, que no es para tanto.
como para + (infinitivo)	La película estaba lo suficientemente mala como para salir corriendo del cine.
no estar para bromas	El jefe de Sara no estaba para bromas porque la compañía había perdido mucho dinero ese mes.
haber (. . .) para todos los gustos	Se dice que hay gente para todos los gustos, pero yo no me lo creo.

Por

Por ↺ idea básica de motivo o causa

En su sentido más amplio, **por** expresa la causa, el motivo o la razón de una acción. Conviene pensar en una flecha circular (↺) que apunta hacia la causa, la fuente de la acción: Vine **por** ti ↺. La gente trabaja **por** necesidad ↺.

EJEMPLOS:

a. Llegamos tarde a casa **por** el tráfico ↺. (a causa de, por motivo de)
b. La puerta de la jaula se quedó abierta **por** descuido ↺, y el león del circo se escapó, sembrando el pánico entre la población. (a causa de, por motivo de)
c. Gladys llamó para decir que no podrá venir a trabajar hoy **por** hallarse enferma ↺. (por motivo de)
d. No tiene amigos **por** su mal genio ↺. (a causa de, por motivo de)
e. Se casó con él por interés y no **por** amor ↺. (a causa de, por motivo)

ALERTA 58

Si se enlazan dos oraciones distintas (**sujeto + verbo conjugado**) con el objeto de indicar que una acción es causada por otra acción, no se usa **por** sino **porque**. **Ejemplos:** Me voy **porque** tengo que comer (*I am leaving because I have to eat*); Cantaron **porque** tenían ganas de hacerlo (*They sang because they felt like it*).

Por puede tener también otros valores que se resumen acto seguido junto con ejemplos esclarecedores. Repare en que se ofrecen ejemplos esclarecedores después de cada apartado.

Se usa para indicar qué o quién se beneficia de la acción verbal.	*on behalf of, for the sake of*

a. Sé que Margarita haría cualquier cosa **por** mí.
b. Los soldados creían que luchaban **por** su patria, pero en realidad luchaban **por** los intereses de unos pocos.

Con ciertas palabras-acción (verbos), indica *en busca de* o *a comprar*.	*in search of*

a. Nos mandaron a la tienda **por** pan y azúcar.
b. Oscar, ve **por** un pupitre al salón de enfrente.
c. ¿Es cierto que el hermano de Victoria siempre pasa **por** ti?

ALERTA 59

Recuerde que *to ask for* expresa ideas diferentes que se traducen al español por medio de las palabras-acción (verbos) **pedir** y **preguntar**. Cuando *to ask for* significa *to request expecting something in return*, se usa **pedir**. **Ejemplos:** Le pedí más agua al mesero; Tus padres querían que le pidieras ayuda a tu profesor de matemáticas. Cuando *to ask for* significa *to ask about* o *to ask to speak to*, se usa **preguntar por**. **Ejemplos:** Llamé a la casa de Adela Rosales y pregunté por su suegra; Cuando su sobrino Jorge se enteró de que la tía Sagrario estaba enferma, pasó por el hospital para preguntar por ella.

Indica *en lugar de*, o sea, equivalencia o sustitución.	*instead of, in place of*

a. A la pobre Julia le dieron gato **por** liebre.
b. Chicos, su maestro de piano no ha podido venir hoy, así que yo daré la clase **por** él.
c. Como sois menores de edad, vuestros padres pueden firmar estos documentos **por** vosotros.
d. Salúdale **por** mí cuando lo veas.

Expresa lugar de manera vaga. Por ejemplo, indica movimiento a través de un espacio o movimiento indiscriminado.	*through, along, around*

a. Llegarás más pronto si vienes **por** el parque.
b. Tuvimos que entrar **por** la puerta de atrás porque la del frente estaba cerrada con llave.
c. Nos gusta pasear **por** el sendero que conduce a la fuente.
d. Me crucé con Alicia cuando iba **por** la calle Velázquez, rumbo a su casa.
e. Pues supongo que el señor Vázquez estará **por** la oficina, porque no está en su residencia.
f. El avión voló **por** encima de la ciudad.

Expresa tiempo de manera vaga. Por ejemplo, indica duración; es decir, se refiere al tiempo durante el cual se realiza una acción. También se usa para referirse a un tiempo aproximado o indeterminado en el que ocurre o va a ocurrir una acción.	*for + time; around + time; during + time*

a. Trabajaron sólo **por** dos o tres horas.
b. Ha sido conserje en esta escuela **por** más de diez años.
c. Eso ocurrió **por** los años noventa.
d. Supongo que el festival tendrá lugar **por** julio o agosto.

Indica multiplicación en fórmulas matemáticas.	*times*

a. Cuatro **por** cinco son veinte.
b. Tres **por** tres son nueve.

Indica *a cambio de*.	*in exchange for*

a. Le pagamos ciento noventa mil dólares **por** la casa.
b. Te cambio esta blusa nueva **por** tus pantalones verdes.

Señala el agente en la voz pasiva (sujeto de pasiva + *ser* + participio pasivo + *por* + agente).	*by*

a. Las obras de teatro fueron escritas **por** Paloma Pedrero.
b. La casa fue fabricada **por** unos carpinteros aragoneses.

Indica modo o medio.	*manner, by means of*

a. Vinimos **por** carretera.
b. Le mandaron el regalo **por** correo.
c. Lo llamaron **por** teléfono de la estación de policía.
d. Van a pasar **por** televisión la última película de Guillermo del Toro.

Con verbos como *estar* y *quedar*, indica algo que no se ha hecho o que está en el proceso de realizarse.	*almost, trying to, etc.*

a. Me queda mucho trabajo **por** hacer.
b. El avión todavía está **por** llegar.
c. El coche está **por** arrancar.

Significa *al* o *a la*.	*per hour, per day, etc.*

a. El coche anda a ciento veinte kilómetros **por** hora.
b. Ganan ocho dólares **por** día.

Igual que en el caso de "para que", en español hay numerosas expresiones o frases hechas con *por* que son de uso común

por allí (aquí, allá, acá, todas partes, dondequiera)	Voy a pasar por allí un poco más tarde.
por la mañana (tarde, noche)	A Javier le gusta estudiar por la mañana.
por ejemplo	No todas las frutas son dulces. Por ejemplo, el limón es muy ácido.
por el estilo	¿No crees que se deberían prohibir los espectáculos crueles como las corridas de toros, las peleas de gallos, las carreras de caballos y otros por el estilo?
por otro lado	No estoy de acuerdo con que se prohíban esos espectáculos, inclusive si los animales sufren. Por otro lado, pienso que deberían desaparecer el ballet y la ópera.
por eso	¡Qué tonterías dices, Nuño! Por eso le caes tan mal a la gente.

Otras expresiones con *por* que son de uso común

por suerte	¡por Dios!	por consiguiente
por desgracia	por lo visto	por primera vez
por casualidad	por lo general	por supuesto
por lo tanto	por medio de	por fin
por lo menos	por favor	por el contrario
por lo pronto	por suerte	por si acaso

EJERCICIO 10

a. Complete los espacios en blanco con **por** o **para**.

1. Sus padres piensan visitarlo mañana ___por___ la noche.

2. Nuestra boda está programada ___para___ el doce de noviembre del año próximo.

3. ¿Cuánto pagaste ___para___ *por (in exchange)* ese coche tan feo?

4. ___Para___ mí que nadie sabe la respuesta.

5. ¡___Por___ Dios, Celia! ¿Cómo puedes decir esas cosas?

6. El perro estaba caminando ___por___ la calle.

7. No te entiendo, cariño. Sabes bien que haría cualquier cosa
   ___por___ ti.

8. Niños, esos cuchillos son ___para___ comer, no ___para___
   jugar.   knifes

9. Nos vamos ___por___ Phoenix dentro de media hora.

10. Esa casa fue alquilada ___para/por___ mis primos.

11. El piloto nos aseguró que este avión vuela a más de ochocientos
    kilómetros ___por___ hora.

12. Treinta y tres ___por___ tres son noventa y nueve, ¿verdad?

13. Vamos a mandarlo ___para/por___ pan a la tienda.
    be in charge

14. Esa chica estudia ___para___ psiquiatra. psychiatrist

15. Adriana practica mucho con el clarinete ___para___ tocar en la
    banda del instituto.

16. Me encantaría viajar ___por___ todo Chile este verano.

17. Ayer pasé dos horas en la biblioteca memorizando fórmulas
    ___para___ un examen de química.

18. Les ruego que me envíen los cheques ___por___ correo.
    beg

19. La policía entró ___por___ la puerta de atrás del edificio.

20. Hija, te lo digo ___por___ última vez: no te subas más en
    el techo.

21. Esta camisa es ___para___ ti. ¿Pensabas que se me había olvidado tu
    cumpleaños?

22. El joven está que se muere ___para/por___ ella.

23. Si sales ___por/para___ el trabajo antes de las ocho, hazme el favor de
    pasar ___por___ mí.

24. El tren ___para___ Nairobi acaba de partir. leave

25. ___Para___ subir al cielo se necesita una escalera grande y otra
    chiquita.

b. Examine el cuadro de abajo. A continuación, encontrará una serie de oraciones. Léalas cuidadosamente y luego indique al margen por qué se ha usado **por** o **para**. Repare en que algunas justificaciones pueden usarse más de una vez.

Para	Por
a. Finalidad o destino	h. Causa, motivo o razón de una acción
b. Propósito (*in order to*)	i. En beneficio de o en honor de (*on behalf of; for the sake of*)
c. Movimiento en una dirección específica (*toward*)	j. En busca de (*in search of*) o a comprar
d. Plazo determinado o momento futuro definido	k. Movimiento a través de un espacio, movimiento a lo largo de un espacio, movimiento indiscriminado
e. Receptor o destinatario	l. Duración o tiempo aproximado
f. Función o propósito de algo; utilidad (*purpose*)	m. Sustitución o intercambio: a cambio de, en reemplazo de
g. Comparación (*for; considering*)	n. Indica el agente de pasiva (sujeto + **ser** + **-ado/-ido** + **por** + agente)
	ñ. Modo o medio (*manner; by means of*)

1. Queremos comprar papel para cartas. ☐ f

2. Trabajo por Arturo casi todos los sábados. ☐ m

3. ¡Por fin hemos podido llegar! ☐ m l

4. No mucha gente está dispuesta a luchar por la patria. ☐ ñ i

5. Los atletas se entrenan para los juegos olímpicos. ☐ a/c

6. Estoy convencida de que nombrarán a Carmen para el puesto de directora general. ☐ f/a

7. Seguro que no vino por estar indispuesto. ☐ h

8. Pancho y Ana Rosa dicen que piensan casarse para mediados de marzo. ☐ d

9. Está demasiado viejo para trabajar tanto. ☐ b

10. Yo haría cualquier cosa por ti. ☐

11. La señora Yoko y su esposo anduvieron por Paraguay, la Argentina y Chile el año pasado. ☐

12. Compré un vestido precioso para tu muñeca. ☐

13. El pueblo admira al presidente por su generosidad y sentido del deber. ☐

14. Te hemos regalado el abrigo para que lo uses, no para que lo tengas guardado en el armario. ☐

15. Mario, ¿me haces el favor de ir por leche al supermercado? ☐

16. Hay que devolver los libros a la biblioteca para el próximo lunes. ☐

17. El incendio se produjo por un desperfecto eléctrico. ☐

18. Su nieta está muy alta para su edad. ☐ g

19. El Parque Güell fue concebido por Gaudí.   ☐

20. ¡Atención, señores viajeros! El camión para Zacatecas sale en diez minutos.   ☐

c. Complete los espacios en blanco con una de las siguientes frases con **por** y **para**.

por hora	para barrer . . . para matar ratones
para Margarita	para el examen
para un hombre	por Ecuador
por la computadora . . . por el radio	para abordar
por ella	para la oveja chivo
por una compañía	por azúcar
por el bosque	por tu bicicleta vieja
para cuántas personas	

1. Viajaremos _____ durante los meses de mayo y agosto.

2. Estiman que el coche de la policía persiguió a los ladrones a más de ciento cincuenta kilómetros _____.

3. La casa de enfrente fue fabricada _____ constructora de San José.

4. Esta escoba es _____, no _____.

5. La falda que compramos es _____.

6. Vinimos _____, no _____.

7. Me enteré de que a tu hermana la acaban de operar. ¿Es verdad que tienes que trabajar _____ la semana que viene?

8. Nuestros compañeros nos gritaron que el avión ya estaba _____.

9. _____ de su edad, está bastante bien de salud.

10. Te doy veinte dólares _____. No tengo manera de llegar a la escuela.

11. Mira el lazo que compré _____ de mi tía Marta.

12. Me encanta pasear _____ durante el invierno.

13. ¿_____ necesita usted la mesa?

14. Sebastián, corre _____ a la tienda, por favor.

15. Olga y yo estudiamos toda la noche _____ de geografía universal.

d. Siga las sugerencias entre paréntesis para escribir oraciones originales con **por** o **para**.

1. por (causa, motivo o razón de una acción)

_____

2. para (recipiente o destinatario de una acción)

_____

3. por (en beneficio de)

_____

4. para (con capacidad para o útil para)

_____

5. para (destino, uso o fin)

_____

6. por (movimiento a través o a lo largo de un espacio, o movimiento indiscriminado)

_____

7. expresión con **por** de las listas de las página 248. (Úsela en una oración más larga)

_____

8. para (comparación)

_____

NEGAR Y *NO NEGAR*

Las expresiones **negar** y **no negar** son un poco más problemáticas que **creer** (**no creer**), **pensar** (**no pensar**) y **dudar** (**no dudar**). En esencia, puede decirse que cuando la negación es real, o sea cuando equivale a "decir" o "afirmar", se usa el indicativo; cuando la negación es menos enfática, es decir, cuando equivale a "poner en duda" o "cuestionar", se usa el subjuntivo. En el caso de **no negar**, si la "no negación" equivale a "aceptar" o "no poner en duda", se usa el indicativo; si por el contrario se acentúa la ambigüedad, entonces se usa el subjuntivo.

Negar → decir, afirmar	Negar → poner en duda, cuestionar
Niegan que tú lees todas las noches.	Niegan que tú leas todas las noches.
Niego que Isabel es piloto de aviones.	Niego que Isabel sea piloto de aviones.

No negar → aceptar, no poner en duda	No negar → cuestionar, acentuar la ambigüedad
No negamos que ustedes saben manejar la computadora.	No negamos que ustedes sepan manejar la computadora (**pero** no lo hacen muy bien).
El enfermero no niega que el paciente está bien ya.	El enfermero no niega que el paciente esté bien ya (**pero** cree que debe reposar más).

Lo aquí afirmado en relación con **negar** también se aplica a otras expresiones semejantes como **cuestionar, rechazar, poner en duda** y **refutar**.

EJERCICIO 11

a. Responda con oraciones completas a las siguientes preguntas.

1. ¿Niegas que la profesora utilice correctamente el subjuntivo?

   _____

2. ¿Rechazan los anunciadores de televisión que las cervezas alemanas sean mejores que las estadounidenses?

   _____

3. ¿Refutó Aristóteles que la poesía tuviera un papel importante en la sociedad ideal?

   _____

4. ¿Ponéis en duda que las Olimpiadas empezaron en Grecia?

   _____

5. ¿Cuestionaste que yo jugara mejor al tenis que María Sharapova ?

   _____

b. En parejas, reparen en el contexto que rodea cada oración. Luego determinen si se debe usar el subjuntivo o el indicativo y expliquen brevemente por qué en el espacio así designado.

1. Ambos candidatos a la alcaldía de la ciudad son igualmente corruptos. Uno es culpable de fraude; el otro de soborno. Cuestiono que

   cualquiera de ellos _____ (merecerse) ganar las elecciones.

   ¿Por qué? _____

2. Hoy en día la China es una importante potencia mundial tanto en un sentido comercial como político. Asimismo, su poder adquisitivo aumenta a diario. Por eso no pongo en duda que

   _____ (convenir) aprender chino.

   ¿Por qué? _____

3. Eliana vive cerca de la playa, tiene una tabla hawaiiana y todos los sábados y domingos va a la playa con sus amigos. ¿Todavía

niegas que ella _____ (practicar)
el surf?

¿Por qué? _____

4. En 1992, Georges Charpak ganó el premio Nobel de física por la invención y el desarrollo de los detectores de partículas. ¿Cuestionan

ustedes que _____ (ser) un genio?

¿Por qué? _____

ESTRATEGIAS DE LA COMUNICACIÓN ESCRITA (5): DIFERENTES MANERAS DE ARGUMENTAR

El escrito argumentativo exige frecuentemente el uso de expresiones afirmativas o negativas para apoyar o rechazar determinadas ideas. Algunas de uso común son las siguientes:

Expresiones afirmativas	Expresiones negativas
afirmar	oponerse a
mantener	rechazar
sostener	negar
proponer	refutar
argüir	poner en duda
aceptar	no aceptar
opinar	no opinar
insistir en	contradecir
creer	no creer
pensar	no pensar
dudar	no dudar
preferir	detestar
estar seguro de	no estar (nada) seguro de

EJERCICIO 12

Utilice las expresiones que se incluyen arriba para completar las siguientes oraciones. No debe usar ninguna expresión más de una vez. Examine con cuidado el modelo a seguir.

> **MODELO:** La verdad es que _____ que la pintura moderna (es/sea) inferior a la pintura barroca.
>
> **R.:** *La verdad es que no estoy nada seguro de que la pintura abstracta sea inferior a la pintura barroca.*

1. _____No creo_____ que se les (paga/**pague**) a los basquebolistas universitarios.

2. _____Pienso_____ que (**sube**/suba) la matrícula cada año.

3. _____Dudo_____ que las mujeres (ganan/**ganen**) lo mismo que los hombres.

4. _____Prefiero_____ que se (prohíben/**prohíban**) las hermandades estudiantiles en las universidades de los Estados Unidos.

5. _____Me opongo a_____ que se (legalizan/**legalicen**) las peleas de gallos en este país.

6. _____No estoy nada seguro de_____ que todo el mundo (tiene/**tenga**) seguro médico.

7. _____Niego_____ que (**aumentan**/aumenten) la edad legal de beber alcohol a los veinticuatro años.

Del mismo modo en que, al narrar, se puede seleccionar entre diferentes puntos de vista, cuando se elabora una exposición argumentativa, también es necesario escoger entre perspectivas para hacer más eficaz el escrito. Por lo general, las tres maneras más frecuentes de redactar una exposición argumentativa son (1) la primera persona singular (**yo**); (2) la primera persona plural (**nosotros**); (3) la técnica impersonal.

La **primera persona singular** se usa cuando uno quiere afirmar de manera muy enfática y personal las opiniones. Este método tiene la virtud de hacer responsables a los escritores de todo lo que dicen. Por otra parte, las ideas acusan mucha subjetividad, y a veces el procedimiento puede resultar innecesariamente repetitivo si la persona que escribe no es cuidadosa. Por eso conviene mezclar la primera persona con expresiones generales de tipo impersonal. Examine el ejemplo a continuación:

Hoy en día es frecuente escribirlo todo en computadora. Yo opino que esa práctica tiene aspectos muy negativos. Por ejemplo, las personas dependen demasiado de la máquina y, poco a poco, van perdiendo la destreza para escribir. Yo mismo noto que mi caligrafía *(penmanship)* empeora más cada día debido a lo mucho que trabajo en el ordenador. También pienso que la dependencia del diccionario que viene con la computadora limita mi vocabulario y que uso en exceso el sistema electrónico de corregir errores ortográficos. Como consecuencia, ya no sé deletrear ciertas palabras. Por eso me propongo en el futuro escribir más a mano y utilizar el diccionario cuando tenga dudas.

La **primera persona plural** sugiere cierta modestia (a veces, por supuesto, la modestia es falsa), pues quien escribe se esconde en un grupo del que se forma parte. O sea, el individuo dice: "Esto lo pienso yo y muchos otros como yo". He aquí un ejemplo:

Hoy en día es frecuente escribirlo todo en computadora. Opinamos que esa práctica tiene aspectos muy negativos. Por ejemplo, las personas dependen demasiado de la máquina y, poco a poco, van perdiendo la destreza para escribir. Nosotros mismos notamos que nuestra caligrafía empeora más cada día debido a lo mucho que trabajamos en el ordenador. También pensamos que la dependencia del diccionario que viene con la computadora limita nuestro vocabulario y que usamos en exceso el sistema electrónico de corregir errores ortográficos. Como consecuencia, ya no sabemos deletrear ciertas palabras. Por eso nos proponemos en el futuro escribir más a mano y utilizar el diccionario cuando tengamos dudas.

La **técnica impersonal** se basa esencialmente en la tercera persona plural (ellos) y en la construcción **se + palabra-acción (verbo)**. Se emplea para indicar una falsa neutralidad. En otras palabras, la persona que escribe expresa sus ideas como si fueran propiedad común, opiniones de todo el mundo. El problema con este método es que a veces reduce el énfasis de una manera excesiva. Fíjese en este modelo:

Hoy en día es frecuente escribirlo todo en computadora. Muchos opinan que esa práctica tiene aspectos muy negativos. Por ejemplo, las personas dependen demasiado de la máquina y, poco a poco, van perdiendo la destreza para escribir. Se nota que la caligrafía empeora más cada día debido a lo mucho que se trabaja en el ordenador. También algunos piensan que la dependencia del diccionario que viene con la computadora limita el vocabulario y que se usa en exceso el sistema electrónico de corregir errores ortográficos. Como consecuencia, ya no se sabe deletrear ciertas palabras. Por eso conviene proponerse en el futuro escribir más a mano y utilizar el diccionario cuando se tengan dudas.

EJERCICIO 13

a. En parejas escriban una mini-composición de cinco a siete oraciones para expresar su opinión compartida sobre uno de los temas a continuación. Utilicen la primera persona plural.

la dieta vegetariana	la contaminación ambiental
los automóviles híbridos	la comida basura
el maltrato de los animales	la inmigración ilegal
una figura pública que admiramos o detestamos	

_____

_____

_____

_____

_____

_____

_____

_____

_____

_____

b. Aún en parejas, cambien el escrito de acuerdo con la técnica impersonal.

_____

_____

_____

_____

_____

_____

_____

_____

_____

LA EXPOSICIÓN ARGUMENTATIVA

La exposición argumentativa tiene el objetivo de convencer a los lectores de nuestro punto de vista sobre determinado asunto. Casi siempre, el tema sobre el que se escribe es de índole controvertida. Normalmente, nadie va a tratar de probar una tesis tan elemental como la siguiente: "Comer es necesario para vivir". Como la idea es tan obvia, cualquier lector o lectora se va a preguntar por qué alguien quiere escribir sobre eso. Por otra parte, si la tesis fuera "Comer carne es necesario para vivir", nos encontraríamos ante un tema controvertible, pues la persona que escribe casi seguro va a atacar las ideas de los vegetarianos.

Pensemos en otra tesis: "Todas las guerras son inmorales". Hay muchas personas que no estarían de acuerdo con dicha idea y tendrían opiniones muy fuertes sobre el tema. Por eso, para escribir sobre el asunto, hay que hacerlo lógicamente a base de argumentos sólidos. Un ensayo sobre el tema tal vez empezaría con un párrafo en el cual se expondría la tesis y se señalaría, en términos generales, todo lo malo que resulta de una guerra: la muerte de muchos soldados y personas inocentes, el hambre, el abuso de los ciudadanos, etc. Un segundo párrafo podría explicar las razones absurdas o políticas por las cuales luchan los países. Un tercero acaso se fijaría en ejemplos históricos concretos que demuestran lo negativo de las guerras. Un cuarto párrafo insistiría en la manera en que la población civil participa en la guerra sin tener el más mínimo control sobre los acontecimientos. Y así sucesivamente. Luego, el escrito concluiría con una síntesis de los argumentos y la repetición enfática de la tesis que se quiso comprobar.

Acto seguido, se ofrece el esquema de una exposición argumentativa sobre otro asunto controvertido.

Esquema de una exposición argumentativa sobre el fútbol norteamericano y el europeo

---

Lista de ideas que me gustaría incluir

1. Hay dos deportes en el mundo que se llaman fútbol.
2. Pienso que sólo el fútbol europeo debe llamarse fútbol.
3. Hay que recordar cómo se juega cada deporte.
4. El fútbol europeo se juega con los pies.
5. El fútbol americano se juega con las manos.
6. La forma actual del fútbol europeo se desarrolló en Inglaterra en el siglo diecinueve.
7. El fútbol norteamericano se desarrolló en los Estados Unidos en el siglo diecinueve.
8. En realidad, el fútbol norteamericano sólo se juega en los Estados Unidos y Canadá.
9. El fútbol europeo, por el contrario, se juega en todo el mundo.
10. El fútbol europeo es un deporte olímpico, pero el norteamericano no.
11. El fútbol europeo es el deporte preferido en el mundo entero.
12. En el fútbol norteamericano sólo los pateadores usan los pies.
13. Cuando uno usa la palabra *fútbol* en casi todos los países del mundo, la gente piensa en el fútbol europeo.
14. El fútbol norteamericano es un juego brutal.
15. Las reglas del fútbol norteamericano son muy complicadas y han cambiado mucho.
16. El fútbol europeo debe llamarse fútbol mundial.
17. El torneo por la Copa del Mundo incluye a todos los países de la Tierra.
18. Nadie ha propuesto que el fútbol norteamericano se añada a las Olimpiadas.
19. No hay ningún torneo internacional de fútbol norteamericano.
20. El fútbol norteamericano es un juego regional.
21. El fútbol europeo tiene reglas muy estrictas para impedir el uso de las manos.
22. Únicamente el portero puede usar las manos.
23. Los otros jugadores pueden usar las manos sólo cuando el juego está detenido.
24. Los jugadores pueden usar la cabeza, el cuerpo y los pies.
25. En los Estados Unidos deben cambiarle el nombre al fútbol norteamericano.

El próximo paso es determinar un título. Los títulos de una exposición deben ser precisos y referirse claramente al tema que procura discutirse. Considere los siguientes títulos:

1. Dos deportes
2. Los deportes mundiales
3. El fútbol, mi deporte favorito
4. El fútbol norteamericano y el verdadero fútbol
5. Por qué no me gusta el fútbol norteamericano
6. ¿Quieres jugar al fútbol?
7. La Copa del Mundo y el fútbol

EJERCICIO 14

a. En parejas, respondan a las siguientes preguntas.

1. ¿Cuál de estos títulos les parece mejor? ¿Por qué?

_____

2. ¿Cuál de los títulos tiene que ver menos con el asunto? ¿Por qué?

_____

3. ¿Cuál de los títulos es más impreciso? ¿Por qué?

_____

4. ¿Cuál de los títulos es más personal?

_____

5. ¿Se les ocurre un título mejor?

_____

b. Lea cuidadosamente las oraciones del esquema. Luego identifique la tesis. Después piense en que la exposición argumentativa va a consistir en seis párrafos. Entre las oraciones que aparecen en el esquema, escoja una que pueda formar parte de la introducción, otra que sirva para la conclusión, y dos para cada uno de los párrafos que van a constituir el cuerpo de la exposición.

Tesis: _____

Introducción: _____

Conclusión: _____

Párrafo 1: _____

_____

Párrafo 2: _____

_____

Párrafo 3: _____

_____

Párrafo 4: _____

_____

Ahora lea la exposición argumentativa:

El fútbol norteamericano y el verdadero fútbol

En el mundo hay dos deportes llamados fútbol. Uno es el fútbol norteamericano o estadounidense. El otro es el fútbol europeo o balompié. En mi opinión, sólo el fútbol europeo debe llevar ese nombre.

El fútbol europeo en realidad debería llamarse fútbol mundial porque es el deporte preferido en la mayoría de los países del mundo. Se juega en todas partes. Aunque el deporte empezó a practicarse hace muchos siglos de manera primitiva, su forma actual se desarrolló en Inglaterra a mediados del siglo diecinueve. Para comienzos del siglo veinte, ya era popular en casi todo el mundo. Por eso, se convirtió en un deporte olímpico muy pronto. También, el torneo por la Copa del Mundo, que se juega cada cuatro años, incluye prácticamente a todos los países de la Tierra.

El fútbol norteamericano empezó también en el siglo diecinueve. Su origen se basó en el rugby. Las reglas del deporte, que son muy complicadas, han cambiado mucho desde el comienzo de este juego tan brutal. El deporte se inventó en los Estados Unidos y se practica también en el Canadá y un poco en otros países. Nunca, que yo sepa, nadie ha propuesto que se añada el deporte a las Olimpiadas, ni mucho menos que se organice un torneo internacional. Por eso, el fútbol norteamericano es un deporte tan regional como las corridas de toros o el parapente (hang gliding). La verdad es que cuando uno usa la palabra "fútbol" en Senegal, en España, en Finlandia, en Turquía, en Rusia o en El

Salvador, todo el mundo piensa inmediatamente en el fútbol europeo, en el verdadero fútbol.

Además, hay que recordar cómo se juega cada deporte. El fútbol europeo tiene reglas muy estrictas para impedir el uso de las manos. Únicamente el portero puede usarlas para defender el arco (goal). A los otros jugadores se les permite usar las manos exclusivamente cuando el juego está detenido. De lo contrario, sólo se usan la cabeza, el cuerpo y, por supuesto, los pies.

El fútbol norteamericano, en cambio, se juega fundamentalmente con las manos. Los jugadores lanzan el balón, lo cogen con las manos, lo transportan en ellas de un lugar a otro. Sólo los pateadores pueden usar los pies. Incluso se considera una infracción que otro jugador le pegue a la bola con los pies. Entonces, yo me pregunto: ¿cómo puede llamarse fútbol este deporte?

En conclusión, hay sólo un fútbol: el europeo. Es el deporte preferido en el mundo entero. Se juega en las Olimpiadas. Existe una Copa del Mundo en la que participan casi todos los países de la Tierra. Además, se juega de verdad con los pies. Por eso propongo que en los Estados Unidos se cree un comité gubernamental que tenga por objetivo inventar un nuevo nombre para ese deporte regional. (**Total: 468 palabras**)

EJERCICIO 15

En parejas, contesten las siguientes preguntas.

1. ¿Le parece que esta exposición está bien estructurada, es decir, que tiene una buena introducción, que el cuerpo está bien desarrollado y que la conclusión es apropiada?

2. ¿En qué se basa la persona que escribe para probar la universalidad del fútbol?

3. ¿Cómo prueba que el fútbol norteamericano es un deporte regional?

4. ¿Por qué afirma que el nombre del fútbol norteamericano no responde a la realidad del deporte?

_____

5. ¿Por qué sí es válido el nombre del fútbol europeo para la persona que escribe?

_____

6. ¿Cree usted que son convincentes los argumentos de la persona que escribe? ¿Por qué?

_____

7. ¿Se le ocurren a usted otros argumentos para apoyar la tesis de la persona que escribe? ¿Cuáles son?

_____

8. ¿Se le ocurren a usted argumentos para refutar la tesis de la persona que escribe? ¿Cuáles son?

_____

9. ¿Está usted de acuerdo con que se le debería cambiar el nombre al fútbol norteamericano? ¿Qué nombre preferiría usted?

_____

Instrucciones para la exposición argumentativa

Primer paso

1. Proponga un título para una exposición argumentativa sobre un tema controvertible en la sociedad estadounidense (por ejemplo, la pena capital, el racismo, el sexismo, la acción afirmativa, la legalización de las drogas, etc.).
2. Escriba el esquema de la exposición argumentativa. El esquema debe consistir en por lo menos veinticinco oraciones simples o complejas. Puede usar como modelo el esquema de exposición argumentativa sobre el fútbol norteamericano y el europeo que aparece en la página 256.

Segundo paso

1. Una vez que el profesor o la profesora corrija y le devuelva las veinticinco oraciones, organícelas para formar una exposición argumentativa coherente de aproximadamente 400 a 500 palabras. Puede usar como modelo la exposición titulada "El fútbol norteamericano y el verdadero fútbol", que está en las páginas 258–59.
2. Recuerde que la idea central o tesis debe quedar claramente expuesta en el párrafo introductorio y que cada párrafo siguiente debe presentar un nuevo aspecto relacionado con la idea central.
3. Entregue la versión preliminar de la exposición argumentativa **mecanografiada a doble espacio**. Utilice una fuente de **doce puntos** o más.

Tercer paso

1. Después de que la profesora o el profesor revise y le devuelva la versión preliminar de la exposición argumentativa, haga todas las correcciones necesarias. Tenga en cuenta las sugerencias del profesor o la profesora.
2. Después de hacer todas las correcciones, entregue la versión final **mecanografiada a doble espacio**. Utilice una fuente de **doce puntos** o más.

CHATEEMOS

Eugenio Diestro le escribe a Gloria Siniestra sobre un espectáculo que presenció durante el viaje de seis semanas que hizo a España en mayo y junio de 2008.

Chat Edit View Actions Help

Webcam Send File Chat

Eugenio Diestro: Gloria, aquí me tienes de vuelta. Ya sabrás que estuve en España del 3 de mayo hasta el 25 de junio. La verdad es que, al contrario de lo que pensaba, ese país me gustó bastante. Pasé la mayor parte del tiempo en Ávila, estudiando español en el programa que tiene allí la Universidad de Alcalá de Henares. También visité varias ciudades importantes. Pasé horas larguísimas y a veces hasta días en Toledo, Segovia, Salamanca, Valladolid y Burgos, y hasta me detuve en un pueblo perdido por ahí que se llama Soria. Claro, después de un tiempo me aburrí de ver iglesias y museos. El arte me cansa, y los templos, pues ¿qué decirte? Vaya manera de botar dinero.

Gloria Siniestra: Eugenio, ¿vas a decirme que pasaste más de un mes en España, y lo único positivo que dices es que te gustó bastante? Explícate, porque no te entiendo.

Eugenio Diestro: Gloria, ¡nunca me comprendes! Sí que me agradaron muchas cosas. El lugar que más me gustó fue Madrid. Allí hay mucho que hacer. Pasé cuatro días en esa ciudad, la cual conozco bien ahora. ¡Y no te imaginas la suerte que tuve! Resulta que estuve en la capital precisamente durante la Feria de San Isidro, así que el once de mayo me fui a la plaza de toros de Las Ventas y le compré a un tipo que estaba frente al cozo una entrada para ver la corrida de esa tarde. Qué suerte, ¿no?

Gloria Siniestra: ¡Bárbaro! ¿Visitas Madrid por la primera vez, y lo único que se te ocurre es ir a una corrida de toros? Eres imposible, Eugenio.

Eugenio Diestro: Tu, como siempre a la agresiva. Escucha, nunca había visto una corrida, así que acudí a ella muy entusiasmado. Los toreros de esa tarde fueron Diego Urdiales, Fernando Cruz y "El Capea". Me encantó el espectáculo, aunque los espectadores pensaron que no fue una buena tarde de toros. Eso sí, Urdiales hizo una excelente faena y consiguió una estocada fenomenal. Por eso le dieron una oreja. Estaba vestido de rojo y oro. Parecía un personaje de un cuadro de Goya. ¡Qué maravilla!

Gloria Siniestra: Ay, Eugenio, hasta cuando hablas bien de España te las arreglas para molestarme. ¿Cómo puedes decir que lo que más te impresionó de ese país maravilloso fue una corrida de toros? Eres un monstruo. ¿Tú sabes lo que sufren esos pobres animales? Eso es como disfrutar de la tortura.

Eugenio Diestro: Ven acá, amiga, ¿eres tú acaso la joven que vi de lejos el sábado pasado en la churrasquería argentina que está en la calle Clinton, comiéndose un asado descomunal con su novio? ¿Te imaginas que ese torete que ustedes se comieron casi entero decidió suicidarse un día sólo para que tu novio y tú disfrutaran de su carne.

Gloria Siniestra: Pero comparas lo incomparable, Eugenio. A ese animal no lo mataron para que se divirtieran unas pocas personas.

Eugenio Diestro: Tal vez no, pero ¿sabes tú lo que padecen los novillos que crían por unos meses para luego llevarlos al matadero y matarlos de una descarga eléctrica? ¿Te parece justo eso? ¿No crees que el animal preferiría morir valientemente en el ruedo haciendo una obra de arte en la compañía de un torero? Reflexiona, Gloria.

Gloria Siniestra: Debo admitir que por primera vez me has dejado sin palabras. Acaso tengas razón. Hay que meditar mucho sobre esto.

Y tú, ¿qué opinas?

CAPÍTULO 5

La exposición analítica

TEMAS

OTROS TIEMPOS DE LA PALABRA-ACCIÓN (VERBO)

Hasta el momento, se han examinado los tiempos más utilizados de la palabra-acción (verbo) tanto en el modo indicativo como en el subjuntivo. Este capítulo resume brevemente las formas y usos de otros tiempos de la palabra-acción (verbo). No se pretende estudiarlos de manera exhaustiva, sino presentarlos para hacer posible la familiarización con ellos.

El futuro

Las formas **regulares** del futuro de indicativo se adaptan a la siguiente fórmula:

Infinitivo de la palabra-acción (verbo)	Terminación (-é/-ás/-á/-emos/-éis/-án)
bailar	(yo) bailar**é**
	(tú) bailar**ás**
	(él, ella, usted) bailar**á**
	(nosotros) bailar**emos**
	(vosotros) bailar**éis**
	(ellos, ellas, ustedes) bailar**án**
beber	(yo) beber**é**
	(tú) beber**ás**
	(él, ella, usted) beber**á**
	(nosotros) beber**emos**
	(vosotros) beber**éis**
	(ellos, ellas, ustedes) beber**án**
vivir	(yo) vivir**é**
	(tú) vivir**ás**
	(él, ella, usted) vivir**á**
	(nosotros) vivir**emos**
	(vosotros) vivir**éis**
	(ellos, ellas, ustedes) vivir**án**

Algunas palabras-acción (verbos) son **irregulares** en el futuro. La irregularidad no se presenta en la terminación sino en la raíz. Es decir, no se usa el infinitivo para formar el futuro de estas palabras sino una variante del mismo. He aquí algunas de uso común. Repare en que la irregularidad se identifica en negrilla.

poner	pon**dré**, pon**drás**, pon**drá**, pon**dremo**s, pon**dréis**, pon**drán**
hacer	ha**ré**, ha**rás**, ha**rá**, ha**remos**, ha**réis**, ha**rán**
decir	di**ré**, di**rás**, di**rá**, di**remos**, di**réis**, di**rán**
tener	ten**dré**, ten**drás**, ten**drá**, ten**dremos**, ten**dréis**, ten**drán**
salir	sal**dré**, sal**drás**, sal**drá**, sal**dremos**, sal**dréis**, sal**drán**
venir	ven**dré**, ven**drás**, ven**drá**, ven**dremos**, ven**dréis**, ven**drán**
querer	quer**ré**, quer**rás**, quer**rá**, quer**remos**, quer**réis**, quer**rán**
caber	cab**ré**, cab**rás**, cab**rá**, cab**remos**, cab**réis**, cab**rán**

haber	hab**ré**, hab**rás**, hab**rá**, hab**remos**, hab**réis**, hab**rán**
valer	val**dré**, val**drás**, val**drá**, val**dremos**, val**dréis**, val**drán**
saber	sab**ré**, sab**rás**, sab**rá**, sab**remos**, sab**réis**, sab**rán**
poder	pod**ré**, pod**rás**, pod**rá**, pod**remos**, pod**réis**, pod**rán**

El futuro de indicativo se usa en español casi del mismo modo que en inglés, o sea, se emplea para referirse a acciones que **van a ocurrir**. Muchas veces se utiliza en oraciones con *si + presente* para indicar el resultado posible o deseado.

EJEMPLOS:

¿Piensas que lloverá mucho este verano?	*Do you think that it will rain a lot this summer?*
La fiesta empezará a las nueve.	*The party will begin at nine o'clock.*
Os pagaré mañana.	*I'll pay you tomorrow.*
Si Maribel tiene tiempo, pasará por la casa de sus tíos.	*If Maribel has time, she will stop by her aunt and uncle's house.*

El futuro de indicativo se emplea para expresar **probabilidad en el presente**.

EJEMPLOS:

¿Dónde estará Javier?	*Where can Javier be?*
Bailarán mal, y por eso no quieren ir a la discoteca.	*They probably dance badly, and that's why they don't want to go to the disco.*
Será la una menos cuarto.	*It's probably a quarter to one.*

ALERTA 60

Recuerde que la construcción *ir a + infinitivo* expresa **acción futura**. **Ejemplos:** Vamos a cenar dentro de una hora = Cenaremos dentro de una hora; El concierto va a comenzar muy pronto = El concierto comenzará muy pronto; Voy a ir a Alemania el año próximo = Iré a Alemania el año próximo.

EJERCICIO 1

a. Complete los espacios en blanco con la forma adecuada del futuro.

1. Mariana y yo _____ (casarse) el año próximo.

2. Estoy seguro de que los chicos _____ (salir) mal en el examen de química.

3. Si camináis rápidamente, _____ (llegar) a tiempo al trabajo.

4. ¿(Tú) _____ (ver) a la supervisora este fin de semana?

5. No sé qué _____ (querer) Alfonso para su cumpleaños.

6. Yo _____ (acostarse) a eso de las once y media.

b. Cambie la construcción *ir a* + **infinitivo** por el **futuro**.

1. El empresario, su contador y yo **vamos a almorzar** con la candidata para concejala.

_____

2. El médico no **va a poder** daros turno hasta la semana que viene.

_____

3. ¿Quiénes **van a hacer** ejercicios esta tarde?

_____

4. **Voy a escribir**le un correo electrónico al representante de la aerolínea para quejarme de que perdieran mi equipaje.

_____

c. Cambie la frase con el **presente** + *posiblemente* por el futuro de probabilidad.

MODELO: Posiblemente piensa estudiar para abogado.
   R.: *Pensará estudiar para abogado.*

1. El libro posiblemente está en su escritorio.

_____

2. Posiblemente son las cuatro de la mañana.

_____

3. Posiblemente decís la verdad, pero no os creemos.

_____

4. Te veo muy cansado. Posiblemente duermes muy poco.

_____

El imperativo

El **mandato** (*command form*) es una forma de la palabra-acción (verbo) que se utiliza para dar órdenes de manera más o menos enérgica. No obstante, todo mandato puede suavizarse ya bien con el tono de voz, ya bien con una expresión de cortesía como *por favor*. Hay dos tipos de mandato: el **formal** (**usted, ustedes, nosotros**) y el **informal** (**tú, vosotros**).

El mandato formal

El **mandato formal** es el **presente de subjuntivo** de cualquier palabra-acción (verbo), tanto en construcciones afirmativas como negativas.

bailar		no bailar	
bail**e** (usted)	bail**emos** (nosotros)	no bail**e** (usted)	no bail**emos** (nosotros)
	bail**en** (ustedes)		no bail**en** (ustedes)

partir		no partir	
part**a** (usted)	part**amos** (nosotros)	no part**a** (usted)	no part**amos** (nosotros)
	part**an** (ustedes)		no part**an** (ustedes)

pensar		no pensar	
piens**e** (usted)	pens**emos** (nosotros)	no piens**e** (usted)	no pens**emos** (nosotros)
	piens**en** (ustedes)		no piens**en** (ustedes)

tener		no tener	
ten**ga** (usted)	ten**gamos** (nosotros)	no ten**ga** (usted)	no ten**gamos** (nosotros)
	ten**gan** (ustedes)		no ten**gan** (ustedes)

dormir		no dormir	
duerm**a** (usted)	durm**amos** (nosotros	no duerm**a** (usted)	no durm**amos** (nosotros)
	duerm**an** (ustedes)		no duerm**an** (ustedes)

Recuerde que cuando se añade una palabra sustituidora reflexiva o complementaria (pronombre reflexivo o pronombre de complemento) al mandato, ésta se coloca después de la palabra-acción (verbo) en expresiones afirmativas, y forma una unidad con ella. En el caso de la primera persona plural, se elimina la **s** final frente a **nos** y **se**. Si el mandato es negativo, los pronombres se colocan antes de la palabra-acción (verbo) y siguen separadas de ella. Examine los siguientes ejemplos:

Mandato afirmativo	Mandato negativo
Hágan**lo**.	No **lo** hagan.
Pída**selo**.	No **se lo** pida.
Léa**la**.	No **la** lea.
Acuésten**se**.	No **se** acuesten.
Bañémo**nos**.	No **nos** bañemos. (La **s** final reaparece.)
Escribámo**sela**.	No **se la** escribamos. (La **s** final reaparece.)

Ejercicio 2

a. Complete los espacios en blanco con la forma apropiada del imperativo formal.

1. Alumnos, _____ (estudiar) cuidadosamente la lección.

2. _____ (evitar) usted las calles de mucho tráfico.

3. No (ustedes) _____ (oír) ese tipo de música.

4. (Nosotros) _____ (levantarse) más temprano.

5. No lo _____ (leer) usted en voz alta.

6. (Ustedes) _____ (hacer) el trabajo cuanto antes.

7. No (nosotros) _____ (cortar) el césped hasta el sábado.

8. (Ustedes) _____ (salir) de aquí inmediatamente.

9. No (usted) _____ (ver) películas tan violentas.

10. Hijos míos, _____ (ser) ustedes más inteligentes, por favor.

b. Cambie el mandato afirmativo por el negativo y viceversa.

1. No se ponga la camisa nueva.

   _____

2. Acostémonos temprano esta noche.

   _____

3. Vayan al teatro con Luis y Julia.

   _____

4. No se lo diga a nadie.

   _____

5. Miren la televisión.

   _____

6. No se las pidamos.

   _____

ALERTA 61

La forma **vamos a + infinitivo** reemplaza con bastante frecuencia el mandato afirmativo en primera persona plural (**nosotros**). **Ejemplos:** comamos = vamos a comer; digámoselo = vamos a decírselo. Recuerde también que **vamos** (*let's go*) es el mandato afirmativo de **ir** mientras que **no vayamos** es la forma negativa. **Vámonos** (*let's leave; let's get out of here*) se usa también con frecuencia.

---

c. Utilice las oraciones en el indicativo para formar mandatos formales afirmativos o negativos.

MODELOS: El teniente Sánchez toma café.   **R.:** *Teniente Sánchez, tome café.*
            Vienen mañana.   **R.:** *Vengan mañana.*
            No caminamos rápido.   **R.:** *No caminemos rápido.*

1. Los señores pasajeros se abrochan los cinturones de seguridad.

   _____

2. Carlos Alberto vuelve mañana.

   _____

3. No jugamos demasiado al billar.

   _____

4. No nos traen los refrescos.

   _____

5. Doña Emilia me llama al mediodía.

   _____

6. Lo buscamos por todas partes.

   _____

El mandato informal

La forma singular del **mandato informal** (**tú**) es la **tercera persona singular del presente de indicativo** de cualquier palabra-acción (verbo). La forma **negativa** del **mandato informal** es la segunda persona singular del **presente de subjuntivo**:

Mandato afirmativo	Mandato negativo
Habl**a**.	No habl**es**.
Corr**e**.	No corr**as**.
Levánt**ate**.	No **te** levant**es**.
Pínt**ala**.	No **la** pint**es**.

Hay ocho **formas irregulares del mandato informal**:

Palabra-acción (verbo)	Mandato afirmativo	Mandato negativo
venir	ven	no ven**gas**
salir	sal	no sal**gas**
ir	ve	no **vayas**
decir	di	no di**gas**
tener	ten	no ten**gas**
hacer	haz	no ha**gas**
poner	pon	no pon**gas**
ser	sé	no se**as**

La segunda persona plural (**vosotros**) del **mandato informal** se forma con el **infinitivo** (forma **-ar/-er/-ir**) de cualquier palabra-acción (verbo). Se suprime la **r** del infinitivo, y se sustituye ésta por una **d**. Obsérvese que, salvo en el caso del verbo **ir**, la **d** desaparece cuando se añade el pronombre reflexivo **os**. Igual que ocurre en el singular, la forma **negativa** plural del **mandato informal** se forma con el **presente de subjuntivo**.

Mandato afirmativo	Mandato negativo
Baila**d** vosotros.	No bail**éis** vosotros.
Pone**d** los libros en la mesa.	No pon**gáis** los libros en la mesa.
Pedi**dlo** vosotros.	No **lo** pid**áis** vosotros.
Lava**os** las manos.	No **os** lav**éis** las manos.
Bebe**os** toda la leche.	No **os** beb**áis** toda la leche.
Idos en seguida.	No **os vayáis** todavía.

Ejercicio 3

a. Complete los espacios en blanco con la forma apropiada del imperativo informal.

1. (Vosotros) _____ (cocinar) el pavo para la cena.

2. No (tú) _____ (ir) a la playa sin mí.

3. (Vosotros) _____ (sentarse) en el sofá.

4. _____ (salir) tú primero.

5. No (vosotros) _____ (llorar) tanto.

6. No (tú) _____ (ponerse) molesto con nosotros.

7. Hijo, _____ (despertarse) porque se te hace tarde.

8. _____ (tener) cuidado, que os va a atropellar un coche.

ALERTA 62

El **mandato indirecto** consiste en la siguiente estructura: **que + palabra-acción (verbo) en presente de subjuntivo + sujeto**. Se usa para expresar entusiasmo o deseo. En realidad, es una oración tradicional de **voluntad, deseo** o **influencia** basada en la palabra-acción (verbo) **querer**, que se omite de la estructura. **Ejemplos:** ¡Que baile María Eugenia! (**Queremos** que baile María Eugenia); ¡Que viva el rey! (**Queremos** que viva el rey); ¡Que tengas suerte! (**Queremos** que tengas suerte); Que lo haga Leandro (**Queremos** que lo haga Leandro).

---

b. Cambie el mandato afirmativo por el negativo y viceversa.

1. Creedme.

_____

2. Sigue las instrucciones al pie de la letra.

_____

3. No vengas antes de las ocho.

_____

4. No os quejéis de la comida.

_____

5. Hazlo sin pensar.

_____

6. Escribidle a vuestra consejera de asuntos académicos.

_____

c. Utilice las oraciones en el indicativo para formar mandatos afirmativos o negativos.

Modelos: Trabajas mucho.   **R.:** *Trabaja mucho.*

No rompéis los platos.   **R.:** *No rompáis los platos.*

Nunca bailas mal.   **R.:** *Nunca bailes mal.*

1. No dormís demasiado.

_____

2. Me dices la verdad.

_____

3. Habláis más razonablemente que antes.

_____

4. Oyes la canción.

_____

5. No tienes miedo nunca.

_____

6. No visitáis esa ciudad porque es fea y sucia.

_____

7. Me los das porque son míos.

_____

8. No rompes el espejo.

_____

9. Eres bueno conmigo.

_____

10. Les escribís a vuestros tíos.

_____

PARA PENSAR CRÍTICAMENTE

Con frecuencia, el pensamiento crítico emana de una condición, idea o situación que se quiere rechazar en base a razones que deben elaborarse una vez planteada la tesis, o sea, después de identificar lo que se pretende negar. Este tipo de argumentación puede resumirse pensando en términos de las construcciones con *si +* **imperfecto de subjuntivo, condicional**. Repárese, por ejemplo, en la siguiente oración: "Si todo el mundo manejara coches pequeños, no habría escasez de gasolina en el mundo". Esta hipótesis tan sencilla y aparentemente tan lógica no convencerá, sin embargo, a muchos interlocutores, los cuales de inmediato se sentirán motivados a exponer criterios opuestos. Quien sostenga la idea, entonces, debe estar preparada o preparado para justificar su parecer con razonamientos que la complementen, como, por ejemplo, que los coches pequeños consumen menos combustible debido a que pesan poco y a que sus motores no son muy poderosos, que son bastante más aerodinámicos, que no pueden usarse para transportar a demasiada gente, lo cual garantiza la economía del vehículo, y demás.

Asimismo, no es raro que se expanda el plan de discusión, aludiendo de pasada a razonamientos *ad hominen*, o sea más emocionales que coherentes, como éstos: ¿Qué necesidad hay de conducir coches grandes cuando los pequeños cumplen igualmente la función de transportarnos de un lugar a otro? ¿No es una prueba del egoísmo humano que algunos individuos se consideren con más derecho que otros a comprar coches enormes y utilizar una mayor cantidad de combustible sólo porque tienen los medios económicos para hacerlo? Esta necesidad de algunos de viajar en coches enormes, ¿no encarece el costo de la gasolina para todos de una manera injusta?

Si reflexionamos sobre lo dicho, nos percatamos de que la mayor parte de las discusiones en las que participamos funcionan del modo descrito. Así también se desenvuelven los intercambios escritos que tenemos con familiares y conocidos cuando consisten en la exposición de opiniones opuestas.

Ejercicio 4

a. Escriba tres oraciones con *si* + **imperfecto de subjuntivo, condicional** que reflejen una idea controversial suya. Luego conciba dos razonamientos secundarios para apoyarla.

1. _____
   a. _____
   b. _____
2. _____
   a. _____
   b. _____
3. _____
   a. _____
   b. _____

b. Expónganse sus ideas en parejas, tratando de convencer a su compañero o compañera de la verdad de su planteamiento. Una vez concluido el debate, cada miembro de la pareja debe escribir su respuesta a las ideas de su interlocutor en los espacios provistos abajo.

1. Me convenció/No me convenció porque _____
2. Me convenció/No me convenció porque _____
3. Me convenció/No me convenció porque _____

INTRODUCCIÓN AL ANÁLISIS

El análisis es una actividad intelectual que realizamos con marcada frecuencia. Analizar quiere decir sencillamente examinar con cuidado un concepto, tema o asunto en base a sus partes esenciales. De ese modo, logramos comprenderlo mejor, podemos definir sus componentes básicos y desarrollamos la capacidad de explicarlo de manera clara y precisa.

Pensemos, por ejemplo, en el sistema educativo preuniversitario de los Estados Unidos. Si alguien nos pregunta en qué consiste ese sistema, trataríamos de resumir sus elementos fundamentales. O sea, diríamos que los niños norteamericanos no comienzan a asistir a la escuela hasta que tienen cinco o seis años, cuando empiezan el kindergarten, que es una especie de introducción a los estudios. Lo importante no es tanto que el niño aprenda mucho, sino que se adapte a estar en un ambiente social alejado de sus padres y hermanos.

Después, los niños ingresan en la escuela elemental o primaria, que consiste por lo general en cinco o seis años de estudios cada vez más rígidos. Los estudiantes, sin embargo, suelen tener sólo una maestra o un maestro que les imparte conocimientos generales en varias disciplinas.

Más tarde, cuando los niños ya van alcanzando la adolescencia, inician unos estudios intermedios o presecundarios, que duran de dos a tres años. Aquí los alumnos estudian con diferentes profesores, se mueven de aula en aula, comienzan a participar en actividades de tipo social o deportivo asociadas con la escuela y demás.

Por fin, los jóvenes ingresan en la escuela secundaria, que significa una intensificación del proceso educativo y de desarrollo que se inició en la escuela intermedia. Los estudios se hacen más rigurosos y más especializados. La escuela en los Estados Unidos, entonces, se concibe como preámbulo al trabajo o a la universidad. De esta manera, hemos examinado las partes del sistema, lo cual, lógicamente, ha hecho posible que nosotros mismos lo entendiéramos mejor para poder explicarlo con cierta autoridad y precisión.

Al reparar en esta descripción, nos damos cuenta de que el análisis se practica a diario. Por ejemplo, utilizamos un modo de pensar analítico en las siguientes situaciones: (1) cada vez que tratamos de explicar un asunto; (2) cuando damos instrucciones para hacer que alguien aprenda algo que nosotros sabemos hacer bien; (3) cuando explicamos a un amigo el significado y la estructura de una película que vimos, de un libro que leímos o hasta de una noticia política o social que escuchamos. De ahí que analizar—al menos de manera rutinaria—no deba hacernos sentir incómodos.

Undécima entrada del cuaderno

Escriba instrucciones con el **mandato informal** (**tú**) a un amigo o amiga más joven que usted. Tenga presente que el género del interlocutor va a determinar la concordancia de las palabras modificadoras. La entrada debe ser sobre una de las siguientes categorías: (1) instrucciones para llevarse bien con su compañera o compañero de cuarto; (2) instrucciones para llevarse mal con su compañera o compañero de cuarto; (3) instrucciones para escribir una buena composición en español; (4) instrucciones para escribir una mala composición en español. En cada caso, hay que incluir por lo menos **tres mandatos afirmativos y tres negativos**, los cuales deben **subrayarse**. La entrada debe constar de 125 a 150 palabras. A continuación se ofrecen dos ejemplos de instrucciones para temas semejantes.

Instrucciones para salir bien en una clase de español

Berta, si tú quieres salir bien en una clase de español, debes seguir las siguientes instrucciones al pie de la letra. Primero, no lleques tarde a clase nunca. Tampoco hables en clase ni leas el periódico cuando la

profesora explica la lección, escribe en la pizarra o hace preguntas.
Estudia mucho cada noche. Así vas a estar preparada para participar en
las discusiones y contestar bien en los exámenes. No te olvides de llevar tu
libro de texto a clase todos los días. Siempre lleva el diccionario también.
Levanta la mano cada vez que la profesora pregunte algo. Cuando
trabajen en parejas, no digas absolutamente nada en inglés. Sobre todo,
sonríe siempre y muestra mucho interés en todo lo que pasa en clase. Si
sigues mis instrucciones, vas a sacar una buena nota.

(Total: 133 palabras)

Instrucciones para salir mal en una clase de español

Miguel, por lo que veo, tienes mucho interés en fracasar en esta clase
de español. Si de verdad quieres suspenderte, sigue estas instrucciones.
Llega muy tarde a clase todos los días. Una vez que estés en clase, no
contestes ninguna pregunta. No estudies la noche antes y, sobre todo, no
repases para los exámenes. Cuando el profesor explica la lección, no le
hagas el más mínimo caso. Mira por la ventana, habla con tu vecino, lee
una revista o duerme un poco. Entrega las tareas y las composiciones por
lo menos con un día de atraso, o mejor aún, nunca te ocupes de completar
las tareas escritas. Diez minutos antes de que se acabe la clase, levántate
bruscamente, recoge tus cosas y sal haciendo mucho ruido. Te garantizo
que esta es una buena receta para salir mal en cualquier clase de español.

(Total: 142 palabras)

LOS TIEMPOS COMPUESTOS DE USO MÁS FRECUENTE: INDICATIVO Y SUBJUNTIVO

Los tiempos compuestos, o sea, esos que se forman con la palabra-acción (verbo) haber y el participio pasivo, existen tanto en el modo indicativo como en el subjuntivo y en el condicional. A continuación se presentan aquellos tiempos compuestos que se emplean con más regularidad lo mismo en el español hablado que en el escrito.

El pretérito (presente) perfecto de indicativo y el pretérito (presente) perfecto de subjuntivo

El **pretérito (presente) perfecto de indicativo** y el **pretérito (presente) perfecto de subjuntivo** son formas paralelas; es decir, tienen el mismo valor temporal. La diferencia es que el pretérito perfecto de subjuntivo se usa sólo en oraciones subordinadas de acuerdo con las reglas que se explicaron en los capítulos anteriores.

El pretérito (presente) perfecto de indicativo se forma de acuerdo con el siguiente esquema:

Presente de indicativo de *haber* +	Participio pasivo (forma -ado/-ido)
bailar	(yo) **he** bail**ado**
	(tú) **has** bail**ado**
	(él, ella, usted) **ha** bail**ado**
	(nosotros, nosotras) **hemos** bailado
	(vosotros, vosotras) **habéis** bailado
	(ellos, ellas, ustedes) **han** bail**ado**
beber	(yo) **he** beb**ido**
	(tú) **has** beb**ido**
	(él, ella, usted) **has** beb**ido**
	(nosotros, nosotras) **hemos** bebido
	(vosotros, vosotras) **habéis** bebido
	(ellos, ellas, ustedes) **han** beb**ido**
vivir	(yo) **he** viv**ido**
	(tú) **has** viv**ido**
	(él, ella, usted) **ha** viv**ido**
	(nosotros, nosotras) **hemos** vivido
	(vosotros, vosotras) **habéis** vivido
	(ellos, ellas, ustedes) **han** viv**ido**
decir	(yo) **he dicho**
	(tú) **has dicho**
	(él, ella, usted) **ha dicho**
	(nosotros, nosotras) **hemos dicho**
	(vosotros, vosotras) **habéis dicho**
	(ellos, ellas, ustedes) **han dicho**
volver	(yo) **he vuelto**
	(tú) **has vuelto**
	(él, ella, usted) **ha vuelto**
	(nosotros, nosotras) **hemos vuelto**
	(vosotros, vosotras) **habéis vuelto**
	(ellos, ellas, ustedes) **han vuelto**

> **¡Ojo!**
>
> Recuerde que otros participios irregulares de uso frecuente aparecen en la página 180.

Por lo general, el pretérito (presente) perfecto de indicativo se usa como en inglés, o sea, igual que la forma *has/have + -ed* (*has/have talked, danced, walked, been,* etc.).

EJEMPLOS:

Sara no ha cenado todavía.	*Sara has not eaten yet.*
Nosotros nunca hemos visitado la Patagonia.	*We have never visited Patagonia.*
¿Has visto la última película de Vinicio del Toro?	*Have you seen Vinicio del Toro's latest movie?*

EJERCICIO 5

a. Complete los espacios en blanco con el pretérito (presente) perfecto de indicativo.

1. ¿Quién _____ (romper) el jarrón nuevo de la sala?

2. Yo no _____ (dormir) nada bien desde hace tres noches.

3. ¿Ya _____ (llamar) tu padre a los pintores?

4. La verdad es que vosotros _____ (ponerse) muy majaderos.

5. Marcela y yo no _____ (escribir) todavía el trabajo para la clase de historia del Canadá.

b. Escriba oraciones originales con el pretérito (presente) perfecto de indicativo de las palabras-acción (verbos) que se facilitan abajo.

1. decir: *No he dicho a su amigo todavía*

2. lavar: *Ella ha lavado los platos*

3. divertirse: *Me he divertido el video juego nuevo*

El **pretérito (presente) perfecto de subjuntivo** se forma de acuerdo con el siguiente esquema.

Presente de subjuntivo de *haber* +	Participio pasivo (forma -ado/-ido)
bailar	(que yo) **haya** bail**ado**
	(que tú) **hayas** bail**ado**
	(que él, ella, usted) **haya** bail**ado**
	(que nosotros, nosotras) **hayamos** bail**ado**
	(que vosotros, vosotras) **hayáis** bail**ado**
	(que ellos, ellas, ustedes) **hayan** bail**ado**

(Continuado)

beber	(que yo) **haya** beb**ido**
	(que tú) **hayas** beb**ido**
	(que él, ella, usted) **haya** beb**ido**
	(que nosotros, nosotras) **hayamos** beb**ido**
	(que vosotros, vosotras) **hayáis** beb**ido**
	(que ellos, ellas, ustedes) **hayan** beb**ido**
vivir	(que yo) **haya** viv**ido**
	(que tú) **hayas** viv**ido**
	(que él, ella, usted) **haya** viv**ido**
	(que nosotros, nosotras) **hayamos** viv**ido**
	(que vosotros, vosotras) **hayáis** viv**ido**
	(que ellos, ellas, ustedes) **hayan** viv**ido**
decir	(que yo) **haya dicho**
	(que tú) **hayas dicho**
	(que él, ella, usted) **haya dicho**
	(que nosotros, nosotras) **hayamos dicho**
	(que vosotros, vosotras) **hayáis dicho**
	(que ellos, ellas, ustedes) **hayan dicho**
volver	(que yo) **haya vuelto**
	(que tú) **hayas vuelto**
	(que él, ella, usted) **haya vuelto**
	(que nosotros, nosotras) **hayamos vuelto**
	(que vosotros, vosotras) **hayáis vuelto**
	(que ellos, ellas, ustedes) **hayan vuelto**

Por lo general, el pretérito (presente) perfecto de subjuntivo se usa en oraciones subordinadas para referirse a una acción pasada cuyos efectos se sienten relacionados con el presente.

oración principal que exige el subjuntivo	*que →*	*oración subordinada en el subjuntivo*

EJEMPLOS:

Fidel no cree que Sandra haya sabido la respuesta.	*Fidel doesn't believe that Sandra knew the answer.*
Espero que jamás hayas tenido la mala suerte de comer en ese restaurante.	*I hope that you never have had the misfortune of eating in that restaurant.*
Dudan que ustedes hayan viajado por todo México.	*They doubt that you have traveled all over Mexico.*

Cuando la oración principal no exige el subjuntivo, frecuentemente se utiliza el pretérito (presente) perfecto de indicativo:

Fidel cree que Sandra ha sabido la respuesta.	*Fidel believes that Sandra knew the answer.*

¿Es verdad que has tenido la mala suerte de comer en ese restaurante?

Is it true that you have had the misfortune of eating in that restaurant?

No dudan que ustedes han viajado por todo México.

They don't doubt that you have traveled all over Mexico.

EJERCICIO 6

a. Complete los espacios en blanco con el pretérito (presente) perfecto de subjuntivo.

1. Mis padres se alegran de que yo por fin _____ (graduarse) después de seis larguísimos años de estudios universitarios.

2. Mi esposo y yo lamentamos mucho que tu abuelo _____ (morir).

3. No es verdad que vosotros _____ (ir) de caza al Congo.

4. Es posible que Nuria y Rocío _____ (comer) por el camino, así que no hay por qué cocinar.

5. Aunque (tú) _____ (terminar) de podar los setos, no te voy a dejar ir al cine.

b. Complete de manera original las oraciones que se incluyen a continuación, empleando las palabras-acción (verbos) facilitadas. Use el pretérito (presente) perfecto de subjuntivo.

1. No creemos que . . . (cantar)

   _____

2. Están muy contentas de que . . . (asistir)

   _____

3. Es imposible que . . . (volver)

   _____

c. Complete los espacios en blanco con el pretérito (presente) perfecto de indicativo o de subjuntivo, según sea conveniente.

1. Tus compañeros sienten mucho que _____ (estar) enfermo la semana pasada.

2. Es mejor que Adolfo Alberto _____ (decir) la verdad.

3. Sabemos que vosotros _____ (acostarse) muy tarde ayer por la noche.

4. El ingeniero de caminos duda que se _____ (construir) bien el puente nuevo.

5. Es seguro que la película ya _____ (empezar).

6. A mi hermano mayor le sorprende que (nosotros) _____ (vender) tan rápido el coche viejo que nos regalaron los abuelos.

El pluscuamperfecto de indicativo y el pluscuamperfecto de subjuntivo

El **pluscuamperfecto de indicativo** y el **pluscuamperfecto de subjuntivo** también son formas paralelas que tienen el mismo valor temporal. El pluscuamperfecto de subjuntivo se usa sólo en oraciones subordinadas de emoción, duda, etc.

El pluscuamperfecto de indicativo se forma de acuerdo con el siguiente esquema:

Imperfecto de indicativo de *haber* +	Participio pasivo (forma -ado/-ido)
bailar	(yo) **había** bail**ado**
	(tú) **habías** bail**ado**
	(él, ella, usted) **había** bail**ado**
	(nosotros, nosotras) **habíamos** bail**ado**
	(vosotros, vosotras) **habíais** bail**ado**
	(ellos, ellas, ustedes) **habían** bail**ado**
beber	(yo) **había** beb**ido**
	(tú) **habías** beb**ido**
	(él, ella, usted) **había** beb**ido**
	(nosotros, nosotras) **habíamos** beb**ido**
	(vosotros, vosotras) **habíais** beb**ido**
	(ellos, ellas, ustedes) **habían** beb**ido**
vivir	(yo) **había** viv**ido**
	(tú) **habías** viv**ido**
	(él, ella, usted) **había** viv**ido**
	(nosotros, nosotras) **habíamos** viv**ido**
	(vosotros, vosotras) **habíais** viv**ido**
	(ellos, ellas, ustedes) **habían** viv**ido**
decir	(yo) **había dicho**
	(tú) **habías dicho**
	(él, ella, usted) **había dicho**
	(nosotros, nosotras) **habíamos dicho**
	(vosotros, vosotras) **habíais dicho**
	(ellos, ellas, ustedes) **habían dicho**
volver	(yo) **había vuelto**
	(tú) **habías vuelto**
	(él, ella, usted) **había vuelto**
	(nosotros, nosotras) **habíamos vuelto**
	(vosotros, vosotras) **habíais vuelto**
	(ellos, ellas, ustedes) **habían vuelto**

Según se explicó en la alerta 38 (capítulo 2), como lo indica su nombre el pluscuamperfecto de indicativo expresa una **acción anterior** (*prior past*) a otra acción pasada.

EJEMPLOS:

Elvira creía que yo le había tomado el pelo.	*Elvira thought that I had pulled her leg.*
Era cierto que los jóvenes habían comprado un sofá para el apartamento.	*It was true that the young people had bought a sofa for their apartment.*

EJERCICIO 7

a. Complete los espacios en blanco con el pluscuamperfecto de indicativo.

1. Cuando llegué al despacho de la doctora Sánchez Puértolas, ya ella

   _____ (salir) para la sala de emergencias.

2. Le manifestamos nuestro disgusto al gerente del hotel porque no

   _____ (poder) dormir toda la noche a causa del ruido.

3. Gladys pensaba que tú ya _____ (irse) para el trabajo. Por eso no te llamó.

4. Como vosotros _____ (tocar) tan mal la última vez, no os contrataron de nuevo en la sala de bailes.

5. El carpintero les preguntó por qué ellos _____ (poner) las tablas en el desván.

b. Escriba oraciones originales con el pluscuamperfecto de indicativo de las palabras-acción (verbos) que se facilitan abajo.

1. hacer: Mi padre cree que yo había hecho los

2. aburrirse: Nos habíamos aburrido durante la *que hacemos*

3. escuchar: ¿Había escuchado al discurso? *clase*

El **pluscuamperfecto de subjuntivo** se forma de acuerdo con el siguiente esquema:

Imperfecto de subjuntivo de *haber* + Participio pasivo (forma -ado/-ido)

bailar	(que yo) **hubiera** o **hubiese** bail**ado**
	(que tú) **hubieras** o **hubieses** bail**ado**
	(que él, ella, usted) **hubiera** o **hubiese** bail**ado**
	(que nosotros, nosotras) **hubiéramos** o **hubiésemos** bail**ado**
	(que vosotros, vosotras) **hubierais** o **hubieseis** bail**ado**
	(que ellos, ellas, ustedes) **hubieran** o **hubiesen** bail**ado**
beber	(que yo) **hubiera** o **hubiese** beb**ido**
	(que tú) **hubieras** o **hubieses** beb**ido**
	(que él, ella, usted) **hubiera** o **hubiese** beb**ido**
	(que nosotros, nosotras) **hubiéramos** o **hubiésemos** beb**ido**
	(que vosotros, vosotras) **hubierais** o **hubieseis** beb**ido**
	(que ellos, ellas, ustedes) **hubieran** o **hubiesen** beb**ido**

(Continuado)

vivir	(que yo) **hubiera** o **hubiese** viv**ido**
	(que tú) **hubieras** o **hubieses** viv**ido**
	(que él, ella, usted) **hubiera** o **hubiese** viv**ido**
	(que nosotros, nosotras) **hubiéramos** o **hubiésemos** viv**ido**
	(que vosotros, vosotras) **hubierais** o **hubieseis** viv**ido**
	(que ellos, ellas, ustedes) **hubieran** o **hubiesen** viv**ido**
decir	(que yo) **hubiera** o **hubiese dicho**
	(que tú) **hubieras** o **hubieses dicho**
	(que él, ella, usted) **hubiera** o **hubiese dicho**
	(que nosotros, nosotras) **hubiéramos** o **hubiésemos dicho**
	(que vosotros, vosotras) **hubierais** o **hubieseis dicho**
	(que ellos, ellas, ustedes) **hubieran** o **hubiesen dicho**
volver	(que yo) **hubiera** o **hubiese vuelto**
	(que tú) **hubieras** o **hubieses vuelto**
	(que él, ella, usted) **hubiera** o **hubiese vuelto**
	(que nosotros, nosotras) **hubiéramos** o **hubiésemos vuelto**
	(que vosotros, vosotras) **hubierais** o **hubieseis vuelto**
	(que ellos, ellas, ustedes) **hubieran** o **hubiesen vuelto**

Principalmente, el **pluscuamperfecto de subjuntivo** se usa en oraciones subordinadas para expresar una acción anterior a otra acción pasada:

oración principal que exige el subjuntivo	*que →*	*oración subordinada en el subjuntivo*

EJEMPLOS:

Merche no creía que yo le hubiera comprado un regalo.

Merche didn't believe that I had bought her a gift.

Era mentira que los chicos hubieran roto la ventana.

It was a lie that the kids had broken the window.

EJERCICIO 8

a. Complete los espacios en blanco con el pluscuamperfecto de subjuntivo.

1. Dudaban que tú _____ (devolver) los libros a la biblioteca.

2. Cuando hicimos el examen de latín, nos dimos cuenta de que era bueno que _____ (estudiar) tanto.

3. Lamentaron mucho que a ustedes no les _____ (ser) posible asistir a su boda.

4. Le aseguré al fisioterapeuta que no era cierto que yo _____ (dejar) de hacer los ejercicios de rehabilitación.

5. Nos alegramos muchísimo de que Rina y Joaquín por fin _____ (reconciliarse).

b. Complete de manera original las oraciones que se incluyen a continuación, empleando las palabras-acción (verbos) facilitadas. Use el pluscuamperfecto de subjuntivo.

1. No era verdad que . . . (leer)

<u>No era verdad que el hombre hubiera robado el banco</u>

2. Las jóvenes estaban muy tristes de que . . . (ir)

<u>hubieron ido a la clase.</u>

3. Belkis tuvo miedo de que . . . (salir)

<u>el perro hubiera salido la casa</u>

4. Era poco probable que . . . (gustar)

<u>la chica te hubiera gustado a tú</u>

ALERTA 63

Cuando va seguida del imperfecto de subjuntivo, la expresión **ojalá** se traduce a veces como *I hope* y a veces como *I wish*, según el contexto. **Ejemplos:** Ojalá (que) saliera bien en el examen (*I hope he did well on the test*); Ojalá que estuviera aquí en este momento (*I wish he were here right now*). Por el contrario, cuando va seguida del pluscuamperfecto de subjuntivo, la expresión siempre se traduce como *I wish*: Ojalá (que) hubiera salido bien en el examen (*I wish he had done well on the test*); Ojalá (que) hubiera estado allí ayer (*I wish that he had been there yesterday*).

---

c. Complete los espacios en blanco con el **pluscuamperfecto de indicativo** o de **subjuntivo**, según sea conveniente.

1. Los padres de Dolores sintieron que tú no la _____ (invitar) al baile de graduación.

2. ¿Supisteis que el avión _____ (caerse) por el noticiero de televisión?

3. Me sorprendí bastante de que ustedes _____ (vivir) en un apartamento tan malo.

4. Era rotundamente falso que yo _____ (abrir) la bolsa de chicharrones.

5. ¡Menos mal que llegasteis! Creíamos que vosotros nos _____ (abandonar).

EL CONDICIONAL PERFECTO

El **condicional perfecto** indica lo que debió pasar (*would have happened*). Se forma de acuerdo con el siguiente esquema:

Condicional de *haber* +	Participio pasivo (forma -ado/-ido)
bailar	(yo) **habría** bail**ado**
	(tú) **habrías** bail**ado**
	(él, ella, usted) **habría** bail**ado**
	(nosotros, nosotras) **habríamos** bail**ado**
	(vosotros, vosotras) **habríais** bail**ado**
	(ellos, ellas, ustedes) **habrían** bail**ado**
beber	yo) **habría** beb**ido**
	(tú) **habrías** beb**ido**
	(él, ella, usted) **habría** beb**ido**
	(nosotros, nosotras) **habríamos** beb**ido**
	(vosotros, vosotras) **habríais** beb**ido**
	(ellos, ellas, ustedes) **habrían** beb**ido**
vivir	(yo) **habría** viv**ido**
	(tú) **habrías** viv**ido**
	(él, ella, usted) **habría** viv**ido**
	(nosotros, nosotras) **habríamos** viv**ido**
	(vosotros, vosotras) **habríais** viv**ido**
	(ellos, ellas, ustedes) **habrían** viv**ido**
decir	(yo) **habría dicho**
	(tú) **habrías dicho**
	(él, ella, usted) **habría dicho**
	(nosotros, nosotras) **habríamos dicho**
	(vosotros, vosotras) **habríais dicho**
	(ellos, ellas, ustedes) **habrían dicho**
volver	(yo) **habría vuelto**
	(tú) **habrías vuelto**
	(él, ella, usted) **habría vuelto**
	(nosotros, nosotras) **habríamos vuelto**
	(vosotros, vosotras) **habríais vuelto**
	(ellos, ellas, ustedes) **habrían vuelto**

EJEMPLOS:

Yo no habría comido esa manzana.

I would not have eaten that apple.

Habrían comprado el carro, pero no tenían suficiente dinero.

They would have bought the car, but they did not have enough money.

El condicional perfecto también se emplea para expresar probabilidad en un pasado que el hablante siente como un poco más distante del presente.

EJEMPLOS:

El tren habría salido a las once o algo así.	*The train probably had left at eleven or something like that.*
Supongo que habrían cenado antes de llamarme.	*I suppose that they probably had eaten before they called me.*

EL PLUSCUAMPERFECTO DE SUBJUNTIVO Y EL CONDICIONAL PERFECTO EN ORACIONES CONDICIONALES

Del mismo modo que el condicional simple se usa para formar la construcción *si +* **-ra/-se, -ría**, el condicional perfecto se emplea para crear esta estructura: *si +* **hubiera + -ado/-ido, habría + -ado/-ido**. En este caso, la construcción expresa solamente irrealidad en el pasado.

EJEMPLOS:

Si **hubiera tenido** dinero, **habría ido** al cine.	*If I had had the money, I would have gone to the movies.*
Si **hubiera dejado** de llover, **habríamos jugado** al golf.	*If it had stopped raining, we would have played golf.*
Nos **habrían llamado** si **hubieran sabido** algo.	*They would have called us if they had known anything.*

Con **como si** (*as if*) se usa el pluscuamperfecto de subjuntivo para referirse al pasado.

EJEMPLOS:

Se expresó **como si hubiera estudiado** el tema a fondo.	*He spoke as if he had studied the subject in depth.*
Me trataron **como si yo les hubiera hecho** algo malo.	*They treated me as if I had done something bad to them.*

EJERCICIO 9

a. Complete los espacios en blanco con la forma correcta del condicional perfecto.

1. ¿Cuándo _____ (ocurrir) el accidente? ¿El domingo pasado?

2. La directora está segura de que tú jamás le _____ (hablar) de ese modo tan vulgar a tu maestro.

3. Si la decisión sólo hubiera sido mía, (yo) _____ (irse) mucho antes.

4. Dijeron que _____ (volver) más temprano, pero había demasiado tráfico.

5. Si no nos hubierais mentido, no os _____ (castigar).

b. Forme oraciones condicionales (*si* + **hubiera** + **-ado/-ido, habría** + **-ado/-ido**), uniendo las ideas que se ofrecen abajo.

Modelo: Tuve sed./Bebí agua.

   R.:   *Si hubiera tenido sed, habría bebido agua.*

1. Anduvo más rápido. / Llegó a tiempo a clase.

   _____

2. Isabel supo la verdad. / Se molestó conmigo.

   _____

3. Rompisteis los platos favoritos de mamá. / Nunca os dejó usarlos nuevamente.

   _____

4. No dormimos ocho horas cada noche. / Estuvimos siempre cansados.

   _____

5. Julián se puso la corbata roja, verde y violeta. / Se vio muy ridículo.

   _____

6. Tus hermanos comieron menos papas fritas. / Adelgazaron rápidamente.

   _____

7. Fui al cine todos los fines de semana. / No tuve dinero para comprar un coche nuevo.

   _____

8. Usted se enteró. / Nos comunicó la noticia.

   _____

c. Escriba frases originales con *si* + **pluscuamperfecto de subjuntivo** o el **condicional perfecto** para completar los espacios en blanco.

1. Las amigas de Roberto gastaban dinero como si _____.

2. _____, habría llegado a tiempo.

3. Si yo hubiera tenido que cantar el himno nacional en público,

   _____.

4. _____, lo habríamos llamado por teléfono.

5. Si hubierais sido inteligentes, _____.

6. Corrías como si _____.

d. Colóquense en los Estados Unidos durante la década de 1950 a 1960. En esa época las opiniones que los hombres tenían de las mujeres y las mujeres de los hombres eran bastante diferentes de las actuales. En parejas, completen las oraciones condicionales con características que ustedes piensan que ni los hombres ni las mujeres de esa época sabían o reconocían. Para completar las oraciones, utilicen palabras-acción (verbos) como **comprender**, **entender**, **saber**, **conocer**, **reconocer**, **aceptar**, etc.

Si los hombres norteamericanos de la década de 1950 a 1960 hubieran conocido bien a las mujeres . . .

1. *habrían comprendido que ellas pueden dirigir grandes empresas.*
2. habrían entendido que ellas quieren ganar
3. habrían sabido que ellas pueden estar en las
4. habrían conocido ellas como igual
5. habrían reconocidio los derechos de ellas
6. habrían aceptado que ellas pueden vivir sola.
7. habrían permitido a ellas hacer más

más dinéros posiciones de derecho.

Si las mujeres norteamericanas de la década de 1950 a 1960 hubieran conocido bien a los hombres . . .

1. *habrían comprendido que los hombres también lloran.*
2. habrían entendido que ~~unos~~ algunos de ellos quieren criar los niños
3. habrían sabido que ellos no son todos agresivos
4. habrían conocido las emociones de ellos
5. habrían reconocido que algunas veces ellos están débiles
6. habrían aceptado que ellos no tienen que estar masculinos
7. habrían permitido ellos ayudan el la casa con los quehaceres.

e. Después de terminar el ejercicio 9-d, cada pareja debe comunicar sus conclusiones a la clase. Luego se discutirán los paralelos y contrastes.

Duodécima entrada del cuaderno

En aproximadamente **150 a 200 palabras**, exponga sus ideas sobre uno de los siguientes temas: (1) la mujer actual; (2) el hombre actual. Recuerde que el análisis tiene que consistir en una tesis o idea central, en por lo menos un párrafo de apoyo y en una conclusión. A continuación se incluye un modelo basado en otro tema semejante.

El esposo ideal en nuestra época

Hasta hace unos cuarenta años, había una idea bastante precisa de lo que era el esposo ideal. Se esperaba que el buen marido fuera un hombre fuerte, trabajador, honesto e inteligente que ejerciera la autoridad en el hogar. Su esposa dependía de él y de su buen criterio. La mujer moderna, sin embargo, tiene una serie de expectativas muy diferentes.

En la actualidad, las mujeres trabajan fuera de la casa y quieren realizarse a plenitud. Necesitan maridos comprensibles y tolerantes que *aprecien sus aspiraciones profesionales. Asimismo, esperan que ellos compartan las tareas domésticas. Piensan que el esposo perfecto lava, plancha, cocina y limpia sin quejarse.*

La mujer moderna exige que su marido sea comunicativo, que esté dispuesto a discutir con ella sus problemas y que ella misma pueda hablar con él sobre sus propias preocupaciones libremente. También quiere que su esposo esté dispuesto a participar activamente desde un comienzo en la crianza de los niños.

En fin, la imagen que tienen del esposo ideal las mujeres de hoy en día es muy diferente de la que compartían sus abuelas y acaso hasta sus madres. Los tiempos cambian, y también las actitudes y responsabilidades de los seres humanos. (Total: 197 palabras)

EL FUTURO PERFECTO

El **futuro perfecto** expresa la conclusión de una acción futura anterior a otra acción también futura (*that will have happened*). Se forma de acuerdo con el siguiente esquema:

futuro de *haber* +	Participio pasivo (forma -ado/-ido)
bailar	(yo) **habré** bail**ado**
	(tú) **habrás** bail**ado**
	(él, ella, usted) **habrá** bail**ado**
	(nosotros, nosotras) **habremos** bail**ado**
	(vosotros, vosotras) **habréis** bail**ado**
	(ellos, ellas, ustedes) **habrán** bail**ado**
beber	yo) **habré** beb**ido**
	(tú) **habrás** beb**ido**
	(él, ella, usted) **habrá** beb**ido**
	(nosotros, nosotras) **habremos** beb**ido**
	(vosotros, vosotras) **habréis** beb**ido**
	(ellos, ellas, ustedes) **habrán** beb**ido**
vivir	(yo) **habré** viv**ido**
	(tú) **habrás** viv**ido**
	(él, ella, usted) **habrá** viv**ido**
	(nosotros, nosotras) **habremos** viv**ido**
	(vosotros, vosotras) **habréis** viv**ido**
	(ellos, ellas, ustedes) **habrán** viv**ido**

(Continuado)

decir	
	(yo) **habré dicho**
	(tú) **habrás dicho**
	(él, ella, usted) **habrá dicho**
	(nosotros, nosotras) **habremos dicho**
	(vosotros, vosotras) **habréis dicho**
	(ellos, ellas, ustedes) **habrán dicho**
volver	
	(yo) **habré vuelto**
	(tú) **habrás vuelto**
	(él, ella, usted) **habrá vuelto**
	(nosotros, nosotras) **habremos vuelto**
	(vosotros, vosotras) **habréis vuelto**
	(ellos, ellas, ustedes) **habrán vuelto**

EJEMPLOS:

Cuando llegue la tía Julia, ya nos habremos marchado.

When Aunt Julia arrives, we will have already gone.

Te garantizo que ya habrá nevado para el mes de diciembre.

I assure you that it will have already snowed by the month of December.

Del mismo modo que el condicional perfecto, el futuro perfecto se emplea para expresar **probabilidad en el pasado**.

EJEMPLOS:

El tren habrá salido a las once o algo así.

The train probably had left at eleven or something like that.

Supongo que habrán cenado antes de llamarme.

I suppose that they probably had eaten before they called me.

EJERCICIO 10

a. Complete los espacios en blanco con la forma correcta del **futuro perfecto**.

1. Cuando llegue mi papá de hacer la apuesta, ya los caballos _____ (empezar) a correr.

2. Hijos míos, os prometo que (nosotros) _____ (volver) antes de que florezcan los manzanos en la primavera.

3. Para esas fechas supongo que por fin tú _____ (graduarse) de esta universidad.

4. Te juro que yo _____ (dormirse) antes de que se termine el primer acto de esta ópera.

5. La fiesta _____ (terminarse) para eso de las dos de la mañana.

b. Utilice el futuro perfecto para convertir las oraciones en el pasado en oraciones de probabilidad.

1. Felipe le escribió una tarjeta a la abuela para agradecerle el regalo.

_____

2. ¿Quién pintó ese cuadro?

_____

3. Nosotros estábamos en el cuarto de Manolo.

_____

4. ¿Qué hora era cuando empezó la competencia de campo y pista?

_____

ESTRATEGIAS DE LA COMUNICACIÓN ESCRITA (6): LA IDENTIFICACIÓN DE LAS PARTES Y LAS ORACIONES CENTRALES

Todo análisis exige la identificación precisa de las partes esenciales del asunto a tratar. No se puede dar por sentado que los lectores las conocen de antemano. Por eso, para aclarar nuestros pensamientos y comenzar a organizar un escrito analítico bien desarrollado, conviene detenerse ante la idea central y señalar aquellos aspectos relacionados con la misma que se deben discutir. Si queremos escribir sobre un tema tan sencillo como "el color ideal de que se debe pintar cierta casa", sería posible pensar en factores como los siguientes, cada uno de los cuales bien podría constituir la esencia de un párrafo del cuerpo de la exposición:

a. las otras casas del barrio
b. el material de fabricación
c. la estructura de la casa
d. el costo de la pintura
e. los gustos individuales de los habitantes
f. los árboles y las plantas que se encuentran alrededor
g. el espacio en que se ubica
h. el tamaño de la casa

Una vez identificadas las partes que consideramos básicas, podemos pasar a redactar mediante ellas un texto sobre el asunto que nos interesa.

Otra técnica que urge siempre tener presente es la necesidad de crear oraciones que expresen las ideas centrales de cada párrafo. Toda exposición analítica, igual que todo escrito argumentativo, tiene por necesidad una idea central, o tesis, que se expresa generalmente en el primer párrafo, o sea, en la introducción. El cuerpo del ensayo, sin embargo, se compone de una serie de párrafos en los cuales se presentan los diversos aspectos del asunto. Cada uno de estos párrafos incluye su propia mini-tesis, que figura en una oración central. Por ejemplo, si pensamos en el asunto indicado previamente, o sea, "el color ideal de que se debe pintar una casa", en la introducción podría plantearse la siguiente tesis: "Hay muchos elementos a considerar antes de seleccionar el color de una casa". A continuación, aparecen cuatro oraciones centrales para cuatro párrafos constitutivos:

a. Es esencial tener presente el tamaño de una casa antes de escoger un color.
b. Los árboles y las plantas que se encuentran alrededor muchas veces limitan la variedad de colores a seleccionar.
c. Es importante que el color a emplear no desentone con los de las otras casas del barrio.
d. El material de que está hecha la casa influye mucho en el color que se puede utilizar para pintarla.

Cada una de estas oraciones centrales permite un desarrollo más amplio, es decir, hace posible la explicación de la mini-tesis en base a ejemplos o ideas semejantes.

Ejercicio 11

a. En parejas, examinen los siguientes temas. Luego, elijan dos de ellos e identifiquen cuatro componentes definitorios que darían pie a párrafos constitutivos.

El coche ideal para un estudiante universitario	Aparatos domésticos indispensables
Lo positivo y lo negativo de la Internet	La importancia del español en la actualidad
La globalización en el mundo moderno	

1. Tema: _____

    a. _____

    b. _____

    c. _____

    d. _____

2. Tema: _____

    a. _____

    b. _____

    c. _____

    d. _____

b. En parejas, escriban oraciones centrales con los componentes definitorios identificados en el recuadro:

1. Tema: _____

    a. _____

    _____

    b. _____

    _____

    c. _____

    _____

    d. _____

    _____

2. Tema: _____

    a. _____

    _____

    b. _____

    _____

    c. _____

    _____

    d. _____

    _____

LAS PALABRAS-ACCIÓN (VERBOS) Y LAS PALABRAS INDICADORAS (PREPOSICIONES)

Como en inglés, en español algunas palabras-acción (verbos) exigen el uso de ciertas palabras indicadoras (preposiciones). Esto crea problemas para los angloparlantes porque, debido a muchos factores, a veces no hay una correspondencia exacta. Por ejemplo:

- El infinitivo en inglés incluye *to* (*to sing, to dance,* etc.).
- En español la **a personal** (véase la alerta 19, capítulo 1) se usa con ciertas palabras- acción (verbos) frente a un complemento directo de persona.
- Estructuras como *to consist of* o *to depend on* no se traducen directamente, pues se dice **consistir en** y **depender de**.

Como es impráctico hacer una lista completa de las palabras indicadoras (preposiciones) que acompañan a ciertas palabras-acción (vebos), se recomienda que en caso de dudas o al emplear una palabra-acción (verbo) nueva o poco familiar, los estudiantes consulten un buen diccionario bilingüe como el *Oxford Spanish Dictionary*, el *Gran diccionario español/inglés-inglés/español Larousse* o el *American Heritage Spanish Dictionary*. Estos diccionarios suelen señalar las palabras indicadoras que se emplean con ciertas palabras-acción (verbos).

A continuación aparecen unas pocas palabras-acción (verbos) de uso frecuente que resultan problemáticas para los angloparlantes, debido a la ausencia o la presencia de palabras indicadoras (preposiciones).

Inglés	Español
to consist of	**consistir en**
to enter	**entrar en/entrar a**
to look for/to search for	**buscar**
to look at	**mirar** (pero: **mirar a** + persona)
to dream about	**soñar con**
to fall in love with	**enamorarse de**
to marry/to get married to	**casarse con**
to depend on	**depender de**
to complain about	**quejarse de**
to try to	**tratar de**
to deal with	**tratar de**
to approach/to come near	**acercarse a**
to forget/to forget about	**olvidarse de**
to remember	**acordarse de**
to count on	**contar con**
to be at	**estar en**
to arrive at or to/to get to	**llegar a**
to wait for	**esperar** (pero: **esperar a** + persona)
to ask for	**pedir**

(Continuado)

to ask about	**preguntar por**
to notice	**fijarse en**
to realize	**darse cuenta de**
to think about/to ponder/to reflect on	**pensar en**
to think of or about/to have an opinion of or about	**pensar de**
to worry about	**preocuparse por**
to get off/to climb down from/to get off or to get out of a vehicle (plane, car, bus, etc.)	**bajar(se) de**
to climb on or up/to get in or on a vehicle (plane, car, bus, etc.)	**subir(se) a**

EJERCICIO 12

a. Complete los espacios en blanco con la expresión correcta. Conjugue la palabra-acción (verbo) como es debido.

pensar de	acercarse a	estar en	casarse con
consistir en	preguntar por	soñar con	

1. Estoy seguro de que Pablo, el protagonista de la telenovela que miramos, _____ Xiomara si ella no hubiera sido tan pobre. ¡Tú sabes lo avaricioso que es ese desalmado!

2. ¿Por qué (vosotros) _____ el carpintero? ¿Queréis que os construya algo?

3. Le dije a la profesora de cálculo que _____ el examen de ayer tres noches consecutivas.

4. ¿Qué (tú) _____ la candidata a gobernadora del estado por el Partido Revolucionario Democrático? ¿Crees que su plataforma política es acertada?

5. Nosotros _____ Santiago de Chile para enero del año entrante.

b. Escriba oraciones originales con las expresiones facilitadas.

1. darse cuenta de

Era muy pequeño cuando me di cuenta de mi familia me ama.

2. contar con

Si yo hubiera confiado en mi amigo, habría contado con él

3. enamorarse de

Mi padre se enamoró de mi madre.

4. pensar en

Pienso en mi pasado cuando tenga tiempo

5. acordarse de

<u>Me acuerdo de la tarea vence mañana</u>

6. fijarse en

<u>Mi hermano se fijó en mi hermana era estresa</u>

7. entrar en/a

<u>Yo entré el apartamiento muy tarde</u>

SI YO FUERA HISPANOPARLANTE . . . (6)

Yo hablo español desde la niñez. ¿Y tú?

En este capítulo se discute toda una serie de formas verbales y estructuras que ya bien se prestan a confusión entre los hispanoparlantes nativos, ya bien producen variantes que se han fijado en el español conversacional y hasta escrito de ciertos lugares del mundo hispánico. A continuación se anotan algunos casos curiosos o problemáticos.

- **La ortografía del futuro:**

  De la misma manera en que el condicional simple presenta ciertos problemas ortográficos para el hispanoparlante que comienza a estudiar su propio idioma, el futuro también crea dificultades en virtud de las irregularidades que lo caracterizan. Por ejemplo, no es infrecuente escuchar a alguien decir *"¿Cuánto valerá esto?" en lugar de "¿Cuánto valdrá esto?" Estos lapsos se amplían cuando se añade el prefijo a una palabra-acción (verbo) irregular en el futuro para cambiarle su significado. Es difícil que un hispanohablante se equivoque al usar el futuro de "decir"; no lo es, sin embargo, cuando intenta usar la expresión "contradecir", que se hace aun más difícil por su parecido con "bendecir" ("bendeciré"), "predecir" ("prediciré"), "desdecir" ("desdeciré") y "maldecir" ("maldeciré"), todas las cuales son regulares en el futuro y el condicional, según explica María Moliner en su conocido *Diccionario de uso del español.*

- **Las palabras indicadoras (preposiciones) en ciertas construcciones:**

  En el español actual, sobre todo debido a la influencia del inglés en el habla de ciertos hispanohablantes nativos así como en la prensa, la televisión y demás, no es infrecuente escuchar estructuras como *"consistir de" en lugar de "consistir en", *"depender en" en lugar de "depender de", *"constar en" en lugar de "constar de", *"subir(se) en" en lugar de "subir(se) a", y otros por el estilo.

- **El infinitivo en lugar del mandato:**

  Como todos sabemos, el mandato es una forma relativamente difícil de usar correctamente. Por eso, particularmente en España, hoy en día se escucha con frecuencia el infinitivo como sustituto del mandato, inclusive cuando uno se dirige específicamente a un individuo o a un grupo de individuos. Por ejemplo, se escuchan expresiones como éstas: *"Hijos, andar más rápido, por favor" (en lugar de "andad" o "anden"); *"Tener la bondad de pasar" (en lugar de "ten", "tenga", "tened" o "tengan").

- *Si* + **-ra, -ra:**

  Sobre todo en Hispanoamérica se detecta en el español conversacional y aun en el escrito la sustitución del condicional por la forma **-ra**. En estos casos, la forma **-ra** no es subjuntiva sino que conserva un valor condicional arcaico que poseía hace siglos: "Si tuviera hambre, comiera" = "Si tuviera hambre, comería".

EJERCICIO 13

a. En cada una de las siguientes oraciones, se detecta por lo menos uno de los errores o variantes lingüísticas descritas anteriormente. Según convenga, rectifique los defectos o emplee la construcción más neutra.

1. Señoras y señores, ~~hacer~~ silencio que va a comenzar la función.

   haced

2. Si Rogelio y yo decidiéramos arreglar el coche, dependiéramos en ti para que nos orientaras.

   dependeríamos de

3. ~~Propondríamos~~ que se enjuiciara al gobernador de la provincia por malversación de fondos.

   Propondríamos

4. ¿Crees que los acontecimientos ~~contradecirán~~ nuestras impresiones?

   contradirán

5. Si manejaran más lentamente, la policía no los multara tanto.

   hubieras   *habría multado*

6. El gato se subió ~~en~~ la mesa porque quería robarse el bistec de mi hermano.

   a

7. Chicos, ~~dormiros~~ ahora mismo, o de lo contrario . . .

   dormidos

b. En parejas, escriban dos oraciones con la construcción *si* + **-ra, -ra** y otras dos en las que el infinitivo reemplace al mandato. Luego conviertan las primeras a la construcción *si* + **-ra, -ría** y las segundas al mandato.

   1. _____

   _____

2. _____

_____

3. _____

_____

4. _____

_____

LA EXPOSICIÓN ANALÍTICA

En el capítulo anterior, se estudió la exposición argumentativa. Recuerde que dicho tipo de escrito tiene como objetivo principal **convencer al lector** de nuestras ideas sobre un tema controvertible. Aunque también tiene una tesis o idea principal que se intenta probar, según ya se ha discutido **la exposición analítica pretende estudiar a fondo una idea o asunto a base de la contemplación de sus partes.** Esta contemplación es tan larga o tan corta como lo permita el tipo de ensayo que tratamos de escribir. En otras palabras, es posible dedicar todo un libro al análisis minucioso de determinado asunto. Asimismo, es posible también acercarse de manera más básica y mucho más concentrada a cierto tema para aclararlo o explicarlo a los lectores. En los periódicos y revistas aparecen de costumbre artículos que son ejemplos excelentes de escritos analíticos. Por lo general estos artículos son breves, precisos y, en lo que cabe, completos. Cuando terminamos de leerlos, tenemos una buena idea de la naturaleza del problema comentado y de las partes que lo componen.

Al intentar hacer un escrito de esta índole, podemos pensar en una serie de preguntas a las que hay que responder sobre el tema que nos interesa considerar. Por ejemplo, reflexionemos sobre un asunto como la institución del matrimonio. Lógicamente, en un comienzo nos detendríamos ante el matrimonio como algo que comparten muchas sociedades. En efecto, da pie a la familia, y la familia es la primera unidad social básica. Entonces, si quisiéramos enfrentarnos con el tema de "la importancia del matrimonio en la sociedad moderna", tendríamos que responder a tales preguntas como las siguientes: ¿Por qué la gente se casa? ¿Cuáles son los beneficios del matrimonio? ¿Cuáles son los objetivos del matrimonio? ¿Qué aspectos negativos se asocian con esta institución? ¿Por qué el matrimonio se ha mantenido como institución por tantos años? Si contestamos preguntas como éstas, habremos creado una serie de párrafos coherentes con sus respectivas ideas centrales. Al hacerlo, habremos estudiado el matrimonio por partes, y nos sentiremos capacitados para llegar a conclusiones lógicas.

Acto seguido se ofrece el esquema de una exposición analítica sobre la posible necesidad de crear un carnet nacional de identidad en los Estados Unidos.

Esquema de una exposición analítica sobre la posible creación de un carnet nacional de identidad

---

Lista de ideas que me gustaría incluir

1. La mayor virtud del carnet nacional de identidad es ofrecer a los estadounidenses la posibilidad de identificarse con facilidad.
2. Ahora los norteamericanos se identifican por medio de muchos documentos diferentes.
3. Un carnet aumentaría la seguridad de los ciudadanos.
4. El carnet nacional limitaría nuestra libertad de expresión y movimiento.
5. Se puede identificar a la persona en cualquier lugar del país.
6. En muchos países del mundo se exigen los carnets nacionales de identidad.
7. Sería más fácil identificar a los criminales y a los terroristas.
8. Pasaríamos un mal rato si nos detuviera la policía.
9. Nos podría detener la policía si no lo lleváramos.
10. Hay que considerar los beneficios y las desventajas de este tipo de documento.
11. Sería más fácil proteger las fronteras.
12. Poca gente se atrevería a robar documentos con huellas digitales.
13. Mucha gente duda que sea necesario crear un carnet.
14. Algunos piensan que ya existen muchos mecanismos de control.
15. Los empleados de negocios y la policía podrían identificar más fácilmente a la gente.
16. A una gran cantidad de personas no le gustaría tener que llevar constantemente el documento.
17. El gobierno federal ya puede usar mecanismos de control como bancos de datos computarizados, videocámaras, micrófonos, etc.
18. Tenemos que reflexionar seriamente como nación antes de aceptar la implementación de un carnet nacional de identidad.
19. El carnet sería exactamente igual para todo el mundo.
20. Los policías y el Servicio de Inmigración se quejan de lo fácil que es falsificar documentos.
21. Muchos temen el aumento del control del gobierno sobre los ciudadanos.
22. El gobierno federal expediría el documento.
23. Mucha gente roba documentos para inventarse una nueva identidad.
24. El carnet consiste en una foto reciente del individuo y una serie de datos básicos.
25. Los negocios enfrentan muchos líos burocráticos.

El próximo paso es determinar un **título**. Los títulos de una exposición deben ser precisos y referirse claramente al tema que procura discutirse. Considere los siguientes títulos:

Títulos posibles

---

1. Por qué estoy a favor de un carnet nacional de identidad
2. ¿Debe crearse un carnet nacional de identidad?
3. Los carnets de identidad no se pueden dejar en casa
4. Mi carnet de identidad
5. Por qué estoy en contra de un carnet nacional de identidad
6. ¿Qué es la identidad?
7. La posible falsificación de los carnets de identidad

EJERCICIO 14

a. En parejas, respondan a las siguientes preguntas.

1. ¿Cuál de estos títulos le parece mejor? ¿Por qué?

   _____

2. ¿Cuál de los títulos tiene que ver menos con el asunto? ¿Por qué?

   _____

3. ¿Cuál de los títulos es más impreciso? ¿Por qué?

   _____

4. ¿Cuál de los títulos es más personal?

   _____

5. ¿Se le ocurre un título mejor?

   _____

b. Lea cuidadosamente las oraciones del esquema. Luego identifique la tesis. Después piense en que la exposición analítica va a consistir en seis párrafos. Entre las oraciones que aparecen en el esquema, escoja una que pueda formar parte de la introducción, otra que pueda formar parte de la conclusión, y dos para cada uno de los párrafos que van a constituir el cuerpo de la exposición.

Tesis: _____

Introducción: _____

Conclusión: _____

Párrafo 1: _____

_____

Párrafo 2: _____

_____

Párrafo 3: _____

_____

Párrafo 4: _____

_____

Ahora lea la exposición analítica:

¿Se necesita un carnet nacional de identidad?

Hasta el momento, los Estados Unidos es uno de los pocos países del mundo cuyo gobierno no ha creado un carnet nacional de identidad. En muchas otras naciones se han impuesto estos documentos para facilitar el proceso de identificar a los ciudadanos. Por lo regular, el carnet consiste en una foto reciente del individuo y una serie de datos básicos como la fecha y sitio de nacimiento, la estatura, el peso, el estado civil y las huellas digitales. Conviene considerar los beneficios y desventajas de este tipo de documento antes de determinar si se debe introducir en los Estados Unidos.

Tal vez la mayor virtud de este tipo de cédula sea el ofrecer a los ciudadanos la posibilidad de identificarse fácilmente en cualquier lugar del país. Hoy en día, los norteamericanos se identifican por medio del permiso de conducir, tarjetas de crédito, tarjetas de identidad estatales, pasaportes y otros tipos de documentos oficiales y extraoficiales. El carnet nacional de identidad, por el contrario, sería igual para todo el mundo, ya que lo expediría el gobierno federal. Las personas y los negocios que tienen que corroborar las señas personales no enfrentarían tantos líos burocráticos ni quejas de parte de los afectados.

También sería más difícil falsificar un carnet nacional de identidad. Las agencias policíacas de los Estados Unidos y el Servicio de Inmigración se quejan con frecuencia de lo sencillo que es inventarse una identidad, robando documentos y falsificando carnets de conducir o tarjetas de la seguridad social. Como en el carnet nacional de identidad aparecerían las huellas digitales de la persona, muy poca gente se atrevería a robar estos documentos, ni menos a falsificarlos.

Dicen quienes favorecen su creación que el carnet nacional de identidad aumentaría la seguridad ciudadana. Haría más fácil la protección de nuestras fronteras y también simplificaría para las autoridades el perseguir a los criminales y a los terroristas.

No obstante, muchos individuos se oponen a la creación de un carnet nacional de identidad, basándose sobre todo en que aumentaría el control que el gobierno tiene sobre los ciudadanos y limitaría las libertades individuales. Los enemigos de este método de identificación sostienen que ya hoy en día existen mecanismos de control muy severos a la disposición del gobierno federal: bancos de datos computarizados, sistemas de videocámaras en los comercios y las calles, micrófonos que captan nuestras conversaciones en ciertos lugares públicos y demás. Para ellos, el carnet nacional de identidad sería un modo más de limitar nuestra libertad de expresión y de movimiento. Tendríamos que llevar constantemente el documento en nuestra persona y, si fuéramos detenidos por un agente de la policía, sin duda pasaríamos muy mal rato si lo hubiéramos dejado en casa o se nos hubiera extraviado.

En conclusión, la creación de un carnet nacional de identidad presenta grandes ventajas. Mucha gente se pregunta, sin embargo, si vale la pena poner en peligro nuestros derechos y libertades. ¿La protección de nuestras fronteras, una mayor seguridad personal y el reducir papeleos y trámites son razones suficientes para forzarnos a andar constantemente con una cédula que nos identifique y nos ponga a la merced del aparato gubernamental? Tenemos que reflexionar seriamente como nación antes de aceptar la implantación de un carnet nacional de identidad. *(Total: 535 palabras)*

Ejercicio 15

En parejas, contesten las siguientes preguntas.

1. ¿Le parece que esta exposición está bien estructurada, es decir, que tiene una buena introducción, que el cuerpo está bien desarrollado y que la conclusión es apropiada?

    _____

2. ¿Cuál es la tesis de la exposición?

    _____

3. ¿Cuáles son las oraciones centrales de los cuatros párrafos que constituyen el cuerpo de la exposición?

    _____

    _____

    _____

    _____

4. ¿Cuáles son los aspectos positivos centrales que se mencionan al discutir el documento nacional de identidad?

    _____

    _____

    _____

5. ¿Qué aspectos negativos se mencionan en relación con el documento nacional de identidad?

    _____

    _____

    _____

6. ¿Se les ocurren a ustedes otros aspectos positivos del documento nacional de identidad?

    _____

    _____

7. ¿Se les ocurren a ustedes otros aspectos negativos del documento nacional de identidad?

    _____

    _____

8. En su opinión, ¿el autor o la autora del escrito está en contra o favorece la creación de un documento nacional de identidad? ¿Cómo han llegado a esa conclusión?

_____

_____

9. ¿Qué piensan ustedes de la posible creación de un documento nacional de identidad?

_____

_____

Instrucciones para la exposición analítica

Primer paso

1. Proponga un **título** para una exposición analítica sobre una de las siguientes preguntas: (1) ¿Se debe subir a los veintiún años la edad de conducir en todos los Estados Unidos?; (2) ¿Se deben legalizar las drogas en este país?; (3) ¿Se debe imponer el servicio militar obligatorio para hombres y mujeres? Recuerde que esta es una exposición analítica, no argumentativa. En otras palabras, hay que estudiar el tema con cuidado y por partes. La opinión personal no es tan importante como el análisis.
2. Escriba el esquema de la exposición analítica. El esquema debe consistir en por lo menos **veinticinco oraciones simples o complejas**. Puede usar como modelo el esquema de exposición analítica sobre el carnet de identidad nacional que aparece en la página 295.

Segundo paso

1. Una vez que el profesor o la profesora corrija y le devuelva las veinticinco oraciones, organícelas para formar una **exposición analítica** coherente de aproximadamente **450 a 550 palabras**. Puede usar como modelo la exposición titulada "¿Se necesita un carnet nacional de identidad?" que está en las páginas 297–98.
2. Recuerde que la idea central o tesis debe quedar claramente expuesta en el párrafo introductorio y que cada párrafo siguiente debe presentar un nuevo aspecto relacionado con la idea central.
3. Entregue la versión preliminar de la exposición analítica **mecanografiada a doble espacio**. Utilice una fuente de doce puntos o más.

Tercer paso

1. Después de que la profesora o el profesor revise y le devuelva la versión preliminar de la exposición analítica, haga todas las correcciones necesarias. Tenga en cuenta las sugerencias del profesor o la profesora.
2. Después de hacer todas las correcciones, entregue la versión final **mecanografiada a doble espacio**. Utilice una fuente de doce puntos o más.

CHATEEMOS

Gloria Siniestra le escribe a Eugenio Diestro para quejarse del elevado precio de la gasolina.

GLORIA SINIESTRA: Eugenio, ¡estoy escandalizada! Acabo de echarle gasolina a mi cochecito híbrido, y ¿a qué no sabes cuánto me costó llenar el tanque? ¡Nada menos que $63,00! Eso es más o menos lo que me pagan por ocho horas de trabajo en la librería. Y dicen que el precio del barril de crudo seguirá subiendo debido a la avaricia de los especuladores. ¡Pobres de nosotros, los consumidores normales! Yo no sé adónde va a parar todo esto.

EUGENIO DIESTRO: Mi despistada Gloria, no sabes cuánto sufro por ti. ¿No fuiste tú, querida amiga, la que participó hace año y medio en la manifestación que hicieron frente a la casa del senador Rutherford para protestar contra el proyecto de explotar las reservas petroleras de Alaska por considerar que los osos polares correrían peligro?

GLORIA SINIESTRA: Y bien, ¿a qué viene eso? No veo la relación entre esa protesta lógica y conservacionista, y el costo increíble de la gasolina. Aclárate.

EUGENIO DIESTRO: Pues en nuestra clase de macroeconomía, ¿no fuiste también tú la que se expresó en contra de buscar petróleo en el golfo de México y la zona costera de la Florida porque te preocupaba mucho el medio ambiente? ¿No eres, además, una enemiga intransigente de las plantas de energía nuclear?

GLORIA SINIESTRA: Eugenio, creo que ya voy entendiendo adónde quieres llevarme. Pero sigue explicándote, pues no quiero polemizar sin conocimiento completo de causa.

EUGENIO DIESTRO: Sigo. Y en cuanto al extraer petróleo del esquisto (*shale*), ¿no te opusiste a esto también, diciendo que costaba mucho dinero y que lo importante era reducir el consumo de combustible a nivel nacional e internacional? Pues entonces, amiguita, resígnate y sufre. Si los liberales como tú no se opusieran a todos los planes para aumentar la producción de crudo, hoy el precio de la gasolina sería mucho, mucho más bajo.

GLORIA SINIESTRA: Eres terrible. ¡Qué manera de distorsionar la realidad! Sí, es cierto: me opongo a todos esos proyectos estúpidos que mencionas. Hoy, en el siglo XXI, nuestro planeta está en peligro debido a la violencia que los seres humanos le estamos haciendo al medio ambiente. Quienes nos esforzamos por protegerlo, no somos responsables para nada del aumento del costo de la gasolina y de otros productos hechos a base de petróleo.

Eugenio Diestro: Ay, Gloria, siempre paras en el mismo lugar. Lloras por todo y por todos sin admitir la responsabilidad que ustedes los conservacionistas tienen de lo que pasa hoy en día.

Gloria Siniestra: ¿Responsabilidad de qué? ¿No somos nosotras quienes proponemos que se mejore el transporte público para que la gente no dependa exclusivamente de sus carros? ¿No estamos a favor de que se eliminen todos esos vehículos monstruosos que andan por la carretera tragando el petróleo que ahorramos los que, como yo, manejamos automovilitos económicos?

Eugenio Diestro: Ah, sí. Todo lo que quieren ustedes es imponer su agenda a individuos como yo, que no la comparten porque confiamos en nuestro sistema económico y en nuestra capacidad de producción.

Gloria Siniestra: ¿Y nosotras no? Dime, ¿quiénes apoyan la explotación de fuentes energéticas limpias como los molinos de viento, la energía solar, el vapor y demás? No nos responsabilices a quienes pensamos en el futuro del planeta. Culpa más bien del alto precio del barril de crudo a los especuladores, a las multinacionales petroleras, a los políticos que se han vendido a ellas y a los egoístas como tú.

Y tú, ¿qué opinas?

Tildes y signos en los sistemas Macintosh y PC

Tildes y signos en el sistema Macintosh

Señal	Resultado	Método
Acento	á, é, í, ó, ú	Pulsar, al mismo tiempo, **Option + e**; luego pulsar la letra a acentuar
	Á, É, Í, Ó, Ú	Pulsar **Option + e**; luego pulsar **Shift** + la letra
Tilde	ñ	Pulsar **Option + n**; luego pulsar la **n**
	Ñ	Pulsar **Option + n**; luego pulsar **Shift + n**
Diéresis	ü	Pulsar **Option + u**; luego, pulsar la **u**
	Ü	Pulsar **Option + u**; luego, pulsar **Shift + u**
Signo de interrogación inicial	¿	Pulsar **Option + shift + ?**
Signo de admiración inicial	¡	Pulsar al mismo tiempo **Option + !**

Tildes y signos en el sistema PC

Señal	Resultado	Método
Acento	á, é, í, ó, ú	Pulsar, al mismo tiempo, **Ctrl + '** (apóstrofe); luego pulsar la letra a acentuar
	Á, É, Í, Ó, Ú	Pulsar **Ctrl + '**; luego pulsar **Shift** + la letra
Tilde	ñ	Pulsar **Ctrl + Shift + ~**; luego pulsar la **n**
	Ñ	Pulsar **Ctrl + Shift + ~**; luego pulsar **Shift + n**
Diéresis	ü	Pulsar **Ctrl + Shift + :** (colon); luego pulsar la **u**
	Ü	Pulsar **Ctrl + Shift + :**; luego pulsar **Shift + u**
Signo de interrogación inicial	¿	Pulsar **Alt + Ctrl + Shift + ?**
Signo de admiración inicial	¡	Pulsar al mismo tiempo **Alt + Ctrl + Shift + !**

La acentuación en español

En español, el acento o tilde se utiliza para identificar aquellas palabras que no se ajustan a la pronunciación normal. El signo en cuestión se coloca sobre la letra en la que recae el énfasis inesperado. También se usa el acento o tilde para identificar palabras homónimas, o sea aquellas que se escriben igual pero que tienen diferente significado o valor gramatical. A continuación se resumen las reglas básicas de la acentuación en español.

A. El énfasis normal. De acuerdo con la sílaba en que se halle el énfasis, en español las palabras se designan como **agudas**, **llanas** o **graves**, y **esdrújulas**.

- Las palabras **agudas** son aquellas en las que el **énfasis** se encuentra en la **última sílaba**: fusil, virtud, mantener.
- Las palabras **llanas** o **graves** son aquellas en las que el **énfasis** se encuentra en la **penúltima sílaba**: arena, clave, tremendo.
- Las palabras **esdrújulas** son aquellas en las que el **énfasis** se encuentra en la **antepenúltima sílaba**: teléfono, énfasis, séptimo.

B. La acentuación gráfica. Las palabras que terminan en consonante que no sea **n** o **s** llevan el énfasis en la última sílaba. Si una palabra no se ajusta a esta norma y el énfasis se encuentra en la penúltima sílaba, ello se indica por medio de la tilde ('): revólver, fácil, mármol, éter.

Las palabras que terminan en vocal o en consonante **n** o **s** llevan el énfasis en la penúltima sílaba. Si una palabra no se ajusta a esta norma y el énfasis se encuentra en la última sílaba, ello se indica por medio de la tilde: papá, reacción, adiós, maní.

Las palabras que tienen el énfasis en la antepenúltima sílaba siempre llevan tilde: Aristóteles, pérfido, telégrafo.

C. Aspectos excepcionales de la acentuación ortográfica. Las palabras modificadoras (adverbios) terminadas en **-mente** retienen el acento ortográfico de la palabra en base a la cual se forman: telefónicamente, pésimamente, cortésmente, difícilmente.

Aún lleva tilde cuando puede sustituirse por **todavía**: Aún (*still*) tengo hambre. Cuando significa **hasta**, no lleva tilde: Aun (*even*) usted sabe que eso no es verdad.

Este, ese, aquel y sus variantes no llevan tilde cuando son palabras modificadoras: Este libro es mío; Aquellas casas son bonitas. Llevan tilde cuando son palabras sustituidoras: Aquél es el mejor amigo de Roberto; No me gustan ésos sino éstos.

Los monosílabos no se acentúan: **lo, vi, su**. Sólo se acentúan para distinguir entre palabras iguales que tienen diferente función gramatical:

- **mi, tu** (posesivos) vs. **mí, tú** (palabras sustituidoras—pronombres—personales)
- **el** (palabra modificadora, o sea artículo) vs. **él** (palabra sustituidora, o sea pronombre)
- **si** (*if*) vs. **sí** (*yes*)
- **te** (palabra sustituidora, o sea pronombre) vs. **té** (*tea*)
- **se** (partícula reflexiva) vs. **sé** (mandato informal de *saber*) y **sé** (primera persona del presente de *saber*)
- **mas** (con el significado de **pero**) vs. **más** (*more*)
- **de** (*of*) vs. **dé** (mandato informal de *dar*)

Cuál, quién, por qué, qué, cuánto, cómo, cuándo, dónde y **adónde** llevan acento gráfico cuando son interrogativos o exclamativos. (**Ejemplos:** ¿Qué sabes de Juan?; ¿Quiénes acaban de llegar?; ¡Cuánto tiempo sin verte, Eduardo! ¡Qué bien te ves!) No lo llevan cuando funcionan como palabras-enlace (conjunciones) o como relacionantes. (**Ejemplos:** El chico con quien sale Lourdes es de Guatemala; Ese hombre bebe cuanto le ponen por delante; Los libros que compramos eran muy caros.)

Cuando **solo** significa *alone*, no se acentúa: El anciano estaba muy solo. Sin embargo, se acentúa cuando quiere decir *only*: Sólo tú me comprendes.

Rúbricas para evaluar las entradas del cuaderno

Calificación		Categoría	Descripción
10 9,5 9	A	Superior	a. Desarrolla el tema con coherencia y expone sus ideas de manera excelente para el nivel. b. Buen dominio de la sintaxis. c. Utiliza correctamente las estructuras verbales, las preposiciones, conjunciones, etc. d. Vocabulario rico para el nivel. e. Buen dominio de las convenciones de la lengua escrita (ortografía, puntuación, estructura de los párrafos, etc.). f. Se toleran algunos errores elementales.
8,5 8 7,5 7	B	Competencia demostrada	a. Desarrolla el tema adecuadamente y expone bien sus ideas para el nivel. b. Sintaxis generalmente correcta. c. Control aceptable de las estructuras verbales, y uso mayormente correcto de las preposiciones, conjunciones, etc. d. Vocabulario amplio para el nivel. e. Buen dominio de las convenciones de la lengua escrita (ortografía, puntuación, estructura de los párrafos, etc.). f. La comunicación no se ve seriamente afectada por la interferencia del inglés. g. Puede haber más de algunos errores elementales, sobre todo en el caso de las estructuras complejas.
6,5 6 5,5 5	C	Muestras de competencia	a. Comunica algunas ideas sobre el tema. b. Serios errores sintácticos, pero las estructuras menos complejas suelen estar bien. c. Conocimiento de las estructuras verbales, las conjunciones, preposiciones, etc., aunque no demuestra control sobre ellas. d. Vocabulario limitado para el nivel. e. Errores frecuentes en lo tocante a las convenciones de la lengua escrita (ortografía, puntuación, estructura de los párrafos, etc.). f. Revela interferencia del inglés, a veces hasta el punto de que ésta afecta la comunicación.

(*Continuado*)

Calificación		Categoría	Descripción
4,5 4 3,5 3	D	Asomos de incompetencia	a. Comunica muy pocas ideas sobre el tema, y éstas suelen estar mal expresadas. b. Demuestra muy poco control de la sintaxis. c. Errores demasiado frecuentes en el uso de las estructuras verbales y de las conjunciones, preposiciones, etc., aun para el nivel. d. Vocabulario inadecuado para comunicar las ideas. e. Errores constantes en lo que concierne a las convenciones de la lengua escrita (ortografía, puntuación, estructura de los párrafos, etc.). f. Revela demasiada interferencia del inglés.
2,5 2 1,5 1 0,5	E	Incompetencia demostrada	a. Aparenta no entender el tema o no saber comunicar sus ideas. b. Errores persistentes en todo lo relacionado con la escritura del español. c. El texto raya en la incoherencia absoluta. d. Interferencia constante del inglés (traducción literal, frases o palabras en inglés, etc.).
0	F	Inaceptable	No entregó, o escribió todo en inglés.

Alertas

Assessment of Spanish Majors and Advanced Students of Spanish: Critical Thinking

9 Demonstrates excellence in critical thinking

Develops coherent and convincing critical arguments orally as well as in writing

Demonstrates a thorough knowledge of the topic(s) or text(s) studied

Contextualizes subject matter in exemplary manner owing to a profound awareness of cultural realities

Infers and deduces at a level that exceeds academic preparation

Understands readily the cultural and historical features of the countries where the language is spoken

Understands the cultural behavior and communication patterns in those countries

Understands the arts as features of the culture of those countries

Demonstrates a wide breadth of vocabulary that enhances logical analysis

Possesses an excellent command of conventions of the written and spoken language

7–8 Demonstrates above average capacity to think critically

Develops coherent critical arguments orally as well as in writing

Demonstrates general knowledge of the topic(s) or text(s) studied

Contextualizes the subject matter competently owing to a good awareness of cultural realities

Infers and deduces at a level commensurate with academic preparation

Demonstrates a general understanding of the cultural and historical features of the countries where the language is spoken

Demonstrates a general understanding of the cultural behavior and communication patterns in those countries

Demonstrates a general understanding of the arts as features of the culture of those countries

Possesses a good range of vocabulary that complements logical analysis

Shows a good command of conventions of the written and spoken language

5–6   Demonstrates average capacity to think critically

Develops adequate critical arguments orally as well as in writing

Demonstrates familiarity with the topic(s) or text(s) studied

Contextualizes the subject matter adequately owing to sufficient awareness of cultural realities

Infers and deduces at a satisfactory level

Demonstrates familiarity with the cultural and historical features of the countries where the language is spoken

Demonstrates familiarity with the cultural behavior and communication patterns in those countries

Demonstrates familiarity with the arts as features of the culture of those countries

Possesses an appropriate but limited vocabulary that nonetheless permits logical analysis

Shows an adequate command of conventions of the written and spoken language

3–4   Suggests below average capacity to think critically

Demonstrates inconsistent development of critical arguments orally as well as in writing

Fails to demonstrate sufficient familiarity with the topic(s) or text(s) studied

Shows insufficient contextualization of the subject matter owing to peripheral awareness of cultural realities

Infers and deduces at an elementary level

Demonstrates superficial familiarity with the cultural and historical features of the countries where the language is spoken

Demonstrates superficial familiarity with the cultural behavior and communication patterns in those countries

Demonstrates superficial familiarity with the arts as features of the culture of those countries

Possesses insufficient vocabulary that interferes with logical analysis

Shows insufficient command of conventions of the written and spoken language

1–2   Suggests the inability to think critically

Demonstrates an inability to develop critical arguments orally as well as in writing

Demonstrates lack of familiarity with the topic(s) or text(s) studied

Fails to contextualize the subject matter owing to limited awareness of cultural realities

Infers and deduces at a rudimentary level

Shows insufficient familiarity with the cultural and historical features of the countries where the language is spoken

Shows insufficient familiarity with the cultural behavior and communication patterns in those countries

Demonstrates insufficient familiarity with the arts as features of the culture of those countries

Demonstrates vocabulary deficiencies that impede logical analysis

Possesses rudimentary awareness of conventions of the written and spoken language

0   Demonstrates an inability to think critically

Shows no effort to develop critical arguments orally or in writing

Shows no evidence of having come to grips with the topic(s) or text(s) studied

Demonstrates no attempt at contextualizing the subject matter owing to unawareness of cultural realities

Fails to infer and deduce at even the most rudimentary level

Demonstrates lack of familiarity with the cultural and historical features of the countries where the language is spoken

Demonstrates lack of familiarity with the cultural behavior and communication patterns in those countries

Demonstrates lack of familiarity with the arts as features of the culture of those countries

Possesses elementary vocabulary that does not allow for logical analysis

Shows no awareness of conventions of the written and spoken language

ÍNDICE TEMÁTICO